Trabalho e ócio

CONSELHO EDITORIAL

Ana Paula Torres Megiani

Eunice Ostrensky

Haroldo Ceravolo Sereza

Joana Monteleone

Maria Luiza Ferreira de Oliveira

Ruy Braga

Trabalho e ócio

Um estudo sobre a antropologia de Rousseau

Thiago Vargas

Copyright © 2018 Thiago Vargas.

Grafia atualizada segundo o Acordo Ortográfico da Língua Portuguesa de 1990, que entrou em vigor no Brasil em 2009.

Edição: Haroldo Ceravolo Sereza
Editor assistente: Danielly de Jesus Telles
Editora de projetos digitais: Marilia Chaves
Projeto gráfico e diagramação: Jean Ricardo Freitas e Mari Ra Chacon Massler
Capa: Mari Ra Chacon Massler
Assistente de produção: Luara Ruegenberg
Assistente acadêmica: Bruna Marques
Revisão: Alexandra Colontini
Imagens da capa: Ilustração de uma fábrica de alfinetes retirada da *Encyclopédie,* de *Diderot* e *D'Alembert*

Esta obra foi publicada com apoio da Fapesp, nº do processo 2015/22120-3.

CIP-BRASIL. CATALOGAÇÃO-NA-FONTE
SINDICATO NACIONAL DOS EDITORES DE LIVROS, RJ

V426T

Vargas, Thiago
Trabalho e ócio : um estudo sobre a antropologia de Rousseau
Thiago Vargas. -- 1. ed.
São Paulo : Alameda
IL. ; 21 CM

Inclui bibliografia e índice
ISBN: 978-85-793-9445-4

1. Rousseau, Jean-Jacques, 1712-1778. 2. Classe ociosa. I. Título.

17-39339

CDD: 330.155
CDU: 1(44)

ALAMEDA CASA EDITORIAL
Rua 13 de Maio, 353 – Bela Vista
CEP 01327-000 – São Paulo, SP
Tel. (11) 3012-2403
www.alamedaeditorial.com.br

À avó Iracema,
Ao avô Renato,
Por fazerem da lembrança um canto feliz.

(in memoriam)

Trabalha a raça dos homens em vão e inutilmente, e sempre em vãos cuidados consome a sua idade; nada há nisto de admirar, porque não sabe que fim se tem de pôr às posses e até onde vai o prazer verdadeiro.

Lucrécio. "De Rerum Natura", Livro V, 1430-1434.

Sumário

Atualidade de Rousseau   **13**

Introdução – A unidade do sentido: o trabalho e seus discursos   **17**

O trabalho nos diferentes registros das obras de Rousseau   36

Capítulo I – A preguiça e o Estado de Natureza   **49**

A ociosidade paradisíaca: a fruição da indolência natural no primeiro estado de natureza   51

A máquina animal e a máquina humana: as diferenças entre o homem e o animal   63

Por quê trabalhar?   72

Capítulo II – A gênese do trabalho   **89**

O acaso e a vocação: os acidentes naturais e a separação entre o homem e a natureza   94

O despertar antropológico pelo surgimento dos primeiros trabalhos   100

Fazer instrumental e trabalho primitivo: a gênese da história e o despertar das faculdades a partir da gênese do trabalho   104

"O justo meio": trabalho autônomo e moderado, tédio e sedentarização na juventude do mundo — 127

A oposição entre os climas: o trabalho e as disposições geográficas (ou uma antropologia do Norte e do Sul) — 141

Capítulo III – A perdição do trabalho — 163

A grande revolução: metalurgia, agricultura e a divisão do trabalho — 163

Desvelando a desigualdade: o surgimento contemporâneo da ideia de propriedade e do trabalho dividido — 178

Capítulo IV (Um ensaio sobre o trabalho) – Emílio: uma educação para o trabalho (ou como evitar o ócio) — 201

Considerações finais – Rousseau: um filósofo na encruzilhada — 225

Referências bibliográficas — 239

Obras de Rousseau — 239

Bibliografia crítica e outras fontes — 240

Agradecimentos — 249

Nota sobre referências e tradução

As traduções de todos os textos de Rousseau citados neste livro são de nossa responsabilidade e autoria, tendo sido consultadas as obras completas disponíveis em *Œuvres complètes de Jean-Jacques Rousseau*, da coleção *Bibliothèque de la Pléiade*, organizada em 5 tomos. A seguinte referência foi utilizada: OC, seguido do número do tomo, título da obra, capítulo e página. Em alguns casos, indicamos as páginas correspondentes nas edições brasileiras consultadas, facilitando, desta forma, a leitura e a consulta para o leitor que possui acesso somente aos textos em português (a indicação é realizada da seguinte forma: Ed. bras.:, seguida do número da página). Optamos ainda por realizar tradução própria de alguns comentadores como, por exemplo, Jean Starobinski, Robert Derathé e Jacques Derrida, sempre com o mesmo zelo de indicar a página da edição brasileira correspondente. Finalmente, em relação ao *Segundo Tratado Sobre o Governo*, de John Locke, optamos por consultar e traduzir diretamente o texto em inglês, disponível na edição de Peter Laslett, publicada pela *Cambridge University Press* (também indicando as páginas correspondentes na tradução realizada por Julio Fischer, editada pela Martins Fontes).

Atualidade de Rousseau

Por que ler Rousseau, hoje? É uma pergunta que se põe cada vez mais, e que deve, de fato, ser posta com urgência. É um questionamento recente, cabe acrescentar. Há não muito tempo – mais precisamente, até o início da década de 90 – Rousseau se encontrava por toda parte, no estudo da filosofia política, feito nas universidades, bem como nos debates políticos, transcorridos numa arena mais ampla. Seus escritos, a maioria deles publicados em português, eram lidos avidamente, pelo público em geral, interessado em boa literatura, mas também, e, principalmente, por gente de esquerda, que via nele um pioneiro das bandeiras do socialismo, e por certa direita à caça de uma origem remota do totalitarismo. Se esta última tribo não se extinguiu – nossos pobres neoconservadores sempre que podem mencionam o filósofo como espécie de *bête noire* das ideias políticas, detentor de um condão maligno a ser combatido com o recurso a Burke e a outros menos cotados –, praticamente ninguém mais, do outro campo, sequer alude ao *Contrato Social* ou ao *Discurso sobre a origem da desigualdade entre os homens*. O que teria a nos dizer, com efeito, um pensador que viveu sob o Antigo Regime francês? Não se tornou a realidade social, política e econômica, desde então, infinitamente mais complexa? E não vieram outros teóricos para explicá-la, com muito mais pertinência para o nosso tempo? Deixemos de lado esse monumento desgastado de uma época devidamente ultrapassada. Mesmo na França,

Rousseau é hoje mais estudado nos cursos de letras do que nos de filosofia. Haveria melhor prova de sua irrelevância?

E, no entanto, as coisas não são tão simples. A verdade é que o pensamento de Rousseau nunca foi tão estudado, na França ou no Brasil. Sua extensa obra vem sendo reeditada em novas edições críticas, que certamente auxiliarão os leitores a descobrir novos aspectos de uma filosofia que, por incrível que pareça, ainda não foi explorada em todas as suas nuances. Temos imagens fortes de Rousseau – o literato, o republicano, o fundador das ciências do homem, o gênio retórico, o homem solitário e perturbado, o profeta da revolução. Se elas são, em certa medida, justas, e ajudam a compreender quem foi esse pensador único, também atrapalham, pois constituem um filtro prévio a qualquer aproximação com os textos. E se Rousseau fosse lido a partir do que escreveu, e não do que se escreveu sobre ele? É uma tendência felizmente cada vez mais forte, que vem produzindo resultados estimulantes.

Um bom exemplo disso é o livro de Thiago Vargas que o leitor tem em mãos. Em vez de repisar os lugares-comuns acerca do "cidadão de Genebra" (ponhamos de lado também este rótulo), Thiago Vargas quer explorar uma senda menos batida: o lugar do trabalho na antropologia de Rousseau. Desde o título, ele pressupõe que o pensamento de Rousseau forma um sistema, em que os problemas têm um lugar que é definido por certos conceitos, e, mais do que isso, que esse sistema é unificado por uma preocupação ou fio condutor que lhe dá coerência: a antropologia, ou o estudo das determinações, físicas e morais, específicas da natureza humana, pelas quais o homem se distingue dos demais seres do mundo natural e através das quais se relaciona com eles e se integra nesse mundo. A escolha do tema, ao mesmo tempo em que dá ao livro ares de originalidade (se não me engano, é a primeira monografia em português que aborda diretamente a questão e fornece uma perspectiva nítida da antropologia de Rousseau), é uma benção para o leitor. Pois o objeto, além de ter um interesse intrínseco para todo ser humano envolvido no mundo do trabalho, é tal que, para ser devidamente abordado, obriga o autor a percorrer praticamente toda a obra de Rousseau, realizando um corte que, feito com precisão, oferece uma perspectiva geral dela. Trabalho acadêmico, por certo; mas realizado com o rigor e a precisão típicos de uma tradição que remonta, no Brasil, aos estudos de Bento Prado Jr., Luiz Roberto Salinas Fortes, Maria das Graças de Souza, Milton Meira do Nascimento e Rolf Kuntz, entre outros.

Mas o que uma dissertação acadêmica como esta teria a acrescentar à nossa compreensão da realidade que nos cerca? Pois Rousseau é um clássico do pensamento político, e toda sua obra é perpassada por uma preocupação com a política, ou antes, pela crítica às formas institucionais e às autoridades estabelecidas em sua época. Mas seria justo, por isso, cobrar do filósofo e dos que o estudam respostas imediatas, do gênero que ele nunca pretendeu oferecer? É evidente que um "estudo sobre a antropologia de Rousseau" focado no binômio "trabalho e ócio" jamais poderia ser confundido com um panfleto, manifesto ou coisa que o valha. Não é uma intervenção, mas, isto sim, uma reflexão, ponderada e meticulosa, que reconstitui a trama dos argumentos, identifica problemas, expõe e disseca conceitos. Reside aí seu mérito maior, que eu não hesitaria em qualificar de verdadeiramente subversivo: recuperar o pensamento de Rousseau, mostrar sua pertinência para a compreensão que temos do homem – esse objeto que não é dado, mas constituído por um processo reflexivo e histórico – e ajudar a desfazer os mal-entendidos ligados a um autor que nunca foi objeto de consenso ou unanimidade, que sempre dividiu seus leitores, e não chegou a ter discípulos (exceto talvez por Kant e Lévi-Strauss). Esse recuo em relação ao tempo presente é a condição necessária para tal recuperação. A filosofia, contrariamente às ciências, não progride: o que foi escrito há muito tempo permanece atual, feitos os devidos ajustes, proporcionados pela leitura crítica dos textos (a única que a filosofia admite). Enxergar Rousseau com nitidez, poder pensar com ele, através dele e, porque não, contra ele, como convida a fazer Thiago Vargas, eis aí um movimento que me parece absolutamente necessário, se quisermos nos posicionar com firmeza e lucidez em relação ao nosso tempo – que continua a ser, em boa medida, aquele das renovações profundas, tais como as entrevistas por Rousseau há trezentos anos atrás.

Pedro Paulo Pimenta
Universidade de São Paulo

Introdução

A unidade do sentido: o trabalho e seus discursos

> ELE: Necessito de um bom leito, uma boa mesa, vestimentas quentes no inverno e vestimentas frescas no verão, repouso, dinheiro, e muitas outras coisas que eu prefiro dever à benevolência do que as adquirir pelo trabalho.
>
> EU: É que és um vadio, um glutão, covarde, uma alma enlameada.
>
> ELE: Creio tê-lo dito ao senhor.
>
> Denis Diderot, *O Sobrinho de Rameau*.

O verbete *Travail*, escrito por um autor anônimo para o volume dezesseis da *Encyclopédie*, é composto por um texto curto e marcado por ambivalências. Em sua definição, o termo é apresentado como uma atividade diária à qual o homem está *condenado*, à qual deve não apenas sua saúde, subsistência e serenidade, mas também seu bom senso e até mesmo *sua virtude*.[1] Desta forma, o homem não pode escapar de sua

---

1 Eis uma parte do verbete:
"São vários os significados do termo trabalho.
GRAM. Ocupação cotidiana à qual o homem é condenado pela necessidade, e à qual deve, simultaneamente, sua saúde, sua subsistência, sua serenidade, seu bom senso e talvez até mesmo sua virtude.
MITOLOGIA: a mitologia que o considera como um mal, o fez nascer de Érebo, princípio masculino da escuridão primitiva e da Noite.
SAGRADAS ESCRITURAS: nas Escrituras, a palavra significa a fadiga do corpo (Jó, V, 7) e espírito (Salmos, XXJV, 18), os frutos do trabalho (Deut., XXIIJ, 33) e

faina, estando a ela constrangido, como submetido a uma espécie de pena ou sentença: segundo o *Dictionnaire de l'Académie française*, de 1762, o verbo *condenar*, pertencente ao campo léxico da linguagem jurídica (mais especificamente ao direito penal, isto é, referente à esfera das condutas penais tipificadas, das penas e dos crimes), significa "realizar um julgamento contra alguém (...) Significa também blasfemar, desaprovar, rejeitar".[2] Neste mesmo sentido, a etimologia da palavra[3] *condamner* provém do latim *damnare*, que significa infligir dano, perda, punição e na linguagem jurídica se opõe à *absoluō*, do infinitivo *absoluere*, isto é, absolver: o homem é considerado culpado, e a pena estabelecida será o cruel labor. Em outras palavras, o trabalho é ligado a uma concepção de castigo e sanção penal, a uma sentença da qual não se pode recorrer: o homem não pode *escolher* trabalhar, pois está *necessariamente* a ele condenado.

Neste mesmo sentido, no campo léxico ligado à palavra "trabalho", o verbete *Peine* (labuta, faina ou pena), escrito por Chevalier de Jaucourt (seção de Direito natural, civil e político) e Denis Diderot (parte da gramática), apresenta, assim, na acepção romana do termo, esta mesma definição de sentença penal, bem como garante a alguns trabalhos o posto de uma atividade penosa e cruel:

---

finalmente por uma figura Retórica, a injustiça, na língua do ímpio é o trabalho uma injustiça (Salmos, X, 7).
GENTE DE TRABALHO (comércio). Nomeamos assim os homens de esforço e serventes; são aqueles que por profissão são destinados às atividades laboriosas, a carregar fardos pesados, ou a qualquer exercício duro".
DIDEROT, Denis; D'ALEMBERT, Jean Le Rond. *Encyclopédie, ou Dictionnaire Raisonné des Sciences, des Arts et des Métiers. 1751-1765.* Tomo XVI, p. 567-568. Disponível na *Gallica - Bibliothèque nationale de France* ou no site do ARTFL Encyclopédie Project <http://encyclopedie.uchicago.edu/>. Doravante, as citações da *Encyclopédie* serão indicadas como *Encyclopédie*, seguido do termo original do verbete, tomo e número da página.

2   *Dictionnaire de l'Académie française*, 4ª edição, 1762. Disponível na *Gallica - Bibliothèque nationale de France*.

3   Termo *damnum* do *Dictionnaire Étymologique de la Langue Latine. Histoire des Mots*. Ed. A. Renout e A. Meillet. 4ª ed. Paris: Klincksieck, 1959.

Dizemos, primeiramente, que a pena/labuta é um mal, e que este mal pode ser de diferentes naturezas, segundo o que afeta: a vida, o corpo, a estima ou os bens. Este mal pode consistir em algum trabalho penoso/laborioso ou ainda o sofrimento de algo lastimável (...) as penas ou punições empregadas contra o povo tinham em vista: os bens, como a coima, em latim *damnum*, anteriormente *mulcta*; o corpo, como a prisão, o chicote, ou a lei do talião; ou o direito, como a ignomínia, o exílio e a servidão.[4]

Apenas o artigo *Industrie* parece não estigmatizar o trabalho, fornecendo-lhe uma definição mais próxima da neutralidade. A expressão é polissêmica; vejamos, portanto, dois de seus principais significados. O primeiro, em um sentido metafísico, define a *indústria* como uma "faculdade da alma cujo objeto opera sobre as produções e operações mecânicas",[5] associando-a a um processo inventivo de criação (e não somente de imitação). Em outro sentido, relacionado ao direito político e ao comércio, a palavra adquire um significado mais próximo propriamente do trabalho:

> Esta palavra significa duas coisas: ou o simples trabalho das mãos ou as invenções do espírito em máquinas úteis, relativamente às artes e aos ofícios; a *indústria* encerra tanto uma como outra das duas coisas, e frequentemente reúne ambas. Ela conduz à cultura de terras, às manufaturas, às artes; ela tudo fertiliza, e espalha por todo lugar a abundância e a vida. Como as nações destrutivas fazem males que perduram mais que elas próprias, as nações industriosas fazem bens que com elas não terminam.[6]

---

4   *Encyclopédie*. Verbete *peine*, Tomo XII, p. 246.

5   *Encyclopédie*. Verbete *industrie*, Tomo VIII, p. 694. O verbete também foi redigido por Jaucourt.

6   *Encyclopédie*. Verbete *industrie*, Tomo VIII, p. 694. O termo tinha, como acabamos de salientar, também o sentido de trabalho. Assim anota Jaucourt: "na

O *Dictionnaire de l'Academie Française* complementa o sentido do termo:

> Diz-se *Viver de indústria, subsistir de indústria*, para dizer: encontram os meios de subsistir, bons ou maus (...) Diz-se também, em matéria de finanças, *indústria*, por oposição a *Fundos Reais*, para dizer: trabalho, comércio, savoir-faire.[7]

Retornando ao verbete *Travail*, observamos em seguida que o texto não deixa de anotar outro antigo ataque: evocando a cultura greco-romana, o verbete afirma que a mitologia considera o trabalho um "mal" nascido da escuridão e da noite, de Erebo, que segundo o verbete *Erebe* (1755, escrito por autor anônimo) da própria *Encyclopédie* era filha do Caos e personificação das trevas, e tratava-se da parte mais obscura e tenebrosa do inferno, na qual aqueles que bem viveram passavam por expiações singulares e cruéis.[8] O verbete *Travail* continua no mesmo tom ao nos lembrar que o registro bíblico apresenta o trabalho ligado à fadiga, seja ela corporal ou espiritual. Comumente, o trabalho também é relacionado ao esforço do corpo e da mente, um pesado exercício a ser suportado pelo homem.

América, a terra produz naturalmente muitos frutos dos quais podemos nos alimentar; se na Europa deixássemos a terra inculta, nada veríamos senão carvalhos, pinheiros, e outras árvores estéreis. Assim, para que na Europa a terra tenha valor, é preciso muito trabalho, indústria e conhecimentos, pois vemos sempre marchar em passos iguais as necessidades, a indústria e os conhecimentos. É por isto que nos estados europeus deve-se muito proteger e recompensar os lavradores e os homens utilmente industriosos" (Verbete *industrie*, Tomo VIII, p. 694)

7   No original: "On dit, *Vivre d'industrie, subsister d'industrie*, pour dire, Trouver des moyens de subsister, bons ou mauvais (...) On dit aussi en matière de Finances, *Industrie*, par opposition à *Fonds réels*, pour dire, Le travail, le commerce, le savoir faire" (*Dictionnaire de l'Académie française*, 4ª edição, 1762. Disponível na *Gallica - Bibliothèque nationale de France* e no *Dictionnaires d'autrefois*: (http://artflsrvo1.uchicago.edu/).

8   *Encyclopédie*. Verbete *Erebe*, Tomo V, p. 902.

Mas por que, então, afirmar que o verbete é *marcado por ambivalências?*[9] Não é evidente que o trabalho, por todos os ângulos que se pretenda olhar, é uma praga lançada sobre a humanidade, um mal incontornável? Entretanto, apesar do legado e da herança do trabalho serem descritos de maneira sombria e ameaçadora, o texto, em seu sentido geral, estabelece uma apologia: é a esta atividade que o homem deve sua sanidade física, mental, e talvez até mesmo sua *virtude,* isto é, trata-se de uma importante fonte de bons costumes; é condição para o florescimento de boas disposições morais, pois sem o trabalho os homens se tornariam viciosos.

Esta defesa do trabalho fica mais evidente ao contrapormos o artigo *Travail* a outro termo também presente na *Encyclopédie:* o verbete *Oisiveté,* escrito por Jaucourt, nos fornece um texto mais extenso e detalhado que o verbete específico do trabalho, e, neste sentido, é até mesmo mais eloquente em relação às virtudes do próprio *trabalho,* debruçando-se mais nas causas e na clínica da "doença" da ociosidade (a falta de trabalho ou a desocupação, que é considerada imoral). No registro do direito natural, moral e político, o ócio pertence ao campo semântico da desocupação, da preguiça ou da falta de ocupação honesta. Assim, o enciclopedista anota que "é vergonhoso se repousar antes de se ter trabalhado. O repouso é uma recompensa que precisa ser merecida".[10] Quem não se ocupa de uma atividade socialmente útil e correta, é ser vicioso e que colabora na degradação do tecido social. Naturalmente, o espírito humano tende à atividade, rejeita o nada fazer, e, estando ativo, afasta-se

---

9 Sobre a ambivalência presente no verbete, em *Ociosidade e Ócio no Pensamento da Ilustração,* Sergio Paulo Rouanet argumenta que mesmo a própria Ilustração teria sido permeada por uma ambivalência em relação às noções de trabalho e de ócio: "A Ilustração foi igualmente ambivalente quanto ao segundo segmento da vida ativa, o trabalho" (ROUANET, Sergio Paulo. *Ociosidade e Ócio no Pensamento da Ilustração* in *Mutações: Elogio à Preguiça.* Org. Adauto Novaes. São Paulo: Edições SESC, 2012. p. 166).

10 *Encyclopédie.* Verbete *Oisiveté,* Tomo XI, p. 445.

do mal. O ócio só pode levar à degeneração do indivíduo e da sociedade, direcionando suas ações para condutas viciosas:

> A desocupação na qual se afrouxam é uma fonte de desordem. *Tendo o espírito humano uma natureza de atividade, ele não pode encostar-se na inação; e, se ele não se ocupa de alguma coisa de bom, ele se aplica invariavelmente ao mal.* Pois, ainda que haja coisas indiferentes, elas se tornam ruins enquanto ocupam somente o espírito, se não é menos verdade que existam pessoas ociosas que se ocupam antes de coisas indiferentes do que coisas viciosas.[11]

O relaxamento e a languidez, para aqueles bem afortunados (os abastados ociosos, por exemplo) que se contentam com sua autossuficiência e se abstêm de trabalhar para comer, consistem em uma restrição ao espírito: tais homens são desprezíveis e nada servem à sociedade. Pior, ficam à mercê da fortuna, que não lhes poupará a menor oportunidade.

A ociosidade é realizada contra a sociedade e contra os deveres do homem para com seus concidadãos:

> A prática da ociosidade é uma coisa contrária aos deveres do homem e do cidadão, cuja obrigação fundamental é ser bom para qualquer coisa e, em particular, tornar-se útil à sociedade da qual é membro. *Nada pode dispensar alguma pessoa desse dever, pois ele é imposto por natureza*; o silêncio de nossas leis civis a este respeito não é capaz de absolver aqueles que não abraçam uma profissão mais do que possa justificar aqueles que a procuram ou que impunemente exercem atividades das quais não são, e nem procuram ser, capazes.[12]

---

11   *Encyclopédie*. Verbete *Oisiveté*, Tomo XI, p. 445 (grifo nosso).

12   *Encyclopédie*. Verbete *Oisiveté*, Tomo XI, p. 445 (grifo nosso).

TRABALHO E ÓCIO

O autor do verbete identifica que a atividade de "tornar-se útil para a sociedade da qual é membro"[13] é, ainda, um dever imposto *por natureza*. Em outras palavras, a atividade, o trabalho, enfim, uma ocupação, são deveres *naturais do homem*: a atividade, junto com o trabalho, portanto, seria característica natural da qual não se pode escapar.

Finalmente, ainda no verbete *oisiveté*, lemos que no registro da medicina a ociosidade é fonte de doenças perversas e degenerantes: ela acelera a velhice, "torna espessos os humores e descontrai os sólidos, enerva o corpo".[14] A gota, o escorbuto, a melancolia, a loucura, enfim, um catálogo de terríveis doenças que têm como causa a inatividade, o nada fazer. A ociosidade é fonte de males tal como a melancolia, que já havia sido objeto detalhado de estudo em célebre tratado escrito pelo inglês Robert Burton (1577-1640), que no Prefácio de seu *The Anatomy of Melancholy*[15] (1621) constata:

> Escrevo sobre a melancolia para evitá-la. Não há maior causa de melancolia que a *ociosidade, nem melhor remédio que a atividade*, segundo Rhazès: seja como for, ainda que *stultus labor est ineptiarum*, estar ocupado com besteiras é de pouco valor, o divino Sêneca vos dirá, entretanto, que é melhor *aliud agere quam nihil*, melhor fazer o inútil do que fazer nada.[16]

Por fim, somente uma boa educação poderia afastar os homens da ociosidade, tão presente, segundo o autor do verbete, no século XVIII, fazendo com que os jovens se tornassem "afeminados" e doentes.[17]

---

13 *Encyclopédie*. Verbete *Oisiveté*, Tomo XI, p. 445.

14 *Encyclopédie*. Verbete *Oisiveté*, Tomo XI, p. 446.

15 Segundo Jean Starobinski, em livro dedicado ao estudo da melancolia, "o livro de Burton foi na Inglaterra um sucesso de vendas", tendo, ao início do século XIX, quarenta e oito edições completadas (STAROBINSKI, Jean. *L' encre de la mélancolie*. Paris: Seuil, 2013. p. 182).

16 BURTON, Robert. *L'Anatomie de la Mélancholie*. Paris: Gallimard, 2005. p. 71 (grifo nosso).

17 *Encyclopédie*. Verbete *Oisiveté*, Tomo XI, p. 446.

De acordo com Pierre Saint-Amand,[18] o verbete utiliza uma forma laicizada de realizar uma reprimenda ao ócio que havia, no século anterior, sido formulada em termos cristãos. Neste sentido, com inspiração no cristianismo, em 1679 Antoine de Courtin escreve seu *Traité de la Paresse*, que tem como sugestivo subtítulo *L'art de bien employer le Temps*, um manual de civilidade que tem como finalidade "arrancar a máscara desta detestável encantadora"[19] que é a preguiça, mas também a ociosidade, atacando-as duramente, ambos males da alma e do corpo, presentes, em maior ou menor medida, em todos os homens, bem como vício "que nos faz repugnar a virtude".[20] O tratado também visa prevenir esta terrível condição, fornecendo as instruções e inspirações necessárias para que os homens, desde seu berço, se acostumem com a virtude, "ainda que no curso de suas vidas eles não encontrem jamais o lazer de ter lazer, ou antes de estar na ociosidade, de folgar do trabalho, este dever indispensável que Deus lhes impôs".[21] Deus não poderia, assim, detestar mais a preguiça do que qualquer outra coisa, pois o trabalho surge, então, não apenas como remédio para o mal, mas sobretudo como desígnio divino, um *dever* atribuído pela divindade e que recai sobre os homens. E, continuando neste mesmo tom, Courtin define o objeto de seu tratado: "Ora, esta preguiça (...) é um entorpecimento, um desgosto, uma tristeza, um pesar que sequestra a coragem e faz repugnante toda boa ação; o tanto quanto ela odeia o trabalho, ela ama o repouso".[22] Deixando de lado a tradição

---

18 SAINT-AMAND, Pierre. *Les Corps oisifs: paresse des Lumières* in *The Flesh in the Text*. Org. Thomas Baldwin et al. Bern, Suíça: Peter Lang, 2007. p. 39.

19 COURTIN, Antoine de. *Traité de la Paresse ou l'art de bien employer le temps en forme d'entretiens*. Advertência ao leitor (sem página). 1677.

20 COURTIN, Antoine de. *Traité de la Paresse ou l'art de bien employer le temps en forme d'entretiens*, 1677, p. 22.

21 COURTIN, Antoine de. *Traité de la Paresse ou l'art de bien employer le temps en forme d'entretiens*. Advertência ao leitor (sem página). 1677.

22 COURTIN, Antoine de. *Traité de la Paresse ou l'art de bien employer le temps: en forme d'entretiens*, 1677, p. 21.

cristã, Courtin finaliza seu texto referindo-se a Hércules, herói mítico:[23] "É preciso, como Hércules o fez, detestar essa languidez preguiçosa, onde a má educação e o mau exemplo nos comprometem. É preciso, como ele, fugir generosamente desta mole ociosidade, e seguir a virtude".[24]

Retornando à *Encyclopédie*, a inspiração de Hércules é retomada no verbete redigido por Jaucourt:

> Lê-se em uma cornalina representando Hércules esta sentença grega: a fonte da glória e da felicidade está no trabalho, verdade de todos os tempos e de todas as épocas. É preciso mesmo se persuadir que o trabalho é uma das fontes do prazer, e talvez a mais certeira. Uma vida ociosa deve ser necessariamente uma vida triste.[25]

O verbete *Ennui*, também escrito por Jaucourt para o Tomo V, exalta as virtudes e capacidades medicinais do trabalho e caracteriza o tédio como um dos maiores inimigos dos homens, sendo "um mal tão singular e tão cruel que o homem frequentemente empreende os trabalhos mais penosos, a fim de poupar-se da pena de ser atormentado pelo tédio".[26] Ora, para fugir desse impiedoso tirano, para que se possa aplacar sua fúria, Jaucourt recomenda o afastamento "da ociosidade e da inação",[27] e prescreve o recurso à atividade laboral junto ao cultivo da mente: "procuremos contra o tédio um remédio praticável, ao alcance de todo o mundo, e que não conduz a nenhum inconveniente: será aquele dos trabalhos do corpo reunidos à cultura do espírito".[28] Dentre tais pos-

---

23 SAINT-AMAND, Pierre. *Les Corps oisifs: paresse des Lumières* in *The Flesh in the Text*. Org. Thomas Baldwin et al. Bern, Suíça: Peter Lang, 2007. p. 39.

24 COURTIN, Antoine de. *Traité de la Paresse ou l'art de bien employer le temps: en forme d'entretiens*. 1677. p. 255-256.

25 *Encyclopédie*. Verbete *Oisiveté*, Tomo XI, p. 445.

26 *Encyclopédie*. Verbete *Ennui*, Tomo V, p. 693.

27 *Encyclopédie*. Verbete *Ennui*, Tomo V, p. 694.

28 *Encyclopédie*. Verbete *Ennui*, Tomo V, p. 694.

síveis soluções, entretanto, sem dúvida é o trabalho o composto privilegiado e que verdadeiramente possui o fator da cura do tédio: "o trabalho de toda espécie é o verdadeiro remédio a este mal".[29] O labor, além de eliminar a doença, é também uma atividade preventiva, pois aquele que trabalha não precisa se furtar a buscar alguns prazeres sociais tais como a jogatina, as conversações, os espetáculos, uma vez que o trabalho os torna imunes e os afasta de tais vícios.

Dentre outros filósofos com trânsito no círculo dos *philosophes*, podemos lembrar que Étienne Bonnot de Condillac (1715-1780), por sua vez, ao definir ociosidade e trabalho em seu *Dictionnaire des Synonymes* (texto publicado postumamente),[30] acaba por distinguir as variações lexicais dos termos, seus diversos significados e, ainda, de maneira precisa aponta os usos apropriados de cada uma das palavras em seu determinado contexto. Condillac condensa a oposição entre trabalho e o ócio e seus diversos significados na oposição entre *ocupação* e *desocupação*. Assim, o termo *désouvrement* (desocupação) distingue a ociosidade da indolência, da preguiça, da inação, da inércia, do lazer, dentre outros. O lazer, por exemplo, é um tempo de repouso das ocupações; a indolência é o pouco de atividade com o qual se age. A ociosidade é, segundo um provérbio anotado por Condillac, "a mãe de todos os vícios",[31] pois nela o homem, buscando apenas aquilo que lhe apraz, entrega-se às paixões. Além disso, a ociosidade, definida como "o caráter de um homem que vive em um repouso onde se sente afastado de toda ocupação séria",[32] que busca ape-

---

29   *Encyclopédie.* Verbete *Ennui*, Tomo V, p. 694.

30   Mario Roques detalha a história do manuscrito do *Dicionário de Sinônimos* no prefácio à obra, salientando que apenas em 1852 o texto é registrado na *Bibliothèque Nationale de Paris*, composto por 5 pequenos volumes (CONDILLAC, Étienne Bonnot de. *Dictionnaire des Synonymes* in *Œuvres Philosophiques*. Volume 3. Prefácio por Mario Roques. Paris: PUF, 1951).

31   CONDILLAC, Étienne Bonnot de. *Dictionnaire des Synonymes* in *Œuvres Philosophiques*. Volume 3. Prefácio por Mario Roques. Paris: PUF, 1951, p. 200.

32   CONDILLAC, Étienne Bonnot de. *Dictionnaire des Synonymes* in *Œuvres Philosophiques*. Volume 3. Prefácio por Mario Roques. Paris: PUF, 1951, p. 199.

TRABALHO E ÓCIO

nas frivolidades, pressupõe certo abastamento e riqueza. Já a *fainéantise* (o *faire néant*, o nada fazer), a vadiagem, é a falta de ocupação ligada à pobreza e à miséria: "ela é o caráter de um miserável, que não quer nem mesmo trabalhar para obter aquilo que ele não pode dispensar".[33] Desta forma, Condillac define os termos que orbitam em torno da desocupação segundo a condição social e econômica daquele que a pratica:[34] enquanto a ociosidade refere-se ao tempo perdido e à desocupação dos abastados, ligando-se também ao divertimento,[35] a vadiagem ou a *fainéantise* referem-se aos pobres e até mesmo à mendicância, em uma situação de necessidade na qual ainda permanecem no torpor na inatividade – é algo tão grave aos olhos de Condillac que, taxando alguém desta maneira, damos "um epíteto que somente convindo àquilo que eles têm de mais vil, fazemos melhor sentir o quanto os desprezamos".[36]

Um dos mais célebres *philosophes*, Voltaire, também parece compartilhar desse elogio ao trabalho e da condenação ao ócio. Veremos brevemente no capítulo subsequente deste livro como o conto *Cândido* termina com um elogio ao trabalho. Algumas correspondências também ressaltam sua posição em defesa do labor e das artes mecânicas. Em 20 de outubro de 1738, Voltaire escreve uma carta a M. L'abbé d'Olivet, chanceler da *Académie Française*, na qual afirma ser preciso combater a ociosidade e a ignorância natural com a qual os homens nascem.[37] Em outra

---

33 CONDILLAC, Étienne Bonnot de. *Dictionnaire des Synonymes* in *Œuvres Philosophiques*. Volume 3. Prefácio por Mario Roques. Paris: PUF, 1951, p. 199.

34 SAINT-AMAND, Pierre. *Les Corps oisifs: paresse des Lumières* in *The Flesh in the Text*. Org. Thomas Baldwin et al. Bern, Suíça: Peter Lang, 2007, p. 40.

35 É o que argumenta Condillac, ao afirmar que "o homem *ocioso* sabe se divertir com tudo, a *desocupação* o entedia, por culpa de não saber preencher seus lazeres" (CONDILLAC, p. 200)

36 CONDILLAC, Étienne Bonnot de. *Dictionnaire des Synonymes* in *Œuvres Philosophiques*. Volume 3. Prefácio por Mario Roques. Paris: PUF, 1951. p. 200.

37 Eis um trecho da carta, nos próprios termos de Voltaire: "Sei muito bem, e sinto ainda melhor, que o espírito do homem é muito limitado; mas é por esta mesma razão que é preciso esforçar-se por estender as fronteiras deste mínimo estado, ao combater a ociosidade e a ignorância natural com as quais nascemos"

carta, datada de 23 de dezembro de 1760, e agora dirigida ao Marquês Francesco Albergati Capacelli, escritor bolonhês, comediógrafo e entusiasta do teatro, Voltaire volta a afirmar o perigo da ociosidade, acrescentando que os homens comuns, que se ocupam com as artes mecânicas, despendem seu tempo de uma maneira feliz. O trabalho, portanto, é fonte de felicidade, e a ociosidade um vício a ser evitado. Nas palavras do *philosophe*:

> Sei de longa data que os principais senhores de vossas belas vilas da Itália se reúnem frequentemente para representar nos teatros elevados pelo gosto, às vezes em obras dramáticas italianas, às vezes as nossas. É assim também que procedem algumas vezes os príncipes das casas mais augustas e mais poderosas: é que o espírito humano jamais inventou nada de mais nobre e útil para formar os costumes e para poli-los; é a obra de arte da sociedade: pois, *monsieur*, enquanto o comum dos homens é obrigado a trabalhar nas artes mecânicas, e que seu tempo esteja felizmente ocupado, os grandes e ricos tem a infelicidade de estarem abandonados a eles mesmos, ao tédio inseparável da ociosidade, no jogo mais funesto que o tédio, às pequenas facções mais perigosas que o jogo e a ociosidade.[38]

Finalmente, recordamos que os próprios esforços que constituíram o projeto da *Encyclopédie* são compostos por uma intensa e minuciosa investigação acerca dos mais diversos trabalhos e ofícios. Diderot, filho de mestre cuteleiro e proveniente de uma família de artesãos

---

(VOLTAIRE, François Marie Arouet. *Lettres choisies de Voltaire. Précédées d'une notice et accompagnées de notes explicatives sur les faits et les personnages du temps, par Louis Moland*. Paris: Garnier, 1872, p. 138).

38   VOLTAIRE, François Marie Arouet. *Lettres choisies de Voltaire. Précédées d'une notice et accompagnées de notes explicatives sur les faits et les personnages du temps, par Louis Moland*. Paris: Garnier, 1872, p. 318.

Trabalho e ócio

abastados,[39] realizava visitas pessoais aos *ateliers* e outros locais onde os ofícios e trabalhos manuais eram executados,[40] a fim de observar minúcias e detalhes de cada profissão, defendendo a utilidade indispensável e essencial destes trabalhos para que uma boa organização social fosse observada. Neste sentido, lemos que:

> Ao examinar as produções das Artes, percebe-se que umas eram mais obra do espírito do que da mão, e que, ao contrário, outras eram mais obra da mão do que do espírito. Tal é, em parte, a origem da preeminência que se atribui a certas Artes sobre outras, e da distribuição que se faz das Artes em Artes liberais e Artes mecânicas. Esta distinção, conquanto bem fundada, produziu um efeito pernicioso, ao degradar [*avilissant*] pessoas muito estimáveis e muito úteis.[41]

Ora, os enciclopedistas realizam uma crítica à desvalorização das artes mecânicas em detrimento das artes liberais, no mesmo sentido que Bacon – "um dos primeiros gênios da Inglaterra",[42] nas palavras de Diderot – emprega em seu *Novum Organum*, isto é, uma crítica relacionada à hierarquização das artes.[43] No verbete *Art*, que propõe um projeto

---

39 GUINSBURG, J. *Denis Diderot: o espírito das "Luzes"*. São Paulo: Ateliê, 2001, p. 121.

40 Jacques Proust (PROUST, Jacques. *Diderot et l'Encyclopédie*. Genève: Slatkine, 1982. p. 195) nos chama a atenção para o artigo *Carton*, no qual Diderot escreve: "Visitei os *ateliers* dos trabalhadores" (*Encyclopédie*. Verbete *Carton*, Tomo II, p. 731).

41 *Encyclopédie*. Verbete *Art*, Tomo I, p. 714.

42 Verbete *Art*, Tomo I, p. 714.

43 De acordo com Jacques Proust, referindo-se aos estudos sobre filosofia e técnica para a *Encyclopédie*, "as ideias que guiaram Diderot em sua pesquisa, ele jamais fez mistério, já haviam sido exprimidas por Bacon. Estas ideias são bem conhecidas, e o artigo *Art* retoma quase todas" (PROUST, Jacques. *Diderot et l'Encyclopédie*. Genève: Slatkine, 1982. p. 196). Podemos acrescentar que Bacon, distanciando-se das concepções medievalistas e renascentistas acerca da posição hierárquica das artes e das técnicas, passa a pensá-las no interior da história das

geral das artes mecânicas, Diderot argumenta que a desvalorização deste ramo de arte não ocasionou senão maus efeitos, fortificando nos homens certa "preguiça natural",[44] e que se trata mais precisamente de um preconceito que não fez senão "encher as cidades de raciocinadores orgulhosos, de contempladores inúteis, e os campos de pequenos tiranos ignorantes, ociosos e arrogantes".[45] Assim, "os bons espíritos e os sábios de todos os tempos",[46] como Colbert[47] ou como o próprio Bacon, souberam dar devido lugar e importância às artes mecânicas, e, inspirados em tais exemplos, assim também o farão os enciclopedistas.[48] Diderot se preocupava também em conciliar a arte prática com os saberes teóricos:

> De onde concluímos que aquele que não possua a geometria intelectual, é comumente um homem pouco habilidoso; e que um artesão que não tenha senão a geometria experimental é um operário muito limitado (...) estou convencido que é im-

---

ciências, isto é, não separa o saber técnico ou prático do saber científico. Com o período do *regnum hominis*, seria possível ao homem conduzir a Natureza a caminhos que esta não tomaria por si mesma, e, dominando-a, poderia, assim, instaurar o progresso material e o bem-estar humano.

44 Verbete *Art*, Tomo I, p. 714.

45 Verbete *Art*, Tomo I, p. 714.

46 Verbete *Art*, Tomo I, p. 714.

47 Jean-Baptiste Colbert (1619-1683), ministro incentivador do mercantilismo na França, tornou-se célebre por sua política de industrialização, o colbertismo, uma espécie particular de mercantilismo aplicado pela política econômica francesa. A teoria colbertiana, segundo Jacques Proust, ainda imperava como política oficial na época dos enciclopedistas (PROUST, Jacques. *Diderot et l'Encyclopédie*. Genève: Slatkine, 1982. p. 168). No verbete *Art*, Diderot afirma em seguida que Colbert "olhou a indústria dos povos e o estabelecimento de manufatura como a mais certa riqueza de um reino" (*Encyclopédie*, verbete *Art*, Tomo I, p. 714).

48 Sobre a questão das técnicas e das artes na *Encyclopédie*, conferir *Diderot et l'Encyclopédie*, livro de Jacques Proust aqui já citado, em especial o capítulo V, *Les Encyclopédistes devant le développement des forces productives et l'évolution de la technique*, p. 163 e ss.

possível obter qualquer coisa satisfatória em relação a estas geometrias separadas (...).[49]

Tendo em vista este breve cenário, transportemo-nos doravante ao campo do pensador que nos propomos estudar: poderíamos então nos indagar que estatuto Rousseau confere à noção de trabalho. De que maneira um filósofo que se autodenomina *preguiçoso*, como assim expressa em diversos de seus textos,[50] pensou sobre o tema? Seria Rousseau, na contramão dos enciclopedistas, um apologista do ócio? Ou, inversa-

---

49 Verbete *Art*, Tomo I, p. 716.

50 A declarada preguiça de Rousseau é um tanto quanto retórica, uma vez que Rousseau se entregou a atividades incessantes até o final da vida. Citemos, entretanto, algumas passagens. Na quinta caminhada, escrita em 1777, Rousseau revela que de todos os lugares que já habitara, nenhum havia lhe proporcionado um sentimento de verdadeira e genuína felicidade tanto quanto a região de Neuchâtel, mais precisamente no período em que se encontrava na ilha de Saint Pierre, no meio do lago Bienne, local no qual decide repousar. Assim ele avaliou sua felicidade: "Qual era então esta felicidade e em que consistia sua fruição? Deixo que a imaginem todos os homens deste século, pela descrição de minha vida na Ilha. O precioso *far niente* [o nada fazer] foi o primeiro e o principal desses deleites que quis apreciar em toda a sua doçura e tudo o que fiz durante minha estada, não foi, na verdade, senão a ocupação deliciosa e necessária de um homem que se dedicou à ociosidade" (OC, I, *Les Rêveries du Promeneur Solitaire*, Cinquième Promenade, p. 1042). Ressalvamos que a quinta caminha faz um elogio a uma espécie de ócio, ligado à autonomia e à tranquilidade. Não se trata de uma inação, um nada fazer absoluto. Também em *Rousseau, Juiz de Jean-Jacques*, escreve: "Assim vi o indolente Jean-Jacques, sem fingimento, sem afetação, entregue por gosto a seus doces devaneios (...)" (OC, I, *Rousseau, Juge de Jean-Jacques, Deuxième Dialogue*, p. 865). Rousseau, que tem "um humor indolente e voluptuoso" (OC, I, *Rousseau, Juge de Jean-Jacques*. p. 822), e teme até mesmo "menos o sofrimento do que a ação" (OC, I, *Rousseau, Juge de Jean-Jacques*. p. 823); quer evitar todo o tipo de cálculo e, assim, torna-se indolente por opção: "Ele tornar-se-á, então, indolente, preguiçoso por gosto, até mesmo pela razão, quando não por temperamento" (OC, I, *Rousseau, Juge de Jean-Jacques*. p. 822). Ora, lemos, finalmente, que no início do *Segundo Discurso* que a obra foi fruto de um método derivado da indolência: ao explicar sua opção pelas notas ao final, escreve que "tem o costume preguiçoso de trabalhar em intervalos" (OC, III, *Segundo Discurso, Avertissement sur les notes*, p. 128)

mente, se ao atribuir importância e valor moral e político ao trabalho, o quão severa seria sua diatribe contra o ócio?

* * *

São muitas as páginas dedicadas à questão da unidade de pensamento em Rousseau. Não se tratando de afirmação ociosa, a coerência entre os princípios e conceitos nas obras rousseaunianas, seus aparentes paradoxos e contradições foram, ao longo do tempo, objeto de grande debate entre os intérpretes. Em 1932, com a publicação de um ensaio de Ernst Cassirer, a questão ganhou outros contornos, tornando-se um objeto de estudo privilegiado: em seu texto, no qual nomeia a celeuma como "o problema" Jean-Jacques Rousseau, Cassirer busca demonstrar a existência de uma unidade essencial, argumentando não haver a construção de uma doutrina rousseauniana monolítica, mas sim um "movimento de renovação constante do pensamento",[51] compreensão necessária para melhor se ler o filósofo genebrino, sem descontextualizações. A partir de então, os intérpretes buscaram - e ainda buscam - com obras de fôlego, compreender o pensamento de Rousseau tendo em vista uma leitura que contemple e abranja todos seus escritos. Jean Starobinski, reunindo em *A Transparência e o Obstáculo* vários elementos da obra e da vida de Rousseau, buscou demonstrar como é possível realizar articulações entre os discursos dos mais diferentes registros – da literatura à política – mediante o entendimento de uma "unidade de intenção, que visa à salvaguarda ou à restauração da transparência comprometida".[52] No Brasil, Luiz Roberto Salinas Fortes apresenta a solução para uma dificuldade que os comentadores até então não logravam resolver: a suposta incoerência atribuída aos discursos políticos de Rousseau, em suas apa-

---

51 CASSIRER, Ernst. *A Questão Jean-Jacques Rousseau*. Trad. Erlon José Paschoal. São Paulo: Unesp, 1999. p. 38. Cassirer também escreveu um precioso artigo dedicado à unidade em Rousseau: CASSIRER, Ernst. *L'unité dans l'oeuvre de Jean-Jacques Rousseau* in *Pensée de Rousseau*. Paris: Seuil, 1984. p. 41-65.

52 STAROBINSKI, Jean. *Jean-Jacques Rousseau: la transparance et l'obstacle*. Paris: Gallimard, 1971. p. 25; ed. bras., p. 25.

rentes contradições no plano teórico e prático, não são autocontradições ou paradoxos que pertencem à teoria política do autor, mas sim contradições referentes ao plano da história.[53] Bento Prado Júnior, por sua vez, joga nova luz aos estudos rousseauístas ao entregar uma unidade à obra através do prisma de uma retórica.[54] Por fim, intérpretes mais recentes, como Gabrielle Radica,[55] também buscam constituir a unidade da obra, recorrendo aos diversos escritos de Rousseau e inserindo-o em uma tradição filosófica.

A questão da unidade da obra e de uma possível conciliação e harmonia entre os princípios e conceitos que cada um dos textos carrega consigo, é, portanto, tarefa ampla e minuciosa, e seus meandros foram considerados por relevantes obras e comentadores. Se não negligenciamos as implicações deste vasto debate, não temos, entretanto, a pretensão de sobre ele nos debruçar, e nos limitamos a situá-lo de maneira muito resumida ao leitor. Interessa-nos, todavia, lembrar que este cenário permitiu a Bruno Bernardi realizar o seguinte diagnóstico:

> Atualmente, de qualquer maneira que a tomemos, a questão do estatuto filosófico da obra de Rousseau mudou de natureza: não se trata mais de saber se devemos reconhecer nas obras de Rousseau tal estatuto, mas de determinar qual estatuto Rousseau dá à filosofia e como, em suas obras, ele o coloca em ação.[56]

---

53 São várias as obras de Salinas, dentre elas destacamos *Rousseau: da teoria à pratica* (São Paulo: Ática, 1976) e *Paradoxo do espetáculo: política e poética em Rousseau* (São Paulo: Discurso Editorial, 1997).

54 PRADO JR., Bento. *A retórica de Rousseau e outros ensaios*. Organização e apresentação Luiz Fernando Franklin de Matos. Tradução: Cristina Prado. Revisão técnica: Thomaz Kawauche. São Paulo: Cosac Naify, 2008.

55 RADICA, Gabrielle. *L'histoire de la raison. Anthropologie, politique et moral chez Rousseau*. Paris: Honoré Champion, 2008.

56 BERNARDI, Bruno. *La fabrique des concepts: recherches sur l'invention conceptuelle chez Rousseau*. Paris: Honoré Champion, 2006, p. 13.

Desta forma, aproveitando o terreno preparado por tais reflexões, bem como suas persistentes interrogações, podemos nos indagar, em primeiro lugar, se o pensamento de Rousseau sobre o *trabalho* não escaparia a tais possíveis contradições, e, em um segundo momento, de que maneira suas reflexões acerca deste conceito se articulam entre as obras, possuindo um estatuto filosófico capaz de identificar Rousseau como um filósofo que enxergou na noção de trabalho um importante objeto de reflexão. Somente então poderíamos nos indagar: seria possível encontrar uma unidade que permitisse e guiasse a aplicação do conceito em seus diferentes momentos?

Não é tarefa simples, entretanto, definir o conceito de trabalho em um filósofo da envergadura de Rousseau: diante dos numerosos e variados escritos, cada qual pertencente a seu registro próprio, como encontrar, ao longo da obra, um fio condutor para os sentidos do trabalho? Frente à constelação de textos que compõem o pensamento de nosso autor, seria necessário, por um lado, deixarmos o conceito se formar, encontrar seus contornos no confronto entre as entrelinhas e os princípios gerais. Podemos, por outro lado, seguramente afirmar que o trabalho é objeto de insistente atenção de Rousseau, sendo questão presente em praticamente toda a obra rousseauniana. Não se restringe, portanto, apenas aos escritos políticos, sejam eles teóricos ou "práticos", como o *Segundo Discurso* ou o *Projeto de Constituição para a Córsega*, mas antes se põe como questão que passa pela literatura, como na *Nova Heloísa*, por escritos sobre educação como o *Emílio*, ou em textos como *Carta a D'Alembert*, sendo ainda tema presente em escritos autobiográficos, seja nas *Confissões* ou nos *Devaneios do Caminhante Solitário*.

Ora, veremos que na obra rousseauniana, a exemplo dos termos da *Encyclopédie* expostos no início desta introdução, o próprio campo léxico utilizado para se referir ao termo trabalho é bastante amplo e parece, portanto, variar diante de tantas nuances e definições possíveis. Seus sentidos também parecem à primeira vista distintos quando certas passagens soltas e escolhidas fora de seu contexto são confrontadas: se

TRABALHO E ÓCIO

tudo degenera nas mãos humanas, e sendo o homem no estado de natureza solitário e "ocioso",[57] afeito à preguiça natural e odiando o "trabalho contínuo",[58] o trabalho significaria o desvio, uma corrupção. Contudo, diante de algumas afirmações precipitadas, como não as colocar em xeque ao encontrarmos em *Emílio* a seguinte exortação: "De todas as ocupações que podem fornecer o sustento ao homem, a que mais o aproxima do estado de natureza é o trabalho manual"[59] e que "a temperança e o trabalho são os dois verdadeiros médicos do homem: o trabalho aguça seu apetite e a temperança impede que se abuse dele".[60] Como compreender a diferença entre estes tantos "trabalhos"? Seria possível encontrar um caminho ou explicação capazes de harmonizar tais afirmações? Rousseau mesmo propõe aos seus leitores que, para apreenderem de maneira precisa o sentido dado a determinada palavra ou expressão, imprescindivelmente devem situá-la nas circunstâncias nas quais é empregada. Somente com este cuidado de leitura seria possível a adequada compreensão dos princípios e o correto entendimento de uma definição. É nesse espírito, portanto, que lemos em *Emílio* uma nota com a seguinte advertência:

> Ao escrever, fiz cem vezes a reflexão de que é impossível em uma longa obra dar sempre os mesmos sentidos às mesmas palavras. Não há língua rica o suficiente para fornecer tantos termos, expressões e frases quantas são as modificações que nossas ideias possam ter. O método de definir todos os termos e de substituir sem cessar o definido pela definição é belo, mas impraticável; pois, como evitar o círculo? As definições poderiam ser boas se não empregássemos palavras para fazê-las. Malgrado isto, estou persuadido que podemos ser claros mesmo na pobreza de nossa língua, não dando sempre as mes-

---

57   OC, III, *Segundo Discurso*, p. 140.

58   OC, III, *Segundo Discurso*, p. 145.

59   OC, IV, *Emílio*, Livro III, p. 470; ed. bras., p. 262.

60   OC, IV, *Emílio*, Livro I, p. 271. ed. bras., p. 37.

mas acepções às mesmas palavras, mas sim agindo de tal sorte que, toda vez que se emprega uma palavra, a acepção que lhe damos esteja suficientemente determinada pelas ideias que se relacionam com ela, e que cada período em que essa palavra se encontre lhe sirva, por assim dizer, de definição.[61]

Seguindo a orientação de leitura proposta pelo próprio Rousseau aos seus leitores, guiar-nos-emos pelos textos buscando encontrar a acepção das palavras e seus sentidos sempre nos atentando ao local no qual os termos se encontram. Se pretendermos definir um conceito de trabalho em Rousseau, seríamos levados, assim, a lançar mão de variados escritos – sendo ainda verdade que não há nenhum texto de Rousseau exclusivamente dedicado ao trabalho – e contextualizar cada uma das afirmações. Se o tratamento dado ao tema varia conforme os escritos, o que dizer de seu conceito?

O trabalho nos diferentes registros das obras de Rousseau

Em uma leitura primeira seríamos desde logo tentados a condenar o trabalho como degeneração ou desvio: "nada fazer constitui a primeira e a mais forte paixão do homem, depois da de se conservar",[62] afirma Rousseau no *Ensaio Sobre a origem das línguas*. A mesma ideia é presente no *Segundo Discurso*, como veremos detalhadamente no primeiro capítulo deste estudo. O homem, que possui como característica originária a indolência, plenamente desfrutada no primeiro estado de natureza e traço que o mantém apegado a este, desconhece o esforço do labor e necessita apenas de alimentação, repouso e satisfação sexual: mantendo-se assim, seria para sempre feliz. Trabalhar seria, portanto, opor-se a este estado natural, e romper com o estado de ociosidade paradisíaca no qual primeiramente se encontra; seria, afinal, lançar-se à miséria, àquilo que

---

61 OC, IV, *Emílio*, Livro II, nota de rodapé, p. 345; ed. bras.: p. 121.

62 OC, V, *Ensaio Sobre a Origem das Línguas*, Cap. IX, nota de rodapé, p. 401.

TRABALHO E ÓCIO

se traduz como um desvio da origem. Finalmente, é a mão-de-obra que fundamenta o direito de propriedade, a marca da desigualdade. Como não atribuirmos ao trabalho um lugar privilegiado no banco dos réus? Ao pensarmos o trabalho desta forma, é inevitável não nos recordarmos, portanto, da mais terrível das maldições que a civilização ocidental conheceu. De maneira análoga[63] à tradição bíblica, estigmatizado pela mitologia judaico-cristã, o trabalho, no relato da origem do universo, do homem e das coisas, surge como signo exemplar da queda e, associado à punição divina, vira um castigo imposto pela divindade e lançado contra a humanidade. Eis a primeira e mais cruel das maldições:

> Por teres escutado a voz da tua mulher e comido da árvore da qual eu te havia formalmente prescrito não comer, o solo será maldito por tua causa. É com fadiga que te alimentarás todos os dias da tua vida; ele fará germinar para ti espinhos e cardo, e tu comerás a erva do campo. No suor do teu rosto comerás pão.[64]

---

63 No caso da visão bíblica sobre o trabalho como maldição, ressaltamos que a utilizamos apenas como função análoga, sem pretender aproximar a filosofia de Rousseau das Escrituras. Escrito no qual são afastadas considerações teológicas, o *Segundo Discurso* de Rousseau é, segundo Starobinski, o texto que "ocupa o menor lugar na exposição de suas convicções cristãs", embora, continua o autor, Rousseau "recompõe um *Gênesis* filosófico" (STAROBINSKI, Jean. OC, III, *Introductions. Discours sur "L'Origine de l'Inégalité"*, p. LII, Paris: Gallimard, 1964; ed. bras., p. 389). Ao desenvolver sua teoria do estado de natureza, Rousseau estabelece que o homem não é marcado por um *pecado* ou *maldade original*, mas é, pelo contrário, naturalmente bom. A analogia ainda se justifica, segundo Starobinski, pois "o progresso intelectual caminhará junto com uma dissimetria crescente entre o desejo e os objetos, pelo que o homem terá de padecer (...) Assim, de maneira ambígua, a ascensão técnica e intelectual da humanidade poderá ser descrita como o equivalente da queda de que fala o Gênese" (STAROBINSKI, Jean. OC, III, *Introductions. Discours sur "L'Origine de l'Inégalité"*, p. LVII, Paris: Gallimard, 1964; ed. bras., p. 394).

64 Gênesis, 3, 17-19. Bíblia – Tradução Ecumênica. 5ª edição. São Paulo: Loyola, 1997. p. 29.

Seria nosso autor, uma alma voluptuosa e "preguiçosa por gosto, por razão mesmo, quando não por temperamento",[65] este homem de "humor indolente",[66] também um detrator desta maldição bíblica? A resposta a esta indagação nos impulsiona necessariamente para a compreensão do que Rousseau entende por trabalho.

Apesar da insistência e da importância da noção que pretendemos estudar, Rousseau não dedicou nenhum livro, e nem sequer algum capítulo, exclusivamente a respeito do tema, e nem mesmo pontuou de maneira precisa o que entende por "trabalho": a resposta à questão, então, só poderia ser construída a partir da formação de um conceito que se encontra disperso entre as obras de nosso autor. Tal pesquisa, assim, se torna árdua: em cada escrito, cada qual pertencente a seu registro, a noção de trabalho aparenta tomar diferentes formas; seja opondo-se, como remédio, ao vício do ócio, seja colocando-se como depravação em relação ao primeiro estado de natureza e sua deliciosa indolência natural, trata-se certamente de objeto teórico caro a Rousseau, que permeia toda sua a obra, sejam aquelas dedicadas à antropologia, à política, à educação, sendo ainda preocupação presente nos domínios da literatura e até mesmo dos escritos autobiográficos. Também não são muitos, até onde nosso conhecimento bibliográfico atual permitiu saber, os comentários pontuais sobre o assunto.[67] Nosso filósofo, portanto, não é reconhecido pela fortuna crítica como um pensador que refletiu sobre o trabalho.

---

65 OC, I, *Rousseau, Juge de Jean-Jacques, Deuxième Dialogue*, p. 822.

66 OC, I, *Rousseau, Juge de Jean-Jacques, Deuxième Dialogue*, p. 822.

67 De maneira geral, os comentários sobre o tema encontram-se esparsos pelas obras de alguns comentadores, tendo até o momento apenas Denis Faïck dedicado um livro que trata exclusivamente da questão do trabalho na obra de Rousseau. Embora sejam poucos estudos que dedicam profundidade ao tema, seria tarefa impossível listá-los todos de maneira exaustiva. Ao longo do livro as bibliografias e referências surgirão. Entretanto, apenas à guisa de exemplo do panorama geral da crítica e dos comentários, clássicos como Goldschmidt e Starobinski são, ao nosso ver, os que dedicam mais páginas ao tema; comentadoras mais recentes, como Éliane Martin-Haag e Gabrielle Radica, também escrevem alguns parágrafos sobre a questão. Outros pesquisadores como Claire Pignol (*Rousseau et*

Defrontamo-nos, portanto, com uma primeira dificuldade que se relaciona ao método e ao próprio objeto deste livro: diante da multiplicidade de escritos de Rousseau, cada qual pertencente a seu próprio registro, como compreender, ao longo da obra, os diversos sentidos do "trabalho"? Em segundo lugar, após análise e a tarefa de pesquisa, seria possível encontrar em tais sentidos um fio condutor, de maneira a formar um conceito? Partimos da hipótese inicial que este empreendimento seria possível, mas que, no presente estudo, uma análise mais detida e uma leitura com maior fineza demandaria nos concentrarmos sobre alguns textos ou algum campo específico da obra de Rousseau.

Desta forma, optamos na presente pesquisa por nos debruçarmos sobre a antropologia e a política rousseauniana, mais especificamente nos textos *Discurso Sobre a Origem da Desigualdade entre os Homens* e *Ensaio Sobre a Origem das Línguas*, sem, entretanto, deixarmos de estabelecer um diálogo entre todo o universo textual de Rousseau.

Dentre os embates travados pela fortuna crítica de Rousseau, um dos mais calorosos e inconclusivos é aquele relativo à historicidade, conexão e cronologia das obras, especialmente das relações existentes entre o *Ensaio Sobre a Origem das Línguas* e o *Discurso Sobre a Origem da Desigualdade*. Como, afinal, deve ser realizada a leitura do *Ensaio* frente à obra de Rousseau e, mais especificamente, relativamente ao *Segundo Discurso*? A indagação demandaria análise extensa, como podemos vislumbrar ao nos depararmos com debates entre comentadores como Michel

---

l'argent. Autarcie et division du travail dan La Nouvelle Héloïse), Roland Mortier (*Paresse et travail dans l'introspection de Rousseau*), Mark Cladis (*Rousseau and the Redemptive Mountain Village : the way of family, work, community and love*) e Marc Fabien (*Rousseau et le mal social. Réfutation d'une lecture manichéenne du Discours sur l'origine de l'inégalité*) publicaram artigos que tratam sobre o assunto, sendo que os três primeiros se encontram mais no campo das pesquisas literárias do que propriamente da filosofia. No Brasil, podemos encontrar na obra de Salinas Fortes e Olgária Matos referências ao tema.

Launay,[68] Michèle Duchet,[69] Victor Goldschmidt,[70] Jacques Derrida,[71] Bento Prado Júnior,[72] Pierre-Maurice Masson,[73] dentre outros que se debruçaram sobre o problema, sendo que o resultado, entretanto, parece-nos longe de estabelecer-se como pacífico. Outros estudos também se dedicam de maneira mais detida à questão da linguagem e da análise do *Ensaio* no pensamento de Rousseau. Alguns comentadores importantes também ressaltam certo caráter de complementaridade que alguns trechos assumem na relação entre os textos, em especial como observam Derathé[74] ou Starobinski.[75] A inserção do *Ensaio* como objeto de pesquisa ao longo de

---

68 LAUNAY, Michel. *Jean-Jacques Rousseau, écrivain politique*. Genève: Slatkine, 1989.

69 DUCHET, Michèle. *Anthropologie et histoire au siècle des lumières*. Cf. Capítulo 3, *L'anthropologie de Rousseau*. Paris: François Maspero, 1971.

70 GOLDSCHMIDT, Victor. *Anthropologie et Politique. Les principes du système de Rousseau*. Paris: J. Vrin, 1983. Cf. em especial Capítulo IV, da Seção Primeira.

71 DERRIDA, Jacques. *De la Grammatologie*. Paris: Minuit, 1967. p. 363; Ed. brasileira: São Paulo, Perspectiva, 2008. Cf. Capítulo 3 - *Genèse et structure de l'Essai sur l'Origine des Langues*.

72 PRADO JR., Bento. *A Retórica de Rousseau e outros Ensaios*. Organização e apresentação Luiz Fernando Franklin de Matos. Tradução: Cristina Prado. Revisão técnica: Thomaz Kawauche. São Paulo: Cosac Naify, 2008.

73 MASSON, Pierre-Maurice. *Questions de chronologie rousseauiste* in *Annales J.-J. Rousseau*. Tome IX, 1913. p. 37-61.

74 "É no capítulo IX do *Ensaio Sobre a Origem das Línguas* que encontramos os esclarecimentos destinados a completar esta indicação sumária do *Discurso Sobre a Desigualdade*" (DERATHÉ, Robert. *Jean-Jacques Rousseau et la Science Politique de son Temps*. Paris: J. Vrin, 2009. p. 178-179; ed. bras., p. 268).

75 No início de sua análise do *Ensaio*, Starobinski escreve: "Deter-nos-emos em dois textos: o *Discurso Sobre a Origem da Desigualdade* e o *Ensaio Sobre a Origem das Línguas*. Textos complementares, por vezes ligeiramente dissonantes, mas que propõem ao leitor uma mesma história sob uma dupla versão: o *Discurso Sobre a Desigualdade* insere uma história da linguagem no interior de uma história da sociedade; inversamente, o *Ensaio Sobre a Origem das Línguas* introduz uma história da sociedade no interior de uma história da linguagem" (STAROBINSKI, Jean. *Rousseau et l'origine des langues*. In: *La Transparance et l'obstacle*. Paris: Gallimard, 1971. p. 356; ed. bras., p. 409).

nosso estudo não será feita como se o texto fosse uma extensão do *Segundo Discurso*, mas é justificada, dentre outros motivos que não o mero apoio de textos, pela temática abordada: o trabalho humano é noção fundamental na antropologia formulada no *Ensaio*, tendo especial importância no desenvolvimento dos capítulos IX e X, foco maior de nossa atenção durante a elaboração desta parte da pesquisa. Independentemente da discussão acerca da complementaridade ou não dos textos, podemos seguramente afirmar que a leitura das obras enriquecerá o arsenal teórico que utilizaremos para desenvolver a noção que pretendemos analisar, isto é, a concepção de *trabalho*. Contudo, ao longo de nosso texto tomamos o cuidado de pontuar as diferenças e as transições entre os textos, sem confundi-los como se fossem uma só obra.

Sem nos precipitarmos às conclusões, podemos desde logo adiantar que Rousseau se distancia de certa tradição filosófica que caracteriza o homem como um ser naturalmente trabalhador – como notoriamente é o caso de John Locke (1632-1704), cujas ideias seguramente influenciaram Rousseau e consistiram em objetos de constante disputa e diálogo, em obras como *Economia Política* e o *Segundo Discurso*.[76] Segundo Rousseau, o trabalho é completamente excluído do primeiro e puro estado de natureza, onde reina soberana a *preguiça natural*, apanágio que, nunca tendo abandonado o homem, o mantém apegado a seu estado primitivo; é, na realidade, condição essencial que compõe este quadro. No entanto, estaria o trabalho completamente excluído do estado de natureza, em todos os seus diferentes estágios ou fases? Em quais circunstâncias

---

76 "No *Discurso Sobre a Desigualdade*, Rousseau inspira-se em Locke para fazer a crítica do direito de escravidão, e, na *Economia Política*, para refutar Filmer e sua teoria da origem do poder real, que ele fez derivar do poder paterno. Ademais, é de Locke que Rousseau empresta a ideia de que a propriedade é fundada sobre o trabalho". (DERATHÉ, Robert. *Jean-Jacques Rousseau et la Science Politique de son Temps*. Paris: J. Vrin, 2009. p. 114; ed. bras., p. 178-179). Sobre a influência das ideias de Locke sobre o pensamento político de Rousseau, cf. DERATHÉ, Robert. *Jean-Jacques Rousseau et la Science Politique de son Temps*, em especial Capítulo II (*Les Lectures Politiques de Rousseau*), item B.

o homem, tendo acesso à sua humanidade, passa da época da completa indolência ao mundo da atividade? Finalmente, teria o trabalho uma possível participação positiva ou contribuição afirmativa no interior da antropologia rousseauniana?

O *Segundo Discurso* mostra a passagem do repouso ocioso no qual o homem se encontrava no estado de natureza para uma época de atividade, condição para que os obstáculos fossem superados. O homem do primeiro estado de natureza encontra seu termo no momento em que, acuado pelas circunstâncias externas – por aquilo que veio de fora – ele se vê obrigado a agir, exercer atividades manuais, inventar instrumentos e, finalmente, a trabalhar para sobreviver, o que se opõe à sua indolência original e característica. Com a gênese do trabalho, inicia-se a gênese da humanidade e as atividades manuais são coetâneas à gênese da história. O trabalho, assim, é um ponto de gravidade no *Segundo Discurso*, no qual se concentram a explicação da gênese antropológica, social e da razão.

Na *Carta a d'Alembert*, Rousseau faz, por um lado, longos elogios ao trabalho e às relações de trabalho estabelecidas na República de Genebra, ao criticar, por outro lado, o ócio existente nas grandes cidades como Paris, ressaltando, ainda, que as diversões dos espetáculos parisienses seriam funestas para a economia e para um povo trabalhador como o povo genebrino. Como no *Discurso Sobre as Ciências e as Artes*, ou como no caso dos espetáculos na *Carta a D'Alembert*, o trabalho não é bom nem mau em si mesmo, mas sua inclinação depende dos efeitos que ele causa na sociedade.

Os escritos autobiográficos, que não serão objeto de análise ao longo deste estudo, contribuirão para fornecer ilustrações do tema em seus diversos registros na obra de Rousseau ou, ainda, para reforçar argumentos teóricos. Em uma primeira leitura já saltam aos olhos, tanto nas *Confissões*, nos *Devaneios do Caminhante Solitário* quanto em *Rousseau, Juiz de Jean-Jacques*, as diversas referências feitas ao trabalho e ao ócio. Nas *Confissões*, por exemplo, lemos em uma passagem na qual M. de Francueil oferece a Rousseau um emprego como caixa, em uma promis-

TRABALHO E ÓCIO

sora carreira financeira. Mas Rousseau logo cai doente, recusando-se a voltar ao emprego: resolve levar a vida como copista de música. Não pode contrariar seus princípios: como pode aquele que defende a pobreza e ataca a desigualdade ser o subordinado de alguém que contribui com o sistema econômico e político estabelecido? Um trabalho e uma carreira imposta, não escolhida livremente e, portanto, à mercê dos outros, é um trabalho que se afasta da autossuficiência e da autonomia desejada, sendo também atividade conflitante com seu discurso:

> Essa afirmação, que chegou a mim, me levou a sérias reflexões sobre o meu estado e sobre a tolice de sacrificar o repouso e a alegria do pouco que me restava de vida à sujeição de um emprego que só me dava desgosto. E afinal, como pôr de acordo os severos princípios que eu acabava de adotar com um estado que tão pouco condizia com eles? Não seria engraçado, eu, caixa de um recebedor geral das finanças, pregar o desinteresse e a pobreza? (...) Renunciei para sempre a qualquer projeto de fortuna e de ascensão.[77]

Por isso, lemos nas mesmas *Confissões* que ele é "um homem independente que não ama trabalhar senão a seu tempo".[78] Nos *Devaneios*, como vimos acima, a preocupação de Rousseau com o trabalho, ou mais propriamente com o ócio e a inatividade, vistos sob o prisma da individualidade, é motivo central da *Quinta Caminhada*: Rousseau abandona todo o cálculo e contagem de tempo, lançando-se no presente constante e não se preocupando com atividades ou trabalhos; deleitou-se com o *far niente*, que "quis apreciar em toda a sua doçura", e que tudo que fez em sua estada na Ilha de Saint-Pierre "não foi, na verdade, senão a ocupação deliciosa e necessária de um homem que se dedicou à ociosidade".[79]

---

77 OC, I, *Confissões*, Livro VIII, p. 361-362.

78 OC, I, *Confissões*, Livro IX, p. 402.

79 OC, I, *Les Rêveries du Promeneur Solitaire*, Cinquiéme Promenade, p. 1042. A quinta caminha faz um elogio a uma espécie de ócio, ligado à esfera da indi-

Ensinar trabalhos que tornem o homem autossuficiente e a preocupação de afastar os jovens da ociosidade são questões que se encontram no centro das atenções de Rousseau, em especial na obra *Emílio*. O pupilo deverá aprender a ser útil para a sociedade na qual escolherá viver e, assim, sua educação deverá contemplar o ensino de tantos ofícios manuais quanto forem necessários. Mas não se trata, contudo, de ensinar *qualquer* atividade manual: a independência individual de Emílio será assegurada por ofícios que lhe permitam, assim como Robinson Crusoé em sua ilha, um fazer artesanal que preze pela liberdade e que não esteja submetido às regras da divisão do trabalho, à dependência do outro; somente assim o pupilo poderá, independentemente do meio social ou da situação em que se encontrar, ser livre. O trabalho, além de dever indispensável para o homem em sociedade, também funcionará como remédio e como prevenção contra os males ocasionados pelo vício da ociosidade (que gerará doenças como a melancolia), aguçando o apetite e mantendo o corpo sempre ativo: através de uma atividade livre e prazerosa, o corpo torna-se vigoroso e as paixões mais moderadas.

No *Projeto de Constituição para a Córsega*, o combate ao ócio e o estímulo aos "trabalhos úteis"[80] possuem papel central para que a orga-

---

vidualidade, da autonomia e da tranquilidade. Não se trata de uma languidez completa, um nada fazer absoluto. Lemos em *Rousseau, Juiz de Jean-Jacques* que Rousseau, apesar da preguiça que imputa a si mesmo, é laborioso e sempre ativo ao seu jeito: "Jean-Jacques é indolente, preguiçoso, como todos os contemplativos: mas esta preguiça só está em sua cabeça. Ele só pensa com muito esforço, ele se cansa ao pensar (...) Entretanto, ele é vivo, laborioso à sua maneira. Ele não pode sofrer uma ociosidade absoluta: é preciso que suas mãos, seus pés, seus dedos se mexam, que seu corpo esteja em exercício e que sua cabeça permaneça em repouso. Daí onde vem sua paixão pela caminhada; ele está em movimento sem ser obrigado a pensar" (OC, I, *Rousseau, Juge de Jean-Jacques, Deuxième Dialogue*, p. 845).

80   Rousseau rejeita algumas atividades que são consideradas ociosas e que podem dar nascimento e vazão a vícios. Assim, alguns trabalhos são considerados mais úteis ou dignos que outros, e que podem, portanto, colaborar com a constituição do Estado e do povo da Córsega, como podemos ler na seguinte passagem: "Assim como deve-se afastar com cuidado as artes do ócio, as artes confortáveis

nização desta sociedade seja bem-sucedida. Antes do desenvolvimento de um projeto ou de "organizar politicamente uma nação",[81] isto é, ainda que se queira manter um corpo sadio ou antes mesmo de desenvolver a melhor prescrição para o corpo social em questão, é preciso, em primeiro lugar, realizar o diagnóstico certeiro: apesar de um povo vigoroso e saudável, é "do ócio que provêm todos os vícios que até hoje vêm perturbando a Córsega",[82] como escreve Rousseau nas primeiras páginas do *Projeto*. Ora, "o ardor ao trabalho é o primeiro fruto de uma sociedade bem regrada, e quando um povo cai sob a preguiça (...) é sempre pelo abuso desta mesma sociedade".[83] O trabalho poderá unir os cidadãos à pátria: afastará os maus costumes, fortalecerá as ligações dos homens com a nação e fará estimular o vigor moral dos cidadãos corsos, afastando-os tanto de um sistema político-econômico fundado na acumulação monetária (e não na força produtiva de trabalho), quanto do ócio que leva – e, segundo Rousseau, durante muito tempo levou – os corsos a cometerem crimes e a injetarem corrupção no interior do Estado.

Na comunidade de Clarens, descrita na *Nova Heloísa*, a repartição de tarefas e trabalhos é elemento indispensável da boa organização social

---

e da moleza, deve-se favorecer aquelas que são úteis à agricultura e vantajosas à vida humana. Não necessitamos de escultores nem de ourives, mas sim de carpinteiros e ferreiros, necessitamos de tecelões, de bons trabalhadores em lã, e não de bordadeiras ou de escavadores de ouro" (OC, III, *Projeto de Constituição para a Córsega*, p. 926).

81   A expressão é de Salinas Fortes. Ao elaborar seu *Projeto de Constituição*, Rousseau tinha em consideração o povo da Córsega como sendo o mais "bem inclinado pela natureza a receber uma boa administração" (OC, III, *Projeto de Constituição para a Córsega*, p. 901) e, portanto, seria possível a este povo receber uma boa constituição: os corsos são um povo "vigoroso e saudável", logo, deve ser feito o possível para manter sua vitalidade. Portanto, o projeto estabelecido para a Córsega tinha em vista, ainda segundo Salinas Fortes, "*conservar* a liberdade de um povo fundamentalmente sadio e não de lhe ensinar como conquistar uma liberdade que ainda não possuiria" (SALINAS FORTES, Luiz Roberto. *Rousseau: da teoria à pratica*. São Paulo: Ática, 1976, p. 30).

82   OC, III, *Projeto de Constituição para a Córsega*, p. 911.

83   OC, III, *Fragmentos Políticos (Projeto de Constituição para a Córsega)*, p. 941.

e instaura o equilíbrio entre as diversas classes, atenuando as diferenças entre patrões e empregados. Como na *Carta a d'Alembert*, o trabalho é ligado a uma concepção de prazer e lazer, e não representa um esforço penoso e cruel. Só a atividade e o trabalho são capazes de fornecer as condições de possibilidade de fruição dos momentos de repouso, isto é, não são os momentos de lazer ou diversão em si que propiciam o sentimento de prazer ou a felicidade, mas eles necessitam de uma atividade prévia que lhes dê o tempero necessário para o desfrute. Assim Saint-Preux expressa essa necessidade a Milorde Eduardo:

> Não, Milorde, absolutamente não me desdigo: não se vê nada nesta casa que não associe o agradável ao útil; mas as ocupações úteis não se limitam aos cuidados que trazem proveito, elas compreendem ainda todo o divertimento inocente e simples que alimenta o gosto da vida retirada, do trabalho, da moderação e conserva, para aquele que a ela se entrega, a uma alma sã, um coração livre da perturbação das paixões. Se a indolente ociosidade produz somente a tristeza e o tédio, o encanto dos doces lazeres é o fruto de uma vida laboriosa. Não trabalhamos senão para usufruir: esta alternância entre trabalho e gozo é nossa verdadeira vocação. O repouso que serve de descanso aos trabalhos realizados e de encorajamento para outros, não é menos necessário ao homem que o próprio trabalho.[84]

Em Clarens, o trabalho é uma atividade fundamental para a boa organização da comunidade e contribui para a construção de uma autonomia, bem como visa um consumo imediato dos bens produzidos, sem que uma economia monetária ou de acumulação de produtos seja necessária.[85] O labor é essencialmente ligado à felicidade e à festa:

---

84 OC, II, *A Nova Heloísa*, Quarta Parte, Carta XI, p. 470.

85 Essa economia autossuficiente e autônoma de Clarens, fundada na moderação, é assim descrita por Starobinski: "Em Clarens, o ideal moral da autarquia, transposto para o plano econômico, toma a forma de uma sociedade fechada, que

Mas que encanto ver bons e sábios administradores fazer da cultura de suas terras o instrumento de seus benefícios, de seus divertimentos, de seus prazeres (...); [de] acumular a abundância e a alegria em torno deles, *e fazer do trabalho que os enriquece uma festa contínua.*[86]

Estas rápidas pinceladas não visam formar uma enumeração exaustiva e nem mesmo apontar todas as implicações e questões trazidas pelo conceito de trabalho na economia interna do pensamento rousseauniano, mas sim fornecer fortes indícios de que Rousseau realizou um grande esforço de reflexão acerca desta noção, utilizando-a como um importante conceito que perpassa o desenvolvimento de sua filosofia. Nos ocuparemos, a partir de agora, das implicações do conceito de trabalho e ócio no *Segundo Discurso* e no *Ensaio*.

---

provê por si mesma à sua existência material. Todas as necessidades razoáveis serão frugalmente satisfeitas. O enriquecimento não irá além" (STAROBINSKI, Jean. *Jean-Jacques Rousseau: la transparance et l'obstacle*. Paris: Gallimard, 1971. p. 130; ed. bras., p. 146).

86 OC, II, *A Nova Heloísa*, Quinta Parte, Carta VII, p. 603.

Capítulo I

A Preguiça e o Estado de Natureza

> Somos grandes loucos: 'Ele passou a vida na ociosidade, dizemos; hoje não fiz nada. – Como assim, não vivestes? Essa é não apenas a fundamental como também a mais ilustre de vossas ocupações'.
>
> Montaigne, *Da Experiência* in *Ensaios*, Vol. III, Cap. XIII.[1]

No *Discurso Sobre a Origem da Desigualdade entre os Homens*, Rousseau descreverá os momentos sucessivos que tomam lugar entre a saída da "ociosidade paradisíaca"[2] do primeiro estado de natureza em direção às atividades necessárias para a sobrevivência (ou, como veremos, o trabalho, ainda que rudimentar), em paralelo com a gênese e o progresso da técnica (a criação de instrumentos técnicos que possibilitaram, por exemplo, a pesca, a construção de cabanas, e, enfim, a metalurgia e a agricultura), fazendo nascer e mover a história e a razão, culminando, finalmente, com a divisão do trabalho e o surgimento da propriedade.

---

1 MONTAIGNE, Michel de. *Ensaios, Volume III. Da Experiência*, Capítulo XIII. Trad. Rosemary Costhek Abílio. São Paulo: Martins Fontes, 2001, p. 488.

2 O termo é empregado por Starobinski em algumas passagens de *A Transparência e o Obstáculo*, bem como em sua introdução feita ao *Discurso Sobre a Origem da Desigualdade entre os Homens*, disponível no volume III das Obras Completas de Rousseau.

Se por um lado tais vicissitudes partem da história progressiva da corrupção do homem, que terminará degenerado em uma sociedade marcada pela cristalização da desigualdade, elas também descortinam a gênese da humanidade, o florescimento e atualização de faculdades distintivamente humanas. Neste último sentido, veremos que a atividade manual e o trabalho, em suas diversas categorias, aparecem no *Segundo Discurso* e no *Ensaio Sobre a Origem das Línguas* como conceitos fundamentais para a compreensão das circunstâncias que ocasionaram o desenvolvimento do homem em direção à sua humanidade, isto é, pretendemos retraçar uma leitura que propõe que a gênese antropológica e a atualização das faculdades devem, junto à gênese social, à gênese da história e à gênese da razão, ser pensadas em paralelo à gênese do trabalho. Não fosse a saída do primeiro estado de natureza, as faculdades humanas permaneceriam latentes,[3] e a felicidade do homem se reduziria tão somente ao desconhecimento da infelicidade e da desgraça. Mais ainda, os homens não conheceriam o amor à virtude, o mais delicioso sentimento da alma:

> Há ainda mais: se esta perfeita independência, esta liberdade sem regras permanecesse ligada à antiga inocência, possuiria sempre um vício essencial e prejudicial ao progresso de nossas excelentes faculdades, a saber: a ausência de ligação das partes que constituem o todo. A terra seria coberta de homens entre os quais não haveria quase nenhuma comunicação; haveria semelhanças entre nós, mas nenhuma nos uniria. Cada qual permanecendo isolado entre os outros, somente pensaria em si mesmo; nosso entendimento não poderia se desenvolver; viveríamos sem nada sentir, morreríamos sem ter vivido. *Toda*

---

3 Segundo Derathé, "para Rousseau (...) o estado de natureza não é o estado mais conveniente ao gênero humano. Ele não se confunde com a verdadeira natureza do homem, pois não permite ao homem o desenvolvimento de todas as virtualidades de sua natureza" (DERATHÉ, Robert. *Le Rationalisme de Jean-Jacques Rousseau*. Paris: PUF, 1948, p. 15).

nossa felicidade consistiria em não conhecer nossa miséria. Não haveria nem bondade em nossos corações, nem moralidade em nossas ações, e não teríamos jamais provado o mais delicioso sentimento da alma, que é o amor da virtude.[4]

Para refletirmos sobre o papel desempenhado pela noção de trabalho na economia interna da antropologia de Rousseau, é preciso que comecemos por retomar os movimentos que afastam o homem de sua *indolência ou preguiça original*, arrastando-o, finalmente, a um período de fainas extenuantes e *trabalhos excessivos*. Pretendendo realizar tal exame, devemos de início voltar nossa atenção à composição do estado de natureza, observando a descrição das características e do modo de vida dos primeiros homens, o que nos permitirá identificar se, apesar da original indolência humana, o trabalho também se localiza neste estado e, ainda, se ele se encontra em acordo com a natureza.

A ociosidade paradisíaca: a fruição da indolência natural no primeiro estado de natureza

"Falavam do homem selvagem e pintavam o homem civil",[5] escreve Rousseau, no exórdio do *Segundo Discurso*, em referência aos pensadores da escola do direito natural e aos teóricos do direito político que o precederam. Procedendo de maneira analítica, não souberam separar o artifício do natural; árduo processo retirar a máscara[6] que o homem

---

4   OC, III, *Contrato Social (Primeira Versão, Manuscrito de Genebra)*, p. 283 (grifo nosso).

5   OC, III, *Segundo Discurso*, p. 132.

6   Iniciando o estudo sobre a felicidade dos homens em sociedade, e "para bem fazê-lo, é preciso começar por conhecer o coração humano" (OC, IV, *Emílio*, Livro IV, p. 525; Ed. bras.: p. 326), isto é, desnudar o homem e mostrá-lo em sua essência original, Rousseau faz a seguinte alusão sobre a máscara: "Se se tratasse somente de mostrar aos jovens o homem por sua máscara, não teríamos a necessidade de mostrá-lo, pois eles sempre o veriam; mas, já que a máscara não é o homem, e que é preciso que seu verniz não os seduza, ao pintar os homens, represente-os tais como são, não para que o odeiem, mas para que os lamentem

vestiu em si mesmo: sua face, sua identidade, misturaram-se indissociavelmente com sua *persona*; não se reconhece: não sabe quem é, não sabe quem foi. É preciso começar por encontrar o composto original, proceder geneticamente[7] para encontrar a pureza e distinguir, assim, o adquirido daquilo que é natural. Conforme a divisa de Aristóteles evocada no início da obra, "aquilo que é natural, não o procuremos nos seres depravados, mas entre aqueles que se comportam em conformidade com a natureza".[8] O método utilizado será, portanto, genealógico: traçando a distância entre o homem natural e o homem civilizado, Rousseau buscará identificar a raiz do mal.

É preciso também lançar mão de uma discussão propriamente filosófica, estabelecendo um diálogo que se desenvolva no mesmo plano da tradição que se pretende criticar. O esforço de pensamento realizado é o do filósofo, não do historiador, como lemos no final da Primeira Parte: "cabe à história, quando a temos, fornecer os fatos que os ligam [fatos intermediários desconhecidos ou considerados como tais]; cabe à filosofia, em sua falta, determinar os fatos semelhantes que os podem ligar"[9].

---

e não queiram parecer-se com eles. Este é, na minha opinião, o sentimento mais bem compreendido que o homem pode ter de sua espécie" (OC, IV, *Emílio*, Livro IV, p. 525; ed. bras., p. 326).

7   Sobre o método genético de Rousseau, Derathé faz referência a um trecho da *Carta a Christophe Beaumont* no qual a genealogia é explicada como a maneira pela qual os vícios surgem e se desenvolvem: "Mostrei que nenhum dos vícios que se imputa ao coração humano são naturais: disse a maneira como nascem; segui, por assim dizer, sua genealogia, e exponho como, pela altercação sucessiva de sua bondade original, os homens tornam-se enfim o que são" (OC, IV, *Carta a C. de Beaumont*, p. 936).

8   OC, III, *Segundo Discurso*, p. 109. A referência a Aristóteles encontra-se na obra *Política*, Livro I, Capítulo II. Nas anotações de Starobinski das *Œuvres Complètes* do *Segundo Discurso*, referentes a esta divisa aristotélica, lemos a seguinte observação: "Rousseau rigorosamente seguiu este método [genético], ao dar à palavra 'origem' (αρχή) uma acepção onde o antecedente lógico conduz obrigatoriamente ao antecedente *histórico*" (STAROBINSKI, Jean. OC, III, *Segundo Discurso*, Anotações do Segundo Discurso, p. 1285).

9   OC, III, *Segundo Discurso*, p. 163.

Para Rousseau, que procurava originalidade em seus escritos políticos e questionar a naturalidade de certas noções estabelecidas, os filósofos até então haviam escrito para os fortes ou poderosos, ou haviam, por outro lado, afastado-se da verdade.[10] O recurso ao estado de natureza será, assim, instrumento indispensável para bem avaliar o estado de coisas atual e modelo a partir do qual o corpo do *Segundo Discurso* irá ser construído:

> Não é empreendimento trivial separar o que há de originário e artificial na atual natureza do homem, e de bem conhecer um estado que não mais existe, que talvez nunca tenha existido, que provavelmente não existirá jamais, e sobre o qual é necessário, porém, ter noções exatas para bem julgar nosso estado presente.[11]

Voltemos, assim, nossa atenção aos traços e cores que formam esse retrato. A descrição do estado de natureza é fundada sobre um princípio muito caro a Rousseau, e que o distingue em grande medida dos filósofos da tradição do direito natural. Trata-se, portanto, de preceito que adquire importância fundamental na teoria política de nosso autor, qual seja, o princípio de que originalmente os homens encontram-se em uma situação de isolamento e independência, conforme ressalta Robert Derathé: "o isolamento do homem natural é, para ele [Rousseau], a noção fundamental da qual todo o resto é deduzido como uma consequência".[12] O homem natural é solitário: não reconhece sequer os da sua espécie e raramente encontra-se com outro, "talvez somente duas vezes na vida, sem se conhecer e sem se falar".[13] Antes errante, andando pelas florestas, "sem indústria", sem trabalho ou ocu-

---

10 KUNTZ, Rolf. *Fundamentos da Teoria Política de Rousseau*. São Paulo: Barcarolla, 2012. Cf. capítulo *Uma Questão de Data*, subtítulo *A Crítica da Ideologia*.

11 OC, III, *Segundo Discurso*, Prefácio, p. 123.

12 DERATHÉ, Robert. *Jean-Jacques Rousseau et la Science Politique de son Temps*. Paris: J. Vrin, 2009. p. 134; ed. bras., p. 205.

13 OC, III, *Segundo Discurso*, p. 146.

paações, sem trocar palavras ou sem ter qualquer tipo de necessidade de seus semelhantes, o homem vivia só e feliz.

Tal princípio, todavia, só se desenvolve em um cenário muito propício para seu exercício: a terra, dotada de uma fertilidade natural, produzia abundantemente frutos e outras benesses que garantiam a subsistência e sobrevivência do homem, sem a necessidade de qualquer tipo de trabalho, instrumento ou sociabilidade para que tais produções fossem recolhidas. "O machado jamais mutilou"[14] os bosques do primeiro estado de natureza, pois não havia necessidade de uso de instrumentos e nem de artifícios para que os frutos da natureza fossem recolhidos: tudo apresenta-se de maneira quase espontânea ao encontro das mãos dos homens. Entregue à natureza, o homem isolado e independente é dotado de um corpo robusto e vigoroso.

Mas a utilização do corpo para recolher as produções naturais é, quando muito necessária, apenas um *esforço instintivo e repetitivo*:[15] "O primeiro sentimento do homem foi o de sua existência, seu primeiro cuidado o de sua conservação. As produções da terra lhe forneciam todos os socorros necessários, o instinto levou-o a utilizá-los".[16] Não se trata, portanto, de um trabalho, como sustentou Locke em seu estado de natureza abundante,[17] mas sim de um movimento corporal que não serve como alicerce capaz de gerar o direito de propriedade. Tendo tudo à sua disposição, bastava esticar os braços para recolher as produções da terra, ou então encostar as palmas das mãos junto aos rios para conseguir um

---

14 OC, III, *Segundo Discurso*, p. 135.

15 "A sobrevivência, num cenário concebido como o mais propício, na condição limite de simplicidade, depende apenas de algum esforço físico repetitivo" (KUNTZ, Rolf. *Fundamentos da teoria política de Rousseau*. São Paulo: Barcarola, 2012, p. 16).

16 OC, III, *Segundo Discurso*, p. 164.

17 A simples retirada de uma coisa de seu estado original seria, segundo Locke, fruto de um trabalho. Segundo Raymond Polin, "a originalidade de Locke vem do fato de que, para ele, o homem trabalha mesmo no estado de abundância" (POLIN, Raymond. *La Politique Morale de John Locke*. PUF: Paris, 1960, p. 262).

pouco de água: estamos no período que Starobinski denomina de *ociosidade paradisíaca*.[18] É neste momento no qual, junto ao princípio de isolamento natural, acrescenta-se outra característica fundamental para a composição deste estado: a *indolência*, pela qual, bastando-se a si mesmo, o homem conseguia sem trabalho acesso imediato aos dons da natureza.

É no *Ensaio Sobre a Origem das Línguas*, texto postumamente publicado (1781), mas que, ao menos em parte, foi manifestamente escrito enquanto elaborava[19] o *Segundo Discurso*, Rousseau indica junto aos dois princípios anteriores à razão um terceiro princípio fundamental. Sabemos, portanto, que ao amor de si (a busca pela autoconservação)[20] e à piedade natural (um princípio de comiseração presente em todos os animais, que aflora frente ao sofrimento de outro ser)[21], junta-se outra

---

18 STAROBINSKI, Jean. OC, III, *Introductions. Discours sur "L'Origine de l'Inégalité"*, p. LXIII. Paris: Gallimard, 1964; ed. bras., p. 400.

19 Sem adentrarmos na celeuma acerca da data da elaboração do texto, podemos afirmar, por um lado, que um trecho que compõe o *Ensaio* teria sido retirado do *Segundo Discurso*. Leiamos Rousseau em seus próprios termos: "a segunda parte não foi, de início, senão um fragmento do Discurso Sobre a Desigualdade, que suprimi por ser muito longo e fora de lugar" (OC, V, *Projeto de Prefácio para o Ensaio Sobre a Origem das Línguas*, p. 373). Por outro lado, também há entre os comentadores um debate, que muito sairia de nosso propósito aqui destrinchá-lo, sobre qual teria sido o capítulo ou trecho composto enquanto Rousseau elaborava seu *Segundo Discurso*. Para uma pesquisa detida e arguta sobre a cronologia do *Ensaio*, suas relações com o *Segundo Discurso* e o debate estabelecido da fortuna crítica sobre o texto, Cf. ARCO JÚNIOR, Mauro Dela Bandera. *A palavra cantada ou a concepção de linguagem de Jean-Jacques Rousseau*. 2012. Dissertação (Mestrado em Filosofia). Faculdade de Filosofia, Letras e Ciências Humanas (FFLCH), Universidade de São Paulo (USP), 2012.

20 Segundo Rousseau, o amor de si é "um sentimento natural que leva todo animal a velar por sua própria conservação e que, dirigido no homem pela razão e modificado pela piedade, produz a humanidade e a virtude" (OC, III, *Segundo Discurso*, Nota XV, p. 219).

21 A piedade natural é "um princípio que Hobbes não percebeu e que, tendo sido dado ao homem para suavizar, em certas circunstâncias, a ferocidade de seu amor próprio, ou o desejo de se conservar antes do nascimento desse amor, tempera o ardor que ele tem por seu bem estar por uma repugnância inata de ver sofrer seu semelhante" (OC, III, *Segundo Discurso*, p. 154).

importante paixão, *o nada fazer*. É, assim, em uma nota do *Ensaio Sobre a Origem das Línguas* que Rousseau evidencia a importância crucial desta característica no estado de natureza:

> Nada a não ser essa deliciosa indolência mantém nos selvagens o apego a seu estado. As paixões que tornam o homem inquieto, previdente e ativo, só nascem em sociedade. *Nada fazer é a primeira e a mais forte paixão do homem, depois da de se conservar.*[22]

A indolência ou preguiça natural do homem primitivo é propriamente um traço distintivo que o mantém apegado ao estado de natureza (e não apenas um atributo empírico), adquirindo, assim, importância antropológica fundamental,[23] e sendo desta maneira, como argumenta Derrida, "indispensável ao sistema natural":[24] trata-se de um elemento essencial para o equilíbrio deste primeiro estado, pois é o repouso que manterá o homem preso a este período. Esta "indolência natural" é, também, ainda presente nos homens civilizados: inspirando-se na fórmula aristotélica,[25] Rousseau afirma que "se bem observasse, ver-se-ia que mesmo entre nós cada um trabalha para alcançar o repouso, sendo, pois,

---

22 OC, V, *Ensaio Sobre a Origem das Línguas*, nota, p. 401 (grifo nosso). Em *Emílio*, Rousseau denomina o amor de si como "paixão natural" (OC, IV, *Emílio*, Livro II, p. 322; ed. bras., p. 95).

23 E, nas palavras de Yves Vargas, a preguiça é "um elemento fundamental da natureza humana" (VARGAS, Yves. *Les Promenades matérialistes de Jean-Jacques Rousseau.* Pantin: Les Temps des Cerises, 2005, p. 204).

24 Arrolemos na íntegra a passagem de Derrida: "A indolência natural do homem bárbaro não é um caráter empírico entre outros. É uma determinação originária indispensável ao sistema natural. Ela explica que o homem não pudesse sair espontaneamente da barbárie e de seu século de ouro; ele não possuía dentro de si movimento para ir mais adiante. O repouso é natural" (DERRIDA, Jacques. *De la Grammatologie.* Paris: Minuit, 1967. p. 362-363; ed. bras., p. 311).

25 "Pensa-se comumente que a felicidade depende dos lazeres; porquanto, trabalhamos para ter momentos de lazer" (ARISTÓTELES. *Ética a Nicômaco*, Livro X, Cap. 7, 1177b (5-10) in *The Basic Works of Aristotle*, editado por Richard McKeon. New York: The Modern Library, 2001, p. 1104-1105).

Trabalho e ócio 57

ainda a preguiça que nos torna laboriosos":[26] acompanhado por tal característica até mesmo quando ingressar no estado social, o homem labora, então, tendo em vista os momentos de tranquilidade.[27] Em suma, apanágio original do homem, trata-se de um atributo positivo no estado de natureza, que impede que os primeiros selvagens saiam de sua inércia e de sua condição primeira: por uma disposição interna, eles não são capazes de desencadear os movimentos em direção à vida social e em direção à atualização de suas faculdades ainda latentes.

Corroborando com o *Ensaio*, a preguiça como característica natural é reafirmada nas importantes notas do *Segundo Discurso*, como se pode verificar na Nota X: "Aliás, sabe-se que a maior parte dos animais, sem excetuar o homem, *são naturalmente preguiçosos e se recusam a toda sorte de cuidados que não sejam de absoluta necessidade*".[28] O primeiro homem procura apenas repousar e, mais ainda, "dir-se-ia que só vive para dormir, vegetar e ficar imóvel".[29] Vive, assim, em uma deliciosa preguiça, onde se encontra sempre desocupado e a dormir a maior parte do tempo. Ele não reflete e "pensa" pouco; quando não está pensando, está dormindo; logo, o homem natural dorme muito.[30] Ele é solitário, ocioso e preocupa-se quase que exclusivamente com sua própria conservação. Sua constituição física é moldada por esta preguiça, esta tendência à inércia, e, desta forma, seus órgãos permanecem em um estado de rudez e primariedade que não permitem qualquer desenvolvimento de delicadeza; só desenvolverão, portanto, os sentidos que se relacionam à sua busca

---

26 OC, V, *Ensaio Sobre a Origem das Línguas*, nota, p. 401.

27 Eis um curioso movimento que Rousseau estabelece nesta passagem: este mesmo atributo natural (e presente ainda no primeiro estado de natureza), impulsionando o homem à preguiça, fará com que ele se torne trabalhador e se entregue ao labor. Isto é, um movimento paradoxal é estabelecido, pois "a preguiça nos torna laboriosos": em sociedade, é a preguiça que move o homem em direção ao trabalho.

28 OC, III, *Segundo Discurso*, p. 211 (grifo nosso).

29 OC, V, *Ensaio Sobre a Origem das Línguas*, nota, p. 401.

30 "(...) pensando pouco, dormem, por assim dizer, todo o tempo em que não estão pensando" (OC, III, *Segundo Discurso*, p. 140).

pela conservação e sobrevivência, como a audição e o olfato, enquanto "os órgãos que somente se aperfeiçoam pela *languidez*[31] e *sensualidade* devem permanecer em um estado de grosseria, que dele exclui toda espécie de delicadeza".[32]

O corpo humano, "o único instrumento que o homem selvagem conhece",[33] é formado por uma constituição robusta e vigorosa, condição física moldada e exigida pelo próprio ambiente que o circunda, e que permite a estes homens uma independência em relação à utilização de ferramentas, impedindo, assim, o surgimento da técnica, do trabalho e o domínio sobre a natureza e seus elementos: "quantos séculos talvez tenham decorrido antes de chegarem os homens à altura de ver outro fogo que não o do céu!".[34] Seu corpo ágil lhe permite escalar árvores com facilidade e destreza; a força de seus braços é suficiente para romper galhos e desviar-se de outros obstáculos; enfim, todo seu corpo funciona como uma máquina e é dotado de tal vigor que o uso de instrumentos é dispensável. Ao contrário do homem social, que com sua indústria constrói máquinas e instrumentos dos quais depois se torna completamente dependente, e que acabam mesmo por enfraquecer sua forma física,[35] a existência do homem natural é ligada[36] à robustez do corpo que, em acordo com seu meio ambiente, consegue obter tudo aquilo que lhe é necessário à sobrevivência. A fertilidade natural oferece em abundância alimentos e abrigos, e a composição física do homem permite que ele desfrute de tais benesses naturais sem precisar valer-se do uso de instrumentos: o recurso a objetos que tenham por finalidade a extensão ou

---

31 No original: *mollesse*.

32 OC, III, *Segundo Discurso*, p. 140.

33 OC, III, *Segundo Discurso*, p. 135.

34 OC, III, *Segundo Discurso*, p. 144.

35 "Foi nossa indústria", escreve Rousseau, "que nos privou da força e da agilidade que a necessidade obrigou o selvagem a adquirir" (OC, III, *Segundo Discurso*, p. 135).

36 FAÏCK, Denis. *Le Travail. Anthropologie et Politique. Essai sur Rousseau*. Genève: Droz, 2009, p. 28.

Trabalho e ócio

melhoria de funções do corpo não é necessário e neste momento serão, portanto, inúteis.

Desta forma, o homem natural não conhece o trabalho, o uso da técnica e a utilização de ferramentas, uma vez que a harmonia entre as capacidades de seu corpo e aquilo que o meio ambiente exige para a vida garante, além de sua sobrevivência, a adequação entre a *vontade* e sua *realização*, tornando-o, portanto, um ser feliz: seus desejos correspondem àquilo que ele efetivamente pode adquirir, e, ao mesmo tempo, ele deseja somente aquilo que pode realizar. Não há, portanto, necessidade do labor e nem da técnica, pois não há obstáculo a ser superado e nem distância a ser transposta, sendo garantido ao homem o acesso aos frutos naturais e o pleno gozo da inatividade e da indolência.

Os desejos não ultrapassavam o limite da necessidade, fazendo com que o homem gozasse de uma felicidade, sem quaisquer inquietações. A relação vontade-necessidade se encontra em perfeito equilíbrio, em proporção jamais vista na história dos homens.[37] De acordo com Starobinski, "sua relação com o mundo circundante se estabelece no equilíbrio perfeito: o indivíduo faz parte do mundo, e o mundo faz parte do indivíduo. Há correlação, acordo harmonizado entre a necessidade, o desejo e o mundo".[38] Com esta correspondência, o homem encontra-se feliz, pois seus poucos desejos sempre serão imediatamente satisfeitos. É o que verificamos neste período: as necessidades do homem são sempre e rapidamente supridas, pois aquilo que almeja é perfeitamente alcançável por suas próprias faculdades, em um estado de permanente satisfação dos desejos.

Em *A Influência dos Climas sobre a Civilização*, excerto dos *Fragmentos Políticos*, são descritas três classes de necessidades existentes. As primeiras são aquelas relacionadas às necessidades físicas, dadas

---

37 E este primeiro estado de natureza trata-se, propriamente, de um período "ahistórico", fora da história humana, "um estado", diz Rousseau, "que não mais existe, que talvez nunca tenha existido, que provavelmente jamais existirá" (OC, III, *Segundo Discurso*, Prefácio, p. 123).

38 STAROBINSKI, Jean. OC, III, *Introductions. Discours sur "L'Origine de l'Inégalité"*, p. LVI. Paris: Gallimard, 1964; ed. bras., p. 393.

pela natureza, e referem-se àquilo que é essencial para a manutenção da vida, isto é, pertencem à ordem da subsistência e a vida de um homem depende de sua satisfação. São elas de duas espécies: "a alimentação e o repouso".[39] No primeiro estado de natureza, o homem possui apenas esta primeira categoria de necessidades, sendo a indolência ou preguiça perfeitamente compatível com tais disposições.

As segundas classes de necessidades são aquelas que se referem ao bem-estar, os apetites. São tão violentas, argumenta Rousseau, que se sobrepõem muitas vezes às verdadeiras necessidades (as primeiras, aquelas relacionadas à subsistência). Estas exigências de bem-estar "têm por objeto o luxo da sensualidade, da languidez, da união dos sexos e tudo aquilo que bajula nossos sentidos".[40] São necessidades que não precisam imprescindivelmente ser satisfeitas e, assim, não é preciso saciá-las para que se possa perseverar na existência.

Finalmente, há uma terceira categoria de necessidades que advêm da opinião, isto é, são "as honras, os cargos, a nobreza, e tudo aquilo que não tem existência senão na estima dos homens".[41] No entanto, Rousseau observa que, socialmente, não se pode chegar à satisfação das primeiras e das segundas necessidades sem forçosamente depender desta terceira classe, isto é, a obtenção de "bens reais" só é possível se passar, indispensavelmente, pela estima. Os homens dependem do externo, da opinião e da estima do outro para que possam aplacar necessidades físicas.

Este estado de indolência do homem primitivo é, portanto, caracterizado pelas primeiras necessidades e pela felicidade. Como lemos em *Emílio*, a busca para aproximar-se da felicidade consiste em fazer com

---

39 OC, III, *A Influência dos Climas sobre a Civilização (Fragmentos Políticos)*, X, p. 529.

40 OC, III, *A Influência dos Climas sobre a Civilização (Fragmentos Políticos)*, X, p. 530.

41 OC, III, *A Influência dos Climas sobre a Civilização (Fragmentos Políticos)*, X, p. 530.

que potência e vontade convirjam, e que o sofrimento aumente na medida em que nossos desejos escapem às nossas faculdades:

> Em que, então, consiste a sabedoria humana ou o caminho da verdadeira felicidade? (...) Trata-se, pois, de diminuir o excesso de desejos relativamente às faculdades, e de igualar perfeitamente a potência e a vontade.[42]

As paixões dos homens selvagens são aquelas derivadas dos impulsos da natureza. Ora, seus desejos no estado de natureza são primários e quase imediatamente atendidos: "os únicos bens que conhece no universo são a sua nutrição, uma fêmea e o repouso".[43] Sua necessidade é prontamente realizada, o que impede a expansão dos desejos;[44] uma vez que são poucas suas necessidades, e tendo em vista que o meio ambiente se encontra em pleno acordo com sua condição física e mental (com faculdades como a razão ainda em potência), o homem possui ao seu alcance tudo o que precisa para sobreviver, suprindo rapidamente seus desejos e, assim, sentindo-se feliz: "o homem selvagem, quando terminou seu jantar, está em paz com toda natureza".[45] Não havendo ainda empecilhos externos e nem distância temporal entre aquilo que se quer e a satisfação da vontade, não há lugar para o desenvolvimento dos desejos. O homem primitivo é uno, indiviso; não é tomado por tormentos ou inquietações, pois suas inclinações são plenamente acolhidas por este estado:

---

42 OC, IV, *Emílio*, Livro II, p. 304; Ed. bras.: p. 74.

43 OC, III, *Segundo Discurso*, p. 143.

44 "Vejo-o saciando-se sob um carvalho, se refrigerando no primeiro riacho, encontrando sua cama ao pé da mesma árvore que lhe forneceu sua refeição; eis suas necessidades satisfeitas" (OC, III, *Segundo Discurso*, p. 135). Quanto ao apetite sexual, assim Rousseau escreve na nota XII, em diálogo com Locke: "Satisfeito o apetite, o homem não tem mais necessidade da fêmea, nem a fêmea do homem. Este não tem a menor preocupação e nem, talvez, a menor ideia das consequências de sua ação" (OC, III, *Segundo Discurso*, Nota XII, 4, p. 217).

45 OC, III, *Segundo Discurso*, Nota IX, p. 203.

> O que faz a miséria humana é a contradição que se encontra entre nosso estado e nossos desejos, entre nossos deveres e nossas inclinações (...) torne o homem uno, e torná-lo-á feliz tanto quanto ele pode ser.[46]

Ora, o corpo humano, vigoroso e saudável, atua como uma extensão do mundo. A natureza provê tudo o que o homem necessita:

> Suas módicas necessidades encontram-se tão facilmente ao alcance da mão e encontra-se ele tão longe do grau de conhecimento necessário para desejar adquirir outras maiores que não pode ter *nem previdência, nem curiosidade* (...) *Sua alma, que nada agita, entrega-se somente ao sentimento de sua existência atual, sem nenhuma ideia do futuro.*[47]

Não há, no esforço físico realizado pelo homem para a obtenção de seus alimentos e dos produtos da terra, nenhum tipo de previdência, isto é, não há nenhuma espécie de cálculo. A *consciência do tempo* ainda não surgiu e não faz parte deste estado: cada dia apaga o passado e esquece o futuro, e o homem encontra-se permanentemente no presente, preso em sua existência atual. No puro estado de natureza, Rousseau estabelece a relação entre o homem e o tempo a partir da concepção do presente: este vive sempre para o agora, na imediatez das coisas e, assim, para ele o tempo ainda não é um acontecimento. Feliz em meio à floresta, o homem permanece pouco ou nada curioso[48] e em harmonia com o meio ambiente; não ambiciona desvendar nem violar os segredos que a natureza procura encobrir.

Encontrando-se o homem no estado extremo da indolência do estado primitivo, este cenário o põe em condição semelhante à dos ani-

---

46 OC, III, *Da Felicidade Pública (Fragmentos Políticos)*, VI, p. 511.

47 OC, III, *Segundo Discurso*, p. 144 (grifo nosso).

48 "De todos os homens do mundo, os selvagens são os menos curiosos e os menos entediados" (OC, IV, *Emílio*, Livro IV, p. 515; ed. bras., p. 315).

mais, período no qual ainda não possui acesso a uma condição propriamente humana.[49] Sendo tênue a fronteira entre homens e animais no estado de natureza, o que estabelece a diferença entre ambos? Em outras palavras, quais são as diferenças que distinguem a identidade entre homem e animal?

A máquina animal e a máquina humana: as diferenças entre o homem e o animal

> "Tenho tal sono que pensar é um mal.
> Tenho sono. Dormir é ser igual,
> No homem, ao despertar do animal"
> Fernando Pessoa, *Sono* in *Obra poética*

"Só poderia formular sobre esse assunto conjeturas vagas, quase imaginárias",[50] argumenta Rousseau no início da primeira parte do *Segundo Discurso* ao justificar a intenção de não procurar no sistema animal aquilo que o homem inicialmente poderia ter sido. Quando da composição do *Discurso Sobre a Desigualdade*, entre 1752 e 1753, afirma não poder se fiar na observação dos naturalistas, e que tampouco o estado e a evolução da anatomia comparada poderiam lhe fornecer bases seguras ou fundamentos para "estabelecer a base de um raciocínio sólido".[51]

Por um momento deixando de lado a questão sobre as fontes, observações empíricas, critérios e métodos utilizados por Rousseau quando

---

49 "A 'indolência do estado primitivo' será inteiramente substituída pela 'petulante atividade de nosso amor próprio'. Estes dois estados extremos são o resultado de uma 'revolução': a primeira, pois após a longa época de transição ('os inícios'), ela faz o homem ter acesso a uma condição propriamente humana (...)" (GOLDSCHMIDT, *Rousseau: Anthropologie et Politique*. Paris: J. Vrin, 1983., p. 459).

50 OC, III, *Segundo Discurso*, p. 134.

51 OC, III, *Segundo Discurso*, p. 134.

da escrita do *Discurso*,[52] importa destacarmos que, considerando como ponto de partida a suposição de que o homem natural tem sua constituição física e orgânica igual aos homens atuais, a premissa da descrição do homem natural será considerá-lo "como deve ter saído das mãos da natureza",[53] ou seja, "um animal menos forte do que uns, menos ágil do que outros".[54]

Isto significa dizer, em primeiro lugar, que Rousseau se debruça com mais atenção sobre outras causas que não a evolução física ou anatômica para descrever os movimentos que lançam o homem para fora do estado de natureza: apesar de diferenças de força, vigor, energia, o biótipo humano já é imaginado, desde seu início, como o mesmo, isto é, como pertencente à mesma espécie;[55] anatomicamente, o corpo do homem selvagem é igual ao do homem em sociedade.

Por sua vez, o entendimento[56] funciona, segundo Victor Goldschmidt, não como atributo particular capaz de distinguir homens de animais, mas sim como "critério decisivo para distinguir o homem civilizado do homem natural".[57] A razão, assim, não pode ser utilizada

---

52 O livro *Fundamentos da Teoria Política de Rousseau*, de Rolf Kuntz, enfatiza a importância da experiência nas obras de Rousseau, e explora a questão da utilização de fontes, de observações empíricas e da história para a formação e composição da doutrina e teoria de Rousseau. Kuntz tratará com acuidade do *modelo abstrato* utilizado por Rousseau para construir o mundo imaginário do *Segundo Discurso*. Rousseau não abandona observações empíricas e relatos históricos, mas, no entanto, cria um critério de leitura da experiência. Isto significa dizer que Rousseau põe em xeque a forma como a história é utilizada e avaliada.

53 OC, III, *Segundo Discurso*, p. 134.

54 OC, III, *Segundo Discurso*, p. 135.

55 Anacronicamente, ao dizermos "como pertencente à mesma espécie", poderíamos em outras palavras dizer "como o de um *Homo sapiens*".

56 Ou, ainda, a razão, como nos lembra Goldschmidt (GOLDSCHMIDT, p. 293) ao indicar a seguinte passagem do *Segundo Discurso*: "em uma razão cultivada, não tem senão o que lhe é preciso para viver em sociedade" (OC, III, *Segundo Discurso*, p. 152).

57 GOLDSCHMIDT, Victor. *Anthropologie et Politique. Les principes du système de Rousseau*. Paris: J. Vrin, 1983, p. 293-294.

TRABALHO E ÓCIO

como elemento capaz de definir uma condição distintiva do ser humano; contudo, segundo este critério, pode-se afirmar que o homem primitivo se encontra muito mais próximo da animalidade do que do homem civilizado.[58] As distinções encontram-se, assim, nas faculdades que se atualizarão na medida que progridem e nas causas e transformações de suas capacidades e paixões, que irão, assim, diferenciar os primeiros dos últimos homens: o que os lança propriamente em sua humanidade será a ativação de suas faculdades.

Entretanto, e em segundo lugar, não se pode "confundir o homem selvagem com os homens que temos diante dos olhos".[59] As comodidades e a utilização de instrumentos, ao substituir as funções das mãos, dos braços, dos membros, e enfim, a socialização, enfraquecem o corpo humano, tornando-o débil e frágil, e terminam por esmorecer sua constituição física e suas disposições mentais e morais: antes corajoso e destemido, o homem torna-se fraco e subserviente.

O homem do primeiro estado de natureza encontra-se ainda muito distante de exercer e ressaltar os traços que o distinguem dos outros animais. É caracterizado por faculdades que se encontram ainda latentes, é como um animal: neste estado, "a diferença de homem para homem deverá ser ainda maior do que a existente de animal para animal".[60]

O corpo humano, percebido como extensão da natureza, realiza o esforço necessário para satisfazer necessidades básicas e, tendo em vista a comunhão entre seu físico e aquilo que seu meio exige, o homem não precisa desenvolver *de fato* as faculdades que o distinguirão de outros animais: vivendo para o momento presente, com ampla satisfação de suas necessidades e fechado em sua existência atual, tendo ainda assim sua sobrevivência garantida, o homem permanece feliz. Ora, se cada animal é somente uma "máquina engenhosa a que a natureza conferiu sen-

---

58 GOLDSCHMIDT, Victor. *Anthropologie et Politique. Les principes du système de Rousseau*. Paris: J. Vrin, 1983, p. 294.

59 OC, III, *Segundo Discurso*, p. 139.

60 OC, III, *Segundo Discurso*, p. 139.

tidos para recompor-se por si mesma e para defender-se", sendo possível perceber "as mesmas coisas na máquina humana",[61] ou ainda que "alguns filósofos chegaram a afirmar que há mais diferenças entre um homem e outro do que entre certo homem e certo animal",[62] o que exatamente diferencia o ser humano dos outros animais?

A perfectibilidade e a liberdade, que no primeiro estado encontram-se em potência, despontam como as duas características que separam o homem do animal, e que, ativadas por causas externas, permitirão a transformação do cenário estabelecido no estado puro de natureza. Vejamos, desta forma, cada uma delas.

A primeira distinção metafísica[63] do homem diz respeito à sua liberdade. O animal é regido somente pelo instinto, um impulso que o lança em uma ação determinada, ato ao qual não pode escapar ou transgredir; a fera[64] não pode escolher: ela age segundo determinações naturais: "a natureza manda em todos animais", diz Rousseau, "e a besta obedece".[65] Os animais são privados de uma capacidade distintiva que os permita desviar daquilo que a natureza lhes impõe, isto é, não possuem uma qualidade que lhes possibilite contornar as regras que a natureza neles inscreveu: não podem escapar às determinações inatas gravadas em sua constituição, e, assim, agem sempre de acordo com uma pres-

---

61 OC, III, *Segundo Discurso*, p. 141.

62 OC, III, *Segundo Discurso*, p. 141.

63 No meio da Primeira Parte, ao terminar de descrever a constituição anatômica dos homens, Rousseau escreve: "Considerei até este ponto apenas o homem físico. Encarreguemo-nos de olhá-lo, a partir de agora, pelo lado metafísico e moral" (OC, III, *Segundo Discurso*, p. 141).

64 Conforme ressalta Jean-Luc Guichet, em *Rousseau, l'animal et l'homme* (GUICHET, Jean-Luc. *Rousseau, l'animal et l'homme - L'animalité dans l'horizon anthropologique des Lumières*. Col. "La nuit surveillée". Paris: Cerf, 2006, p. 243), como sinônimo de *animal* ou *animais* Rousseau frequentemente utiliza os termos *bête* e *être animé*, traduzidos aqui como *feras* ou *bestas* e *seres animados*, respectivamente.

65 OC, III, *Segundo Discurso*, p. 141.

crição natural; são "escravos do instinto".[66] Desta maneira, e com o risco de parecermos redundantes, ressaltamos que suas ações encontram fundamento e explicação no instinto, e é por este motivo que, diante do obstáculo, perecem:

> Um pombo morreria de fome perto de um prato cheio das melhores carnes e um gato sobre uma taça de frutas ou grãos, embora tanto um quanto outro pudessem alimentar-se muito bem com os alimentos que desdenham, se fossem atilados para tentá-lo.[67]

Embora o homem não seja privado de tais impulsos naturais, ele não está, entretanto, sujeito a estes da mesma maneira que o animal. Veremos mais adiante que o homem, frente ao obstáculo, pode *escolher* agir e, assim, engajar-se em uma atividade manual, trabalhar e criar instrumentos técnicos para sobreviver. Posta em oposição ao instinto, a liberdade é apresentada como qualidade propriamente humana: o homem distingue-se por ser um *agente livre*, podendo diante de duas ou mais opções efetuar uma escolha e, assim, orientar sua conduta segundo sua liberdade. Não submetido às regras inatas que a natureza imprime na constituição animal, o ser humano é livre para orientar suas ações. Rousseau pontua com clareza esta distinção:

> *Um escolhe ou rejeita por instinto, o outro por um ato de liberdade*, o que faz com que o animal não possa afastar-se da regra que lhe é prescrita, mesmo quando lhe fosse vantajoso fazê-lo, e que o homem dela se afaste frequentemente em seu prejuízo.[68]

Contudo, qual é a extensão dessa liberdade neste estado e o quão presente e ativa ela se faz? Em outras palavras, em que medida no primei-

---

66   OC, III, *Segundo Discurso*, p. 183.

67   OC, III, *Segundo Discurso*, p. 141.

68   OC, III, *Segundo Discurso*, p. 141 (grifo nosso).

ro estado de natureza o homem é, por sua característica de agente livre, diferente dos animais?

Ora, a fronteira que separa o homem do animal é quase indistinta no puro estado de natureza e características propriamente humanas encontram-se em condição de mera potência. Inicialmente, o homem está circunscrito às suas funções meramente animais:

> O homem selvagem, abandonado pela natureza unicamente ao instinto, ou antes, talvez, compensado do que lhe falta por suas faculdades capazes de a princípio supri-lo, e de, em seguida, elevá-lo muito acima disso, começará, então, pelas funções puramente animais (nota X): perceber e sentir será seu primeiro estado, que terá em comum com todos os animais. Querer e não querer, desejar e temer, serão as primeiras e quase únicas operações de sua alma, até que novas circunstâncias nela causem novos desenvolvimentos.[69]

Além da liberdade o homem sobressai por uma faculdade "distintiva e quase ilimitada",[70] a capacidade de aperfeiçoar-se: enquanto o animal "ao fim de alguns meses é o que será por toda sua vida, e sua espécie, ao fim de milhares de anos, é o que era no primeiro desses milhares",[71] o homem pode adaptar-se e, diante de diferentes circunstâncias, transformar-se e desenvolver-se.[72] Todavia, diante do quadro estático do primeiro estado de natureza, sem que circunstâncias externas o auxiliem ou

---

69 OC, III, *Segundo Discurso*, p. 142-143.

70 OC, III, *Segundo Discurso*, p. 142.

71 OC, III, *Segundo Discurso*, p. 142.

72 A *perfectibilidade* é uma característica tipicamente humana, ainda que alguns animais possam parecer possuí-la. É o que argumenta a nota X ou J do *Segundo Discurso*: "Seja como for, está bem demonstrado que o macaco não é uma variedade do homem, não somente porque é privado da faculdade de falar, *mas sobretudo porque é certo que sua espécie não tem a de se aperfeiçoar, que é o caráter específico da espécie do homem*" (grifo nosso) (OC, III, *Segundo Discurso*, Nota X, p. 211).

Trabalho e ócio

o impulsionem a mudar e a se transformar, ela permanece também em potência, isto é, ela só será acionada contingencialmente. Trata-se, assim como a liberdade, de uma virtualidade: a perfectibilidade encontra-se inicialmente em potência, e será ativada somente com o concurso de causas externas:

> Trata-se de compreender que o primitivo, possuindo, como seus longínquos descendentes, a faculdade de aperfeiçoar-se, só a possui, entretanto, em potência: ora, só a meditação pode recuperar a existência de uma qualidade cuja observação não percebe ainda os efeitos (...) esta qualidade permanece, de início, no estado de simples virtualidade (...) Ela deve somente permitir ao homem responder a esta ruptura quando esta estabilidade for rompida, por causa externas e sem que seja de seu feito.[73]

O homem, assim, ainda não se diferencia do animal senão por potencialidades, faculdades latentes que dependerão de contingências externas para serem postas em ação.[74] Uma vez que as capacidades próprias aos seres humanos, qualidades que os diferenciam de outros seres vivos, encontram-se ainda em estado de potência, consequentemente a humanidade também permanecerá adormecida. É este o contexto no qual insere-se o argumento de Starobinski de que em tal período o homem "apenas distingue-se do autômato e do animal por suas faculdades virtuais e por

---

73 GOLDSCHMIDT, Victor. Anthropologie et Politique. Les principes du système de Rousseau. Paris: J. Vrin, 1983, p. 289-290.

74 Rousseau, concluindo a primeira parte do *Segundo Discurso*, faz um balanço do que até então havia argumentado e escreve: "Após ter demonstrado que a *perfectibilidade*, as virtudes sociais e as outras faculdades que o homem natural recebera potencialmente jamais poderiam desenvolver-se por si mesmas, pois para isso necessitam do concurso fortuito de inúmeras causas estranhas, que poderiam nunca ter surgido e sem as quais teria permanecido eternamente em sua condição primitiva (...)" (OC, III, *Segundo Discurso*, p. 162).

uma liberdade ainda sem uso".[75] A liberdade e a perfectibilidade, faculdades ainda potenciais, de nada participam neste estágio; serão necessárias circunstâncias exteriores que lhes imprimam movimento e que as façam desenvolver. Características fundamentais que distinguem os seres humanos de outros animais, ambas ainda se encontram inativas, "sem uso". Sem sua ativação, a humanidade também não será posta em ação e, assim, o homem, sem poder acessá-la ou usufruí-la, permanecerá semelhante a qualquer outro animal: "deveria ser um animal feroz esse homem abandonado sozinho sobre a face da terra, à mercê do gênero humano".[76]

Em grande medida, Rousseau atribui à Providência o fato dos homens desenvolverem suas faculdades apenas quando delas necessitassem; não sendo necessárias em determinado período, tornar-se-iam "onerosas" demais caso entrassem em ato antes do obstáculo. Nos termos de Derathé, "se assim é, é porque, por uma disposição sábia de nossa natureza, nossas faculdades somente podem se desenvolver com as ocasiões de exercê-las, isto é, no momento em que elas se tornam necessárias para vivermos".[77] Não era preciso que o homem exercesse nem sua liberdade e nem sua perfectibilidade no primeiro estado de natureza, pois a ocasião não permitia: a qualidade de agente livre permanecia virtual, ou sem movimento, e a capacidade de aperfeiçoar-se, frente à falta de circunstâncias para se atualizar, também permanecia latente. Assim, a Providência, ou a Natureza, criou o cenário necessário para que o homem permanecesse, no estado primitivo, próximo da animalidade. Desta forma, o homem "encontra unicamente no instinto tudo o que necessitava para viver no estado de natureza":[78]

---

75 STAROBINSKI, Jean. OC, III, *Introductions. Discours sur "L'Origine de l'Inégalité"*, p. LV. Paris: Gallimard, 1964; ed. bras., p. 392.

76 OC, V, *Ensaio Sobre a Origem das Línguas*, Cap. IX, p. 395.

77 DERATHÉ, Robert. *Jean-Jacques Rousseau et la Science Politique de son Temps.* Paris: J. Vrin, 2009. p. 163; ed. bras.: p. 246.

78 OC, III, *Segundo Discurso*, p. 152.

Deveu-se a uma Providência bastante sábia que as faculdades que ele possuía em potência somente devessem se desenvolver nas ocasiões de se exercerem, a fim de que não lhe fossem nem supérfluas e nem onerosas antes do tempo, nem tardias e inúteis frente à necessidade.[79]

Diante de tal identificação entre "feras" e humanos, Rousseau então conclui que o homem natural possui funções meramente animais, estando restrito às suas sensações e fechado em sua existência atual. Assim, "perceber e sentir será seu primeiro estado, que lhe será comum com todos os animais. Querer e não querer, desejar e temer, serão as primeiras e quase únicas operações de sua alma"[80] e apenas conhece e precisa de alimentos, satisfação sexual e repouso. Isto significa dizer que as distinções que separam os homens dos animais, neste ponto, são traçadas por uma linha tênue e virtual, são pouco percebidas, uma vez que as diferenças que propriamente caracterizam o ser humano permanecem em potência. No estado natural a liberdade e a perfectibilidade, apanágios distintivos do homem, encontram-se em estado de inação: em sua animalidade, o homem primitivo vive sempre na passividade, não possuindo história e nada deixando às posteriores gerações – com a perfectibilidade ainda em potência no estado de natureza, o homem permanecia o mesmo e, quando "a espécie já era velha e o homem permanecia sempre criança".[81] Em suma, suas qualidades no estado de natureza são apenas virtuais, e somente essas potencialidades os diferenciam dos outros animais. Será preciso, então, atentarmos e compreendermos como se deu sua atualização.

---

79 OC, III, *Segundo Discurso*, p. 152 (grifo nosso).

80 OC, III, *Segundo Discurso*, p. 143.

81 OC, III, *Segundo Discurso*, p. 160.

Por quê trabalhar?

> Se toda gente trabalha
> Por que não trabalhas tu?
>
> Fernando Pessoa, *Obra poética*

> GONZALO
> All things in common nature should produce
> Without sweat or endeavour: treason, felony,
> Sword, pike, knife, gun, or need of any engine,
> Would I not have; but nature should bring forth,
> Of its own kind, all foison, all abundance,
> To feed my innocent people.
>
> SEBASTIAN
> No marrying 'mong his subjects?
>
> ANTONIO
> None, man; all idle: whores and knaves.
>
> GONZALO
> I would with such perfection govern, sir,
> To excel the golden age
>
> Shakespeare, *The Tempest*, Ato 2, Cena 1

Por que trabalhar quando, sem fazer nada, as necessidades e a felicidade são garantidas de maneira espontânea e imediata? Por que lançar-se em atividades e pesadas fainas quando é possível, sem consequências para a sobrevivência, desfrutar de uma característica natural, a *indolência*? O amor de si não é incomodado no primeiro estado de natureza, pois nada o ameaça e nada o exige a lutar pela vida. Ao denominar a antropologia de Rousseau como "negativa", Starobinski explica que o homem natural é tomado como modelo (ou contra-modelo) posto em oposição ao homem no estado social, que já tem suas faculdades desenvolvidas e possui paixões então desconhecidas do primeiro estado:

Na primeira parte do Discurso, Rousseau dedica-se a formular uma antropologia negativa: o homem natural define-se pela ausência de tudo o que pertence especificamente à condição do homem civilizado. O método de Rousseau consiste em despojar o homem de todos os atributos artificiais de que este pôde tomar posse no curso da história. É então por uma via negativa que ele procura traçar a imagem do homem da natureza.[82]

Podemos pensar tal antropologia negativa também sob o prisma da gênese do labor e da atividade, isto é, da passagem da indolência natural até ao surgimento do trabalho. Vimos que a fertilidade natural e a abundância dos frutos, propiciado por um estado no qual a natureza tudo provê, dispensa o recurso a instrumentos e faz do trabalho uma atividade desnecessária: o homem no estado de natureza não precisa de ferramentas; não precisa nem mesmo esforçar-se demasiadamente, pois seu corpo e vigor físico lhe propiciam acesso às produções naturais. Este primeiro estado permite a inatividade; é um tempo próprio à indolência, característica natural que, assim, pode ser usufruída em sua plenitude. Além disso, a escolha quanto a permanecer ou sair deste estado no qual as necessidades vitais são prontamente satisfeitas é inimaginável, e Rousseau é enfático em quanto à sua conveniência: as características dos homens estão em plena harmonia com aquilo que o meio ambiente deles exige. O trabalho e a atividade manual, portanto, deverão ainda aguardar para encontrar seu nascimento.

Neste sentido, uma passagem no capítulo IX do *Ensaio Sobre a Origem das Línguas* sintetiza a composição deste quadro, quando Rousseau propõe aos leitores que imaginem a seguinte situação:

> Suponde uma primavera perpétua sobre a terra; suponde por todos os lugares água, gado, pastos; suponde os homens saindo

---

82 STAROBINSKI, Jean. *Rousseau et l'origine des langues* in *La Transparance et l'obstacle*. Paris: Gallimard, 1971. p. 361; ed. bras., p. 414.

das mãos da natureza uma vez dispersos por toda ela: não imagino como eles teriam renunciado à sua liberdade primitiva e saído da vida isolada e pastoral, tão conveniente à sua indolência natural, para impor-se, sem necessidade, a escravidão, os trabalhos, as misérias inseparáveis do estado social.[83]

O trecho do *Ensaio*, que sublinha algumas das principais características do estado de natureza rousseauniano, é carregado de referências a elementos que pertencem a uma ideia mais antiga que a história da filosofia, e que descreve um cenário que se encontra em harmonia com uma tese comumente defendida pela tradição mítico-teológica, bem como frequentemente citada e apropriada em suas estruturas pela tradição filosófica clássica: os homens viviam em um ambiente generoso e abundante, sendo a terra disposta de modo que todos dela pudessem – e, em alguns casos, até mesmo devessem – usufruir; todas as coisas eram *comuns a todos*. Trata-se da referência ao mito da idade de ouro.

À tendência que lamenta a decadência humana e o trabalho infligido à espécie, idealizando um período no qual os homens se encontram, então, afastados de uma longínqua época de ouro na qual tudo era fornecido pela providência e na qual a raça dos homens era superior, convencionou-se chamar de primitivismo.[84] Rousseau não se filia a esta vertente, por motivos que analisaremos em seguida; entretanto, o imaginário que a constitui atravessou os tempos, tendo se expandido e transitado nos registros da teologia, da arte, chegando até ao campo da filosofia.

Escoaram-se séculos e a imaginação dos homens foi constantemente agitada pelo desejo de encontrar um espaço ou tempo no qual a humanidade se visse livre do trabalho, podendo desfrutar de maneira plena e agradável de um ócio, sem que, em contrapartida, suas necessidades deixassem de ser satisfeitas: semelhante gozo seria o da permanente

---

83 OC, V, *Ensaio Sobre a Origem das Línguas*, Cap. IX, p. 400-401.

84 HADOT, Pierre. *O Véu de Ísis: ensaio sobre a história da ideia de natureza*. Tradução de Mariana Sérvulo. São Paulo: Loyola, 2006, p. 164.

felicidade. Expresso na literatura, na arte, na teologia, talvez tenha sido na mitologia e nas utopias o terreno no qual esta ideia melhor vicejou, tendo encontrado um campo de expressão privilegiado: são diversos os relatos míticos, religiosos e utópicos que descrevem um período ou local no qual o homem vivia em meio a uma natureza pródiga e abundante, farta de comidas (geralmente vegetais fornecidos espontaneamente pela natureza ou pelos deuses, ou então pratos disponíveis a todos, já prontos para serem devorados)[85], onde qualquer tipo de esforço seria dispensado e no qual tudo seria comum a todos; o ócio e a preguiça seriam, então, exercidos livremente, e o trabalho, desnecessário, não existiria.

Esta tese comumente defendida pela tradição mítico-teológica, e em especial a ideia de um ambiente generoso no qual tudo é comum a todos, sendo a terra disposta de modo que todos dela pudessem ou devessem usufruir, também ampliou seu espectro, observados seus limites e diferenças, ao território da filosofia. Trata-se de lugar-comum evocado por muitos pensadores. Ainda que o registro do discurso filosófico não se confunda com o registro do discurso mítico,[86] a tese foi frequentemente

---

85 Como no caso da Cocanha, como veremos mais adiante. Vejamos um trecho: "Os telhados são de toicinho / As cercas são de salsichas / Existe muito mais naquela terra de delícias / Pois de carne assada e presunto / São cercados os campos de trigo" (FRANCO JR, Hilário. *Cocanha. A história de um país imaginário*. São Paulo: Cia das Letras, 1998. p. 29).

86 Não cabe, no presente estudo, explorarmos as diferenças entre os discursos, mas pretendemos somente apontar como a oposição entre trabalho e ócio e seus respectivos valores estiveram presentes tanto no registro filosófico quanto no registro mítico. Segundo Pierre Hadot, analisando a resposta de Porfírio a Colotes, em referência à sua defesa pela física defendida em *Timeu*, "Platão jamais confundiu filosofia e pensamento mítico (...) A filosofia não rejeita qualquer mito, qualquer fábula, na suposição de que sempre representem um discurso falso. Há discursos falsos que foram inventados somente para o prazer dos ouvidos, como as comédias ou os romances, que não têm qualquer valor de exortação à virtude, e há discursos falsos, que podem ter uma certa utilidade edificante. A filosofia rejeitará evidentemente o primeiro tipo de fábula" (HADOT, Pierre. *O Véu de Ísis: ensaio sobre a história da ideia de natureza*. Tradução de Mariana Sérvulo. São Paulo: Loyola, 2006. p. 72-73). Cumpre, então, apenas ilustrarmos de maneira breve como ambos os conceitos (trabalho e ócio) se puseram como

citada e apropriada, inclusive em suas estruturas e esquemas,[87] pela tradição filosófica clássica. Vejamos em algumas breves pinceladas de que maneira o tema é tratado pelos Antigos e pelos Modernos. Comecemos, então, por explorar o registro do mito e da utopia; remontemos ao mito da idade de ouro relatado por Hesíodo em *O Trabalho e os Dias*.

Ora, em primeiro lugar, por que dizer que tal ideia talvez seja *mais antiga que a história da filosofia*? O mito a que nos referimos no parágrafo anterior encontra sua certidão de nascimento datada do período mitológico grego, entre os séculos VIII e VII a.C. Poema escrito por Hesíodo, *Os Trabalhos e os Dias* evoca um período de idade de ouro no qual homens e deuses ainda conviviam em Meconé, planície fértil e abundante. Com a astúcia de Prometeu, que artificiosamente entrega o fogo aos homens, passa-se para uma época de trabalhos e penas. Tamanha revolução ocorre pela ação dos deuses sobre o mundo: Zeus, punindo os homens pela astúcia do titã, resolve esconder o fogo (até então oferecido livremente aos homens) bem como interditar o fácil e imediato acesso às produções naturais (grãos e cereais), ao *bíos*, alimentos até então generosamente oferecidos pela terra e dispostos sem necessidade de qualquer esforço para recolhê-los: os homens deverão, a partir de então, trabalhar na terra para conseguir alimentos e saciar sua fome. Ao desafiar os deuses, a natureza, o segredo das coisas, o homem é fadado ao trabalho e privado das facilidades que a divindade ou a natureza pródiga podem oferecer.

---

virtudes ou vícios no imaginário do homem. "Constata-se assim que, ao mesmo tempo em que toma a contramarcha da linguagem mítica em muitos aspectos, a filosofia grega a prolonga e transpõe para um outro plano, desembaraçando-a do que constituía seu elemento de pura 'fábula'. A filosofia pode então aparecer como uma tentativa para formular, desmistificando-a, essa verdade que o mito já pressentia à sua maneira e que exprimia sob a forma de relatos alegóricos" (VERNANT, Jean-Pierre. *Mito e Sociedade na Grécia Antiga*. Trad. Myriam Campello. Rio de Janeiro: José Olympio, 1999).

87   É, por exemplo, o que afirma Starobinski ao referir-se a Rousseau quando da elaboração do *Segundo Discurso*, como veremos nas páginas subsequentes.

Trabalho e ócio

Esta "atitude prometeica",[88] simbolizando o perigo da curiosidade e a intenção de dominação frente àquilo que a Natureza pretendeu esconder, encontrava-se, como nos lembra Carlo Ginzburg,[89] muito presente nos livros de emblemas do século XVIII. Lemos em um excerto do mito:

> Oculto retêm os deuses o vital para os homens;
>
> Senão comodamente em um só dia trabalharias
>
> Para teres por um ano, podendo em ócio ficar;
>
> Acima da fumaça logo o leme alojarias,
>
> Trabalhos de bois e incansáveis mulas se perderiam.
>
> Mas Zeus encolerizado em suas entranhas ocultou (...).[90]

No registro da tradição filosófica na Grécia antiga este modelo não deixou de provocar menos interesse, permanecendo como referência presente nos embriões da própria filosofia: Platão se apropria de suas estruturas e o relata à sua maneira.[91] Assim, em *O Político*, o Estrangeiro,

---

88 A expressão é de Pierre Hadot, utilizada por diversas vezes em seu livro "O Véu de Ísis", e representa a audácia daqueles que pretendem desvendar os segredos da Natureza (Cf. HADOT, Pierre. *O Véu de Ísis: ensaio sobre a história da ideia de natureza*. Tradução de Mariana Sérvulo. São Paulo: Loyola, 2006.).

89 Ao analisar a ilustração de um livro holandês do século XVIII, Ginzburg argumenta que "o significado da ilustração poderia ser traduzido da seguinte maneira: o tempo chegou; os segredos da Natureza não mais são segredos; a coragem intelectual dos cientistas irá colocar as dádivas da Natureza aos nossos pés" (GINZBURG, Carlo. *High and Low: The Theme of Forbidden Knowledge in the Sixteenth and Seventeenth Centuries* in *Past and Present*, nº 73, Nov. 1976, p. 28-41. Oxford: Oxford University Press. p. 41).

90 HESÍODO. *Os Trabalhos e os Dias*. Trad. Mary de Camargo Neves Lafer. São Paulo: Iluminuras, 1991, p. 23, v. 42-47.

91 Observamos aqui a ressalva de Cornelius Castoriadis: "Se deixarmos de lado os relatos da mitologia tradicional, este mito de Cronos no *Político* é a primeira obra de ficção científica *entechnos*, escrito com artifício [écrit avec art] – e não uma simples transcrição de um folclore popular –, da literatura universal. Certamente há ficção científica na mitologia, nos Veda, mas, como escrito artificial, o relato de Platão é o primeiro da história da literatura" (CASTORIADIS, Cornelius. *Sur Le Politique de Platon*. Paris: Seuil, 1999, p. 132).

interlocutor de Sócrates, realiza uma digressão na qual expõe o mito de Cronos, a história da época de ouro dos homens. O reino de Cronos era um período feliz da humanidade, no qual o deus pastor cuidava dos homens, e estes, por sua vez, não possuíam preocupação alguma e não conheciam o trabalho. Apenas com uma grande transformação, com a chegada do tempo de Zeus, é que os homens se encontram abandonados ao próprio governo. Desta forma, nesta época de ouro os homens:

> (...) tinham em profusão os frutos fornecidos pelas árvores e muitas outras plantas, frutos que brotavam sem cultura e que a terra produzia por si mesma. Viviam a maior parte do tempo ao ar livre, sem habitação e sem leito, pois as estações eram tão bem temperadas que elas nenhum incômodo lhes causava e encontravam leitos macios na relva que brotava da terra. Tal era, Sócrates, a vida dos homens sob o tempo de Cronos. Quanto àquela de hoje, ao que se diz que Zeus preside, tu a conheces por experiência. Agora, serias capaz de decidir qual entre as duas é a mais feliz, e poderia me dizer?[92]

Como resultado da helenização, a expansão e difusão da cultura grega em outros territórios, o mito atravessa o Mediterrâneo e chega até Roma: tema recorrente em obras de Lucrécio, Catulo, Horácio e Virgílio,[93] talvez uma das mais eloquentes referências ao mito da época de ouro se encontre em *Metamorfoses*, de Ovídio. O poema retrata uma época no qual "sem usar polícia, as pessoas em paz fruíam doces ócios",[94] marcada pela

---

92 PLATÃO. *Politique* in *Œuvres Complètes*, Tome Cinquième. Paris: Garnier, 1950, p. 197 (272a-b).

93 Respectivamente: *De Rerum Natura* (III, Livro V, 780-1457), *Carmen LXIV*, *Epodo XVI (Ao Povo Romano)* e *Eneida* IV (790). Sobre o imaginário estabelecido por Hesíodo e sua época de ouro e sua influência sobre Roma, cf. BRISSON, Jean-Paul. *Rome et l'âge d'or. De Catulle à Ovide, vie et mort d'un mythe*. Paris: La Découverte, 1992.

94 OVÍDIO. *Metamorfoses*. Livro I, 99-100. Trad. de Raimundo Nonato Barbosa de Carvalho (trabalho de conclusão de pós-doutoramento em Letras Clássicas, do

Trabalho e ócio

fertilidade da terra e a ausência de trabalho. Não havia, portanto, Estado,[95] e ainda assim os homens viviam em paz e desfrutando uma preguiça. Mais uma vez, o trabalho advém com a degenerescência do homem. Antes,

> A terra mesma tudo dava, sem impostos,
> intacta de rastelo ou arados quaisquer;
> contentes com os frutos dados sem esforço,
> (...)
> A primavera era eterna e em sopros tépidos
> afagavam incultas flores calmos Zéfiros.
> Logo, intocada, a terra produzia grãos
> e o campo branquejava de espigas pesadas;
> ora corriam rios de leite ou de néctar
> e do verde azinheiro o louro mel brotava.[96]

Por sua vez, Sêneca, na Epístola 90 de *Cartas a Lucílio*, refere-se à idade de ouro, utilizando-a não como modelo histórico, mas, dialogando com as ideias do mestre Posidônio, utiliza-a como contraposição para desenvolver uma crítica ao luxo, aos vícios, às artes: "então, neste século que se chama de época de ouro",[97] os homens não possuíam leis e eram guiados pelos sábios, período no qual, em uma natureza generosa e pouco hostil, não se realizam grande esforços para se viver, e no qual tudo "estava à mão dos homens, gratuito, adquirido com pouca fadiga".[98]

Departamento de Letras Clássicas e Vernáculas pela FFLCH-USP).

95 Ao nos referirmos à Ovídio, o conceito aqui utilizado de Estado é anacrônico. Entretanto, utilizamos o termo deliberadamente, pois parece bem ilustrar como os homens viviam, sem leis e sem nenhum pacto de associação, em um "doce ócio", sem nenhum tipo de "polícia" ou constrangimento externo.

96 OVÍDIO. *Metamorfoses*. Livro I, 101-112.

97 SÊNECA. *Epistles 66-92*. Trad. para o inglês por Richard M. Gummere. Epístola XC. Londres: Harvard University Press, 1996, p. 397.

98 SÊNECA, *Epistles 66-92*. Trad. para o inglês por Richard M. Gummere. Epístola XC. Londres: Harvard University Press, 1996, p. 407-409.

Se levarmos em consideração que "nem todo mito tem sentido utópico, e muitas vezes a utopia sonhada para o futuro represente a volta a uma situação passada"[99] e que a "utopia é um mito projetado no futuro",[100] podemos afirmar que, tendo o imaginário que compõe a época de ouro também circulado durante a Idade Média, sua melhor representação pode ser encontrada no *Fabliau de Cocagne*, poema francês do século XIII que descreve um país chamado Cocanha: nesta região, onde "quem mais dorme mais ganha", o trabalho não era apenas desnecessário, mas mesmo um motivo de punição.[101] Ao ócio, recompensa; ao trabalho, pena. Na transição para a modernidade, esta utopia que retoma os temas do mito da idade de ouro passa a ser vista com maus olhos pela burguesia, receosa de que a convidativa preguiça de Cocanha pudesse exercer más influências sobre os trabalhadores.[102]

Em *Dos Canibais*, Montaigne serve-se da referência à idade de ouro como um apoio primeiro e como uma etapa inicial de seu raciocínio, sobre a qual realizará uma reconstrução antropológica.[103] Dialogando com

---

99 FRANCO JR, Hilário. *Cocanha. A história de um país imaginário*. São Paulo: Cia das Letras, 1998, p. 21.

100 FRANCO JR, Hilário. *Cocanha. A história de um país imaginário*. São Paulo: Cia das Letras, 1998, p. 21.

101 FRANCO JR, Hilário. *Cocanha. A história de um país imaginário*. São Paulo: Cia das Letras, 1998, p. 203.

102 FRANCO JR, Hilário. *Cocanha, várias faces de uma utopia*. Cotia: Ateliê, 1998, p. 11.

103 Esta é uma das ideias centrais que Frank Lestringand desenvolve ao longo de seu artigo *O Brasil de Montaigne*. Longe da tentação de contabilizar o ensaio de Montaigne como uma apologia ao primitivismo, Lestringand explica que a alusão é feita para servir como "um quadro de referência", isto é, como instrumento de medida, como "ponto de apoio inicial" que servirá de alicerce para o posterior desenvolvimento do ensaio. De todo modo, saliente-se que a referência, muito presente no texto, é uma das principais declamações em Montaigne, segundo Lestringant: "Mas o melhor exemplo de declamação em Montaigne é, sem dúvida, 'Dos Canibais', apologia dos antropófagos livres do Brasil, nos quais revivem a idade de ouro dos antigos e a república ideal sonhada por Platão e Plutarco" (LESTRINGANT, Frank. *O Brasil de Montaigne*. In: *Revista de Antropologia*,

TRABALHO E ÓCIO

os mestres do passado, a descoberta do novo mundo seria a verificação empírica de certas volições da filosofia, como a *república platônica*:

> (...) me parece que o que na prática vemos naqueles povos sobrepuja não apenas todas as descrições com que a poesia embelezou a idade de ouro, e todas as suas invenções para imaginar uma condição humana feliz, mas ainda a concepção e o próprio desejo da filosofia (...) é o povo, diria eu a Platão, no qual não há a menor espécie de comércio; nenhum conhecimento das letras; nenhuma ciência dos números; nenhum título de magistrado nem de autoridade política; nenhum uso de servidão, de riqueza ou de pobreza; nem contratos; nem sucessões; nem partilhas; nem ocupações, excetos as ociosas (...).[104]

Samuel von Pufendorf, em seu *O Direito da Natureza e das Gentes*, sob inspiração de Montaigne (que na edição de Barbeyrac aparece expressamente citado), laiciza os termos da "fábula do século de ouro",[105] atribuindo ao seu estado de natureza um lugar no plano da história e da evolução humana,[106] adiantando-se àquilo que Rousseau fará posteriormente:

> No mais, não é sem fundamento que alguns, para descobrir a origem da Fábula do Século de Ouro, ressaltam que os selvagens e rústicos amam extremamente a vagabundagem [*fai-*

São Paulo, v. 49, n. 2, Dec. 2006. Disponível em: <http://www.scielo.br/scielo. php?script=sci_arttext&pid=S0034-77012006000200001&lng=en&nrm=iso>.

104 MONTAIGNE, Michel de. *Ensaios, Volume I. Dos Canibais*, Cap. XXXI. Trad. Rosemary Costhek Abílio. São Paulo: Martins Fontes, 2002. p. 309.

105 PUFENDORF, Samuel. *Le Droit de la Nature et des gens*. Tradução de Jean Barbeyrac. Livro IV, Cap IV, § VIII, Tomo I. Paris, 1706. p. 454. Obra consultada e disponível na Gallica - Bibliothèque nationale de France.

106 GOLDSCHMIDT, Victor. *Anthropologie et Politique. Les principes du système de Rousseau*. Paris: J. Vrin, 1983, p. 456.

néantise], e que quanto mais um povo leva uma vida simples e grosseira, menos ele é afeito ao Trabalho.[107]

Entre os modernos, John Locke situa a *idade de ouro*[108] da humanidade em um período de abundância e fertilidade, adicionando, entretanto, uma característica peculiar a este cenário: apesar da prodigalidade do meio natural, o homem trabalha. O trabalho não é realizado contra a natureza, mas harmoniza-se com esta: trata-se de uma atividade realizada no seio do estado de natureza, conferindo valor aos produtos naturais e legitimando o direito de propriedade.

No século das Luzes, e mais especificamente no círculo que constituía os *philosophes*, lemos em *Cândido*, de Voltaire, a descrição da utópica Eldorado: um lugar geograficamente inacessível, paradisíaco, fértil, tranquilo e ocioso, mas no qual o personagem principal não consegue permanecer por muito tempo. Ao final do conto, após refletir sobre a lição que o turco lhe dera (a lição, apresentada no conclusivo capítulo XXX, é que o trabalho "afasta de nós três grandes males: o tédio, o vício e a necessidade")[109], dialogando com Pangloss sobre tais inquietações e ouvindo que "quando o homem foi posto no jardim do Éden, ali foi posto *ut operaretur eum*, para que trabalhasse; o que prova que o homem não nasceu para o repouso",[110] bem como escutando de Martinho que trabalhar sem filosofar é a única maneira de tornar a vida suportável, Cândido

---

107 PUFENDORF, Samuel. *Le Droit de la Nature et des gens*. Tradução de Jean Barbeyrac. Livro IV, Cap IV, § VIII, Tomo I. Paris, 1706. p. 454. Obra consultada e disponível na Gallica - Bibliothèque nationale de France.

108 Sobre a idade de ouro em Locke, cf. LOCKE, John. *Second Treatise* in *Two Treatises of Government*. Edição, introdução e notas de Peter Laslett. Student Edition. 14ª reimpressão. Cambridge: Cambridge University Press, 1988. Cap. VIII, §111, p. 342-343; ed. bras., p. 484.

109 VOLTAIRE, François Marie Arouet. *Candide ou l'optimisme*. Ed. crítica por Christopher Thacker. Genève: Droz, 1968, p. 233.

110 VOLTAIRE, François Marie Arouet. *Candide ou l'optimisme*. Ed. crítica por Christopher Thacker. Genève: Droz, 1968, p. 233.

Trabalho e ócio

conclui enigmaticamente que "é preciso cultivar nosso jardim".[111] É preciso, assim, evitar a ociosidade, fugir de um estado que permita ao homem largar-se em sua preguiça e ignorância naturais.

Realizado este breve inventário acerca da idade de ouro, não é por acaso, portanto, que a suposição que Rousseau propõe aos leitores se situe no *Ensaio* logo após a evocação de Heródoto e citações da Gênesis.[112] Ora, de início a leitura isolada da passagem poderá remeter o leitor a imaginar certa espécie de lugar paradisíaco, de *estado edênico*. Assim, o trecho parece fazer referência ao imaginário judaico-cristão, à narração bíblica contida na *Gênesis*: no Éden o homem vivia, sem trabalho e sem sociedade, em um jardim no qual tinha acesso imediato aos frutos naturais.[113]

Mas transportemo-nos do *Ensaio* para outra obra no qual poderemos melhor explorar os sucessivos movimentos do estado de natureza. O *Discurso Sobre a Origem da Desigualdade entre os Homens* é um texto despojado de explicações ou atribuições teológicas: reflexão conjectural, o *Segundo Discurso* segue as regras da discussão filosófica.[114] Ainda assim, segundo Starobinski, mesmo tendo sido descartado o discurso religioso como explicação capaz de desvelar a história das origens, Rousseau ainda compõe seu pensamento segundo os esquemas e modelos estruturais da

---

111 VOLTAIRE, François Marie Arouet. *Candide ou l'optimisme.* Ed. crítica por Christopher Thacker. Genève: Droz, 1968, p. 234.

112 "O autor da Gênesis viu bem mais longe que Heródoto" (OC, V, *Ensaio Sobre a Origem das Línguas*, p. 400), reflete Rousseau ao analisar a crítica que Moisés faz à agricultura e os males que esta arte causa em comparação ao elogio feito por Heródoto a Triptólemo, deus da agricultura e considerado sábio pelos gregos. A atividade "mais conveniente" para o homem é o pastoreio. De acordo com o texto bíblico, "Abel apascentava as ovelhas, Caim cultivava o solo" (Gênesis, 4, 2. Bíblia – Tradução Ecumênica. 5ª edição. São Paulo: Loyola, 1997, p. 29).

113 Com exceção da árvore do conhecimento, cujos frutos proibidos constituirão, quando experimentados, a causa da queda de Adão e Eva do paraíso.

114 STAROBINSKI, Jean. OC, III, *Introductions. Discours sur "L'Origine de l'Inégalité"*, p. XLIII. Paris: Gallimard, 1964; ed. bras., 379.

religião cristã, isto é, o modelo da Gênese e da Queda, estabelecendo sua "versão laicizada" das origens.[115] Nos próprios termos de Starobinski:

> Rousseau recompõe um Gênesis filosófico em que não faltam o jardim do Éden, nem a culpa, nem a confusão das línguas (...) Estando anulada a teologia cristã, seus esquemas constituem, no entanto, os modelos estruturais segundo os quais o pensamento de Rousseau se organiza.[116]

Rousseau, assim, utilizaria um esquema que, em última instância, seria semelhante ao mito da idade de ouro e ao paraíso da tradição judaico-cristã; entretanto, sua referência certamente encontra algumas barreiras no pensamento rousseauniano. Seria um equívoco contabilizar a filosofia de Rousseau – assim como a de Platão, Sêneca e Locke – como norteada segundo um pensamento primitivista: Tzevtan Todorov lembra que ao se ler o *Segundo Discurso* deve-se ter em vista, em primeiro lugar, a impossibilidade do retorno ao estado puro de natureza, uma vez que este não se situa no tempo histórico; e, em segundo lugar, que este estado se trata de uma "construção de espírito", isto é, um instrumento hipotético utilizado para se contrapor aos fatos reais,[117] uma espécie de modelo ou medida,[118] sem se tornar, entretanto, uma utopia. Starobinski também

---

115 STAROBINSKI, Jean. OC, III, *Introductions. Discours sur "L'Origine de l'Inégalité"*, p. LIII. Paris: Gallimard, 1964; ed. bras., p. 390.

116 STAROBINSKI, Jean. OC, III, *Introductions. Discours sur "L'Origine de l'Inégalité"*, p. LIII. Paris: Gallimard, 1964; ed. bras., p. 389-390.

117 Neste sentido, Rousseau indica que os fatos, que não dizem respeito à questão, serão afastados e que as pesquisas não serão consideradas como verdades históricas, mas como "*raciocínios hipotéticos e condicionais*, mais aptos à esclarecer a natureza das coisas do que a mostrar a verdadeira origem" (OC III, *Segundo Discurso*, p. 133).

118 TODOROV, Tzevtan. *O Jardim Imperfeito: o pensamento humanista na França*. Trad. Mary Amazonas Leite de Barros. São Paulo: EDUSP, 2005. p. 82. Todorov ainda faz uma valiosa referência a "Carta Sobre a Virtude", salientando que Rousseau, ao utilizar os termos "primitivo" e "imaginário", utiliza-os como se fossem sinônimos (Ibid., p. 83).

TRABALHO E ÓCIO

salienta explicitamente o não primitivismo de Rousseau.[119] Jean Ehrard argumenta neste mesmo sentido, ao apontar que o estado de natureza é, para a maioria dos pensadores políticos da primeira metade do século XVIII, nada mais que "uma hipótese de trabalho, uma ficção moral ou jurídica, se entendermos por isso um estado de isolamento".[120] Finalmente, ainda que o estado de natureza possa ser imaginado, a história é concebida como um processo linear irreversível de corrupção, no qual não é permitido nenhum retorno possível.[121]

Podemos concluir, portanto, que Rousseau não vê como desejável um retorno, no interior do estado social, à independência dos primeiros homens, e nem pretende um regresso ao estado de natureza.[122] A época

---

119 "A.O. Lovejoy bem demonstrou que Rousseau, malgrado sua nostalgia, não é um 'primitivista'. Se teria sido preferível, para o homem, jamais abandonar sua condição primitiva, doravante não temos mais escolha. Rousseau tomará o cuidado de repeti-lo várias vezes" (STAROBINSKI, Jean. OC, III, *Introductions. Discours sur « L'Origine de l'Inégalité »*, p. LVIII. Paris: Gallimard, 1964; Ed. bras.: p. 396).

120 EHRARD, Jean. *L'idée de nature em France dans la première moitié du XVIII ᵉ siècle*. Paris: Albin Michel, 1994. p. 476.

121 Sobre a concepção de história em Rousseau, ela segue uma trajetória linear de degenerescência: "A história dos homens é a história da queda. Esta transformação da alma humana corresponde à transformação das instituições, cuja trajetória também se dá no sentido que vai da pureza antiga à depravação atual" (SOUZA, Maria das Graças de. *Ilustração e História. O Pensamento sobre a história no Iluminismo Francês*. São Paulo: Discurso Editorial, 2001. p. 71).

122 Em uma carta-resposta endereçada a Voltaire, datada de 10 de setembro de 1755, Rousseau, em réplica à famosa interpretação voltaireana do *Segundo Discurso*, defende, desde logo, pela impossibilidade deste retorno ao estado de natureza: "Vereis que não aspiro fazer-nos regressar à nossa animalidade [*bêtise*], ainda que, de minha parte, muito lamente o pouco que dela perdi" (ROUSSEAU, *Lettres Philosophiques*. Carta 7, p. 32. Apresentação de Henri Gouhier. Paris: J. Vrin, 1974). Marc Eigeldinger, em passagem dedicada ao tema da *idade de ouro* no pensamento rousseaunino, afirma que "Rousseau certamente está persuadido que o tempo primitivo de inocência e de igualdade foi para sempre terminado e que o século de ouro foi devorado pelo deflagrar da história" (EIGELDINGER, Marc. *Jean-Jacques Rousseau, univers mythique et cohérence*. Neuchâtel: La Baconnière, 1978. p. 105*)*. Estas leituras e observações seriam suficientes para colocar em xeque interpretações como aquela proposta por Leo Strauss em seu

de ouro foi um estágio histórico da evolução humana, mas desconhecido dos homens:

> A paz e a inocência escaparam para sempre antes que tivéssemos provado suas delícias. Insensível aos estúpidos homens dos primeiros tempos, escapando aos homens esclarecidos de tempos posteriores, a feliz vida da idade de ouro foi sempre um estado estranho à raça humana, ou por não a ter conhecido quando dela podia usufruir, ou por tê-la perdido quando ela poderia ter sido conhecida.[123]

Ainda que, segundo Starobinski, o *Segundo Discurso* seja composto por esquemas que seguem modelos estruturais das Escrituras,[124] na primeira "queda" ou "revolução" da história humana – a saída do primeiro estado de natureza – o homem não carrega consigo nenhum pecado original, e a atividade manual, a faina, enfim, o trabalho, não será um estigma como na tradição bíblica, uma marca de corrupção e pecado, mas, antes, marcará o ponto de virada entre um estado imaginário e um estado histórico, possível e feliz, no qual o labor e a atividade manual, não

---

Direito Natural e História, quando este afirma categoricamente que Rousseau, apontando para um abandono do mundo da convenção, "sugeriu o retorno ao estado de natureza, o retorno para a natureza" (STRAUSS, Leo. *Natural Right and History*. Cap. *VI - The Crisis of Modern Natural Right*, item *A - Rousseau*. 5ª reimpressão, 1965. Chicago: University of Chicago Press, 1953. p. 254).

123 OC, III, *Du Contrat Social (1e version - Manuscrit de Genève)*, Livro I, Cap. II, p. 283.

124 Além de Starobinski, Derrida também parece argumentar no mesmo sentido, ao afirmar que "Os fatos referidos pela Escritura em nada concernem ao estado de pura natureza. Mas, em lugar de distinguir brutalmente entre a origem estrutural e a origem empírica, Rousseau resguarda-se, conciliador, por trás da autoridade bíblica, que lhe fornece um esquema estrutural ao admitir que a era patriarcal está muito distanciada das origens" (DERRIDA, Jacques. *De la Grammatologie*. Paris: Minuit, 1967, p. 359; ed. bras., p. 308). E segue: "a genealogia do mal é ao mesmo tempo uma teodiceia" (DERRIDA, Jacques. *De la Grammatologie*. Paris: Minuit, 1967. p. 364; Ed. bras.: p. 313). Mais à frente, adiciona: "Rousseau naturaliza o acidente bíblico: faz da Queda um acidente da natureza" (DERRIDA, Jacques. *De la Grammatologie*. Paris: Minuit, 1967. p. 367; Ed. bras.: p. 316).

TRABALHO E ÓCIO

87

obstante essa felicidade, se faz presente. Em outras palavras, se o trabalho se encontra na origem da queda, isto não significa, entretanto, que ele necessariamente represente um castigo. Apesar do pessimismo histórico, o otimismo antropológico estará, no que diz respeito às atividades humanas, como o trabalho, presente.[125]

Rousseau, assim, laiciza o mito e o utiliza como um instrumento para apoiar seus argumentos, e, junto a isso, apresenta um olhar diverso frente ao modelo da idade de ouro.[126] A verdadeira "primavera perpétua" consiste não em um período primeiro, no qual tudo brota espontaneamente da terra sem que seja necessário o esforço do homem, no qual ele poderia desfrutar de um delicioso ócio sem se inquietar com fainas. Ao contrário, Rousseau localizará na "juventude do mundo" um período histórico intermediário entre "a indolência do estado primitivo e a atividade petulante de nosso amor-próprio" que "deve ter sido a época mais feliz e a mais durável"[127] da humanidade, fase na qual a atividade manual e a técnica já haviam tido sua gênese – e encontravam-se, aliás, muito presentes e ativas. Além disso, este tempo feliz é um período no qual o homem não é "pastoreado" nem pela providência, nem pela natureza, já

---

125 STAROBINSKI, Jean. OC, III, *Introductions. Discours sur "L'Origine de l'Inégalité"*, p. LIX. Paris: Gallimard, 1964; ed. bras., p. 396. Arrolamos a passagem: "O pessimismo histórico do *Discurso* é contrabalançado pelo otimismo antropológico que é uma das constantes do pensamento de Rousseau".

126 Este "olhar diverso" nos é lembrado por Victor Goldschmidt, quando ressalta que Voltaire, em anotação feita nas margens do texto do *Segundo Discurso*, "põe o dedo, com muita perspicácia, sobre o procedimento mais original do método de Rousseau" (GOLDSCHMIDT, p. 423), quando o *philosophe* francês escreve: "Quelle chimère que ce juste milieu!" (OC, III, *Notas sobre o Segundo Discurso*, nota 2 da página 171, p. 1345). O autor das notas sobre o *Segundo Discurso* das Obras Completas ainda adiciona que esta visão de Voltaire era compartilhada, também, pelos críticos contemporâneos a Rousseau, e arrola a seguinte passagem do *Journal des Savants*, em sua edição de junho de 1756, que aqui citamos na língua original: "Cette même perfectibilité qui avoit pû arracher les hommes à la stupide indolence de leur premier état...pouvoit-elle s'arrêter au milieu de sa course?" (OC, III, *Notas sobre o Segundo Discurso*, nota 2 da página 171, p. 1345).

127 OC, III, *Segundo Discurso*, p. 171.

possuindo sua humanidade, certa sociabilidade, e tendo atualizado sua liberdade e sua perfectibilidade. O ponto de inflexão e desenvolvimento deste período começa pela atividade das mãos, ação intimamente ligada à gênese antropológica e social.

Capítulo II

A Gênese do Trabalho

Ao final da primeira parte chegamos ao ponto no qual, tendo sido descrito o primeiro estado de natureza, conclui-se que as desigualdades naturais exercem pouca influência na condição em que vivem os primeiros homens.[1] Foi também estabelecido um cenário circular e sem história, no qual as faculdades propriamente humanas se encontram em potência: liberdade e perfectibilidade, dois traços distintivos que separam o homem do animal, não participam deste período, senão em estado de meras virtualidades. O puro estado de natureza apresenta sempre o mesmo "tom": é invariável, o tempo não transcorre, não é possível nele identificarmos os agentes da mudança e o selvagem permanece sem movimento.[2] Entretanto, tivessem permanecido eternamente neste estado, sem que tais capacidades entrassem em ato, os homens não teriam acesso às características que o definem como seres humanos, e tampouco conheceriam outros nobres sentimentos que posteriormente viriam a experimentar.[3]

---

1   Conclui Rousseau, ao final da primeira parte do *Segundo Discurso*: "Após ter provado que a desigualdade é pouco sentida no estado de natureza, e que sua influência neste é quase nula (...)" (OC, III, *Segundo Discurso*, p. 162).

2   Nos termos de Rousseau, o espetáculo da natureza apresenta "sempre a mesma ordem, são sempre as mesmas revoluções; não tem o espírito de espantar-se com as maiores maravilhas" (OC, III, *Segundo Discurso*, p. 144).

3   Cf. nota do *Contrato Social* (*Primeira Versão, Manuscrito de Genebra*), do *Capítulo I - A Preguiça e o Estado de Natureza*. Como vimos no capítulo indi-

Desta forma, sem ser definido por sua humanidade, permaneceria como um animal,[4] seus iguais no primeiro estado de natureza. A primeira parte do *Segundo Discurso* é construída de forma aporética:[5] a partir dela, é impossível pensar os desdobramentos que redundarão na origem das técnicas, da sociedade e do trabalho. Nem o selvagem e nem o primeiro cenário natural apresentam as causas necessárias para que o estado estático e de imobilidade seja abandonado.

No *Discurso Sobre a Desigualdade*, um "concurso fortuito de diversas causas"[6] entrará em movimento, liberando o até então contido rio da história,[7] permitindo o desenvolvimento da razão, o despertar da perfectibilidade, o uso da liberdade, e, junto a todos esses acontecimentos, a transformação gradual do homem em um ser depravado e sociabilizado. A descrição do imóvel estado de natureza construído na primeira parte do *Segundo Discurso* cede lugar a uma vertiginosa narrativa da história humana que, se de início era formada por apenas alguns indivíduos separados, passa a aumentar e ser constituída por pequenas e efêmeras associações, depois famílias, seguidas por sociedades iniciadas, mergulhando em um atroz estado de guerra e culminando com o pacto

---

cado, em referência a um trecho retirado do *Manuscrito de Genebra*, os homens não teriam acesso, à guisa de exemplo, ao amor da virtude, um dos mais deliciosos sentimentos da alma.

4   Na *Carta a Cristophe de Beaumont*, Rousseau escreve: "Neste estado [o primeiro estado de natureza] o homem só conhece a si mesmo; ele não vê seu bem-estar nem oposto e nem conforme ao de ninguém; não ama e nem odeia nada; *limitado somente ao instinto físico, ele é nulo, é animal*; foi o que fiz ver em meu *Discurso Sobre a Desigualdade*" (OC, IV, *Carta a Cristophe de Beaumont*, p. 936. Grifo nosso).

5   RADICA, Gabrielle. *L'histoire de la raison. Anthropologie, politique et moral chez Rousseau*. Paris: Honoré Champion, 2008, p. 109.

6   OC, III, *Segundo Discurso*, p. 162.

7   "A menor brecha produzida na plenitude fechada do estado de natureza deixará escoar as grandes águas de uma história ainda *contida*" (STAROBINSKI, Jean. OC, III, *Introductions. Discours sur "L'Origine de l'Inégalité"*, p. LVII, Paris: Gallimard, 1964; ed. bras., p. 394).

proposto pelo rico. Esta arrebatadora narrativa é composta, por sua vez, por diversos estágios sucessivos nos quais é elaborada a explicação do surgimento conjunto de diferentes instituições e realidades.[8] Dentre tais novidades, podemos destacar a origem das primeiras formas de trabalho que, transformando-se à medida que são estabelecidos os fundamentos que compõem cada fase do estado de natureza, emerge como noção que exercerá papel fundamental na construção da antropologia e da gênese sociológica formuladas por Rousseau.

Ao término da primeira parte do *Segundo Discurso*, sabemos portanto que, pelo estado de coisas até então descrito, o trabalho, para além de ser algo a ser evitado, é dispensável no primeiro estado de natureza: tal atividade não se integra como parte constitutiva original do ser humano e não é exigida por um ambiente que tudo fornece, composto por abundantes produções naturais. Não sendo característica originária do homem, trata-se de atividade historicamente constituída: poderíamos, então, situar seu surgimento na história, e analisar o momento e as circunstâncias de sua gênese, bem como constatar seus sucessivos desenvolvimentos e transformações. Tendo em vista certo pessimismo histórico marcante na filosofia de Rousseau,[9] desde logo poderia nos parecer, então, que ao surgir o trabalho será condenado ao posto de estigma, assim

---

8 RADICA, Gabrielle. *L'histoire de la raison. Anthropologie, politique et moral chez Rousseau*. Paris: Honoré Champion, 2008. p. 116.

9 "Uma das teses fundamentais do *Discurso Sobre a Origem da Desigualdade*", escreve Maria das Graças de Souza, "é que a história das instituições humanas corresponde à história da corrupção e da degradação progressiva dos homens" (SOUZA, Maria das Graças de. *Ilustração e História. O Pensamento sobre a história no Iluminismo Francês*. São Paulo: Discurso Editorial, 2001. p. 53). Starobinski também salienta e reafirma aquilo que chama de "pessimismo histórico" do *Segundo Discurso*, que seria "balanceado pelo otimismo antropológico, que é constante no pensamento de Rousseau" (STAROBINSKI, Jean. OC, III, *Introductions. Discours sur « L'Origine de l'Inégalité »*, p. LIX. Paris: Gallimard, 1964; ed. bras., p. 396).

como na versão da Gênesis contida nas Escrituras;[10] ele lançará o homem na história, abrirá o caminho para a reflexão e encontrar-se-á nas fundações que levarão à desigualdade. Ora, com o surgimento do trabalho, com a saída da ociosidade, tudo parece perdido: "a desigualdade começa logo que o repouso primitivo dá lugar ao devir",[11] argumenta Starobinski.

Entretanto, como entender que uma atividade manual ou certa espécie de trabalho estejam presentes no estado de juventude do mundo, uma época de ouro feliz, a "melhor para o homem"[12] e da qual ele "deve ter saído por algum funesto acaso que, para a utilidade comum, nunca deveria ter ocorrido"?[13] Como realizarmos a leitura, no caso dos escritos ditos "práticos" ou "realistas", de que o remédio para os males que assolam a Córsega seja o trabalho?[14] Ou, ainda, que o trabalho manual seja o tesouro dos genebrinos e dos *montagnons* de Neuchâtel?[15] Que Emílio,

---

10 Relembramos aqui a já citada narração bíblica: "no suor do teu rosto comerás o pão, até voltares ao solo, pois dele foste tirado" (Gênesis, 3, 19. Bíblia – Tradução Ecumênica. 5ª edição. São Paulo: Loyola, 1997, p. 29).

11 STAROBINSKI, Jean. OC, III, *Introductions. Discours sur "L'Origine de l'Inégalité"*, p. LVII, Paris: Gallimard, 1964; ed. bras., p. 394.

12 OC, III, *Segundo Discurso*, p. 171.

13 OC, III, *Segundo Discurso*, p. 171.

14 "É da ociosidade que provêm todos os vícios que até este momento perturbaram a Córsega. O tolo orgulho dos burgueses só faz envilecer e desencorajar o agricultor [*laboreur*]. Entregues à languidez e às paixões que ela provoca, mergulham na devassidão [*débauche*] e se vendem para satisfazê-la. O interesse os torna servis e a vadiagem [*faineantise*] os torna inquietos" (OC, III, *Projeto de Constituição para a Córsega*, p. 911). Um pouco mais adiante no texto, Rousseau vaticina: "Que os corsos, reconduzidos a uma vida laboriosa, percam o hábito de errar na ilha como bandidos; que suas ocupações iguais e simples os mantenham concentrados em suas famílias, lhes deixem poucos interesses para esclarecer entre eles! Que seu trabalho lhes forneça facilmente a subsistência, deles e de suas famílias!" (OC, III, *Projeto de Constituição para a Córsega*, p. 918).

15 Rousseau defende que o tesouro de Genebra é bom emprego do tempo, isto é, a ocupação constante de seus cidadãos com o trabalho: o teatro de Paris, assim, viria instaurar um deslocamento nesse mesmo emprego de tempo, e instauraria momentos de inatividade e ócio. Em relação aos *montagnons* de Neuchâtel, Rousseau assim os descreve que eles "se ocupam com mil trabalhos divertidos

destinado a aprender artesanato e mil ofícios manuais, tenha como primeira lição a noção de propriedade através do trabalho, atividade pela qual fará florescer sua humanidade?[16]

Antes de detratarmos o trabalho (ou, ainda, certa atividade manual), e de o relegarmos ao cargo de estigma no interior da filosofia de Rousseau, observemos de perto sua gênese e as circunstâncias que em torno dela gravitam, bem como de que maneira tal atividade é pensada e descrita na ocasião de seu surgimento. Primeiramente, cumpre examinarmos se há propriamente trabalho nos períodos entre a saída do puro estado de natureza e a fundação da sociedade, e quando, exatamente, podemos utilizar o termo trabalho. Em segundo lugar, e em caso de resposta afirmativa à primeira investigação, devemos em seguida procurar bem estabelecer os diferentes momentos nos quais estas atividades – ou ainda, estes *trabalhos* – se realizam, a fim de analisarmos sua descrição e aquilo que os caracteriza, bem como refletir sobre suas implicações na economia interna do *Segundo Discurso* e do *Ensaio*. Somente após nos debruçarmos cuidadosamente sobre os elementos que circundam e ocasionam

---

que expulsam o tédio de seu abrigo e aumentam o bem-estar" (OC, V, *Carta a D'Alembert*, p. 56).

16 Arrolamos a seguinte passagem de Natalia Maruyama, que sintetiza de maneira precisa nosso argumento: "No *Emílio*, paralelamente à introdução das primeiras ideias concernentes às relações sociais baseadas nos interesses particulares, como as ideias de propriedade, de troca e de trabalho, são criadas as condições para que nasçam as *primeiras sementes de humanidade* no coração de Emílio (*E*, IV, Pl. 502)" (MARUYAMA, Natalia. *A Contradição entre o Homem e o Cidadão – Consciência e Política Segundo JJ Rousseau*. São Paulo: Humanitas: FAPESP, 2001, p. 46). No mesmo sentido, Éliane Martin-Haag argumenta que a realização da humanidade, em Emílio, deve necessariamente passar pela apreciação do trabalho: "É preciso, então, para que o homem se realize, que ele trabalhe: é uma das originalidades da educação de Emílio, que realiza a experiência da resistência da natureza ou a experiência da necessidade através de seu trabalho como carpinteiro. A humanização da natureza e de seus materiais liga-se, no trabalho, com o tornar-se outro, isto é, com um aumento da potência de existir e de existir em sociedade". (MARTIN-HAAG, Éliane. *Rousseau ou la conscience sociale des lumières*. Paris: Honoré Champion, 2009, p. 338).

seu nascimento e realizarmos uma análise de suas circunstâncias é que poderemos, então, julgá-lo, e, posteriormente, avaliarmos e observarmos suas transformações.

O acaso e a vocação: os acidentes naturais e a separação entre o homem e a natureza

Descrita a primeira fase do estado de natureza no *Segundo Discurso*, surge a questão sobre o modo pelo qual se realizará o desdobramento histórico: se não é necessário nem atividade e nem cultivar a terra, que é naturalmente fértil e tudo produz, como poderia este homem, então, "atormentar-se com a cultura de um campo do qual o despojaria o primeiro a chegar"[17] ou resolver a passar a vida "em um trabalho penoso, cujo prêmio está tanto mais seguro de não recolher quanto de ser-lhe muito necessário"?[18] Vimos que *qualquer trabalho é vão e sem utilidade no primeiro estado de natureza, sendo até mesmo inconcebível*, pois o homem vive para o instante, e tudo aquilo que necessita lhe é prontamente fornecido pelas produções da natureza, isto é, não há diferença temporal entre a necessidade e a satisfação, que ocorrem simultaneamente:

> Vejo-o saciando-se sob um carvalho, refrigerando-se no primeiro riacho, encontrando sua cama ao pé da mesma árvore que lhe forneceu o repasto e, deste modo, eis suas necessidades satisfeitas.[19]

Em suma,[20] por um lado podemos concluir da primeira parte do *Segundo Discurso* que *o homem não é um ser originariamente trabalhador*. Por outro lado, se não há trabalho, o homem também não possui sua

---

17 OC, III, *Segundo Discurso*, p. 145.

18 OC, III, *Segundo Discurso*, p. 145.

19 OC, III, *Segundo Discurso*, p. 135.

20 No quadro que compõe o puro estado de natureza, está obstada qualquer possibilidade de atividade, não havendo motivos para que o homem se esforce ou labore. Sua própria constituição corporal encontra-se em acordo com os frutos

TRABALHO E ÓCIO

humanidade, senão aquela que se encontra adormecida junto às faculdades potenciais. O acaso desempenhará, como veremos mais adiante, função crucial nos estímulos ao desenvolvimento da revolução técnica,[21] desde a primeira utilização de instrumentos rústicos até as mudanças que culminarão na descoberta da metalurgia.

Para fazer com que ele saia de seu isolamento, já que por si próprio sempre permaneceria em seu estado sem a necessidade de seu semelhante (na ociosidade paradisíaca não precisavam *do outro* para satisfazer suas necessidades), Rousseau lança mão das revoluções e catástrofes naturais para que o encontro forçoso ocorra: "as associações de homens são, em grande parte, obra dos acidentes da natureza".[22] No *Segundo Discurso*, as provocações que retiram os indivíduos do quadro estático de natureza e de seu estado de indolência originário são movimentos externos marcados por alterações naturais, climáticas e geográficas que causam abalos e impõem obstáculos. Retirado de sua unidade com a natureza, precisa,

---

que a natureza lhe propicia: em um esticar de mãos ele alcança o necessário para sua subsistência.

21 Segundo Radica, a concepção rousseauísta de técnica dialoga (e também é muito devedora) com a visão de Diderot, Mandeville e Condillac sobre o tema e, assim, um estudo que pretenda dar conta desta concepção deve voltar seus esforços à compreensão do pensamento sobre a técnica de cada um destes autores. Como a concepção de técnica não compõe o escopo principal de nossos exames, não nos cabe aqui nos estendermos longamente sobre o assunto. Entretanto, parece-nos importante destacar que, ao explicar algumas passagens do verbete "Art" de Diderot, escrito para a *Encyclopédie*, Radica ressalta como a teoria do papel das contingências naturais e da imitação teria influenciado Rousseau no *Segundo Discurso*: o acaso pode estar "(...) pronto a fornecer matéria para as melhorias e novos usos por imitação humana desta produção fortuita da natureza. É preciso aproximar essa teoria diderotiana dos textos do *Segundo Discurso*, onde Rousseau imagina que os primeiros metalurgistas devem ter observado um vulcão cuspir fogo para ter ideia de imitar esta operação da natureza. Como em Bacon, e, em seguida, em Diderot e D'Alembert, o acaso tem um papel na invenção científica: o vulcão é um evento 'extraordinário'" (RADICA, Gabrielle. *L'histoire de la raison. Anthropologie, politique et moral chez Rousseau*. Paris: Honoré Champion, 2008, p. 103).

22 OC, V, *Ensaio Sobre a Origem das Línguas*, Cap. IX, p. 402.

com suas próprias mãos, prover sua subsistência: o homem "é expulso de sua felicidade ociosa: emancipa-se, e doravante depende do *de fora*".[23]

Um novo estado de coisas substituirá o cenário de *felicidade ociosa*. Em um trecho dos *Fragmentos Políticos*, lemos que os acidentes naturais são abalos, produzindo revoluções que alteram a conformação da superfície do globo:

> Tremores de terra, vulcões, incêndios, inundações, dilúvios, mudando repentinamente, com a face da terra, o curso que tomavam as sociedades humanas, combinaram-nas de uma nova maneira, e estas combinações, cujas primeiras causas eram físicas e naturais, tornaram-se, graças ao tempo, as causas morais que, mudando o estado de coisas, produziram guerras, emigrações, conquistas, enfim, revoluções que preenchem a história e das quais consideramos obras dos homens, sem remontar o que os fez assim agir.[24]

Após examinar a maneira pela qual o desenvolvimento das faculdades atua na filosofia de Rousseau, e de que forma este movimento filosófico concilia-se de modo a formar uma unidade de pensamento no conjunto da obra rousseauniana, Derathé aponta a dificuldade de harmonizar e interpretar as explicações de Rousseau acerca da saída do puro estado de natureza. Em seguida, depois de constatar as diferenças que, nesta questão, operam entre o *Ensaio Sobre a Origem das Línguas* e o

---

23 STAROBINSKI, Jean. OC, III, *Introductions. Discours sur "L'Origine de l'Inégalité"*, p. LX, Paris: Gallimard, 1964; ed. bras., p. 396. Starobinski utilizou o termo *sevré*, do verbo *sevrer*, que em língua portuguesa seria literalmente traduzido como *desmamar*. Optamos aqui por traduzi-lo como "emancipar-se", preservando o sentido mais preciso dado à expressão e tendo em vista o contexto no qual é utilizada: o homem, antes em unidade com a natureza e dela tudo recebendo para sua sobrevivência (inclusive sua alimentação, que recebia com pouco esforço), encontra-se, a partir de então, obrigado a prover sua subsistência por meio de suas próprias mãos.

24 OC, III, *A Influência dos Climas Sobre a Civilização*, p. 533.

Discurso Sobre a Desigualdade,[25] Derathé afirma que "a passagem do estado de natureza ao estado civil, ou se quisermos a passagem da vida puramente instintiva à vida racional, permanece *a parte mais frágil do sistema de Rousseau*".[26] Goldschmidt argumenta, por sua vez, que, no *Discurso Sobre a Desigualdade*, Rousseau *deliberadamente* evita examinar e expor em grandes detalhes o funcionamento das causas que retiram o homem de seu estado inicial, propondo apenas considerações gerais sobre o assunto, uma vez que sua preocupação essencial consiste em acompanhar os progressos do espírito humano: "se a causalidade é partilhada equitativamente entre o 'concurso fortuito de diversas causas estranhas' e a perfectibilidade que ela põe em movimento, é evidente, enfim, que é esta última que compõe essencialmente o objeto de análise".[27] Sem ignorarmos os debates e as dificuldades existentes acerca da reflexão sobre os mecanismos ou circunstâncias que, no interior da filosofia de Rousseau, retiram o homem do estado puro de natureza, importa-nos aqui ressaltar que, ao fim e ao cabo, serão as mudanças ocorridas na dinâmica da natureza e os acidentes do meio natural que ocasionarão a aproximação dos homens, transformando-os e estimulando a atualização de suas faculdades latentes, a perfectibilidade e a liberdade.

Observando as considerações e ressalvas acima expostas, lemos a seguinte passagem no capítulo IX do *Ensaio Sobre a Origem das Línguas*: "aquele que desejou que o homem fosse sociável, tocou o dedo no eixo do globo e inclinou-o sobre o eixo do universo. Com este leve movimento, vejo a face da terra transformar-se e decidir-se a vocação do gênero

---

25 Isto é, sobre o papel do Providência no *Ensaio* e sobre as "causas fortuitas" no *Discurso Sobre a Desigualdade*: se no *Ensaio* a intervenção da Providência é imprescindível e dirige os homens em direção à sociabilização, no *Segundo Discurso* as causas fortuitas e externas não são absolutamente necessárias.

26 DERATHÉ, Robert. *Le Rationalisme de Jean-Jacques Rousseau*. Paris: PUF, 1948, p. 19 (grifo nosso).

27 GOLDSCHMIDT, p. 406.

humano".[28] O *piparote*[29] do *Ensaio* altera o mundo e estabelece uma ordem completamente nova, organiza um novo *cosmos*: a natureza, antes generosa, torna-se hostil; os homens, antes esparsos, criam os primeiros vínculos de aproximação que, sendo progressivamente desenvolvidos, terminarão por engendrar consequências funestas que apertarão cada vez mais os laços da dependência. Eis as consequências de um mexer de dedos: um ligeiro deslocamento e o mundo transforma-se radicalmente. É preciso ainda, nesta nova conformação exigida pela Terra, que a indolência originária seja incubada, isto é, posta em latência: o estado ocioso é sucedido por um mundo caótico que exige uma atividade incessante.

O movimento do piparote carrega consigo uma mensagem que não admite demora na resposta: "Inclinar o dedo no eixo do mundo ou dizer ao homem: 'Cobre a terra e sê sociável'; isto foi a mesma coisa para Aquele que não tem necessidade nem de mãos para agir, nem de voz para falar".[30] Os homens, entretanto, precisaram a partir desta mudança agir com suas mãos e necessitaram da voz para falar[31]; surgiram as primeiras atividades manuais e, com as famílias, os trabalhos moderados, detalhadamente descritos no *Ensaio Sobre a Origem das Línguas*, realizados para contornar os obstáculos; paulatinamente, nasceriam as primeiras línguas para que pudessem se comunicar. Doravante defrontados com uma natureza hostil e avara, que a partir do piparote recusará a entregar suas produções naturais aos indolentes, o amor de si protesta instigado pelas circunstâncias, começa a clamar mais alto e irá sobrepor-se a outro

---

28 OC, V, *Ensaio Sobre a Origem das Línguas*, p. 401.

29 A termo francês é *chiquenaude* – o *piparote* – e é utilizado por Derrida para se referir a este "movimento de dedo": "Ora, o piparote, o 'leve movimento', produz uma revolução a partir de nada. É suficiente que a força daquele que toca o dedo no eixo do globo seja exterior ao globo" (DERRIDA, Jacques. *De la Grammatologie*. Paris: Minuit, 1967. p. 363; ed. bras., p. 312).

30 OC, III, *A Influência dos Climas Sobre a Civilização*, p. 531.

31 Segundo Rousseau, "a terra nutre os homens, mas, quando as primeiras necessidades os dispersam, outras necessidades os reúnem, e é somente então que eles falam e fazem falar de si" (OC, V, *Ensaio Sobre a Origem das Línguas*, Cap. IX, p. 401).

atributo natural, que deverá então ser reprimido sob risco de extinção do homem: é preciso tornar-se ativo para vencer os obstáculos e garantir a sobrevivência. Goldschmidt indica de maneira precisa o papel do amor de si nas primeiras horas da saída do puro estado de natureza:

> Vimos que os homens deixam o primeiro estado de natureza quando as 'dificuldades' se apresentam e as 'labutas' se multiplicam. Dito de outra maneira, quando o amor de si não mais encontra como satisfazer-se facilmente e quando ele é contrariado, não por conta dos outros homens, mas pelo resultado do ambiente natural.[32]

O "atributo antropológico da preguiça", que deve "corresponder ao atributo geológico da inércia",[33] deve ser posto em espera para que a vida seja possível: é necessário que as mãos sejam postas em ação, que o corpo saia da inatividade, ou seja, é preciso tornar-se ativo para confrontar a natureza. O movimento do globo instaura o *devir* histórico e tornará, por fim, inevitável o advento de certa categoria de trabalho.

Ora, a natureza, tornando-se avara, passará então a esconder seus frutos. Trajando um *espesso véu* que faz obscurecer a fertilidade, separando aquilo que pode produzir daquilo que de fato então disponibilizará, e visando encobrir seus segredos e funcionamentos,[34] ela passa também a arrancar da terra as benesses que voluntariamente oferecia e a ocultar

---

32 GOLDSCHMIDT, Victor. p. 413.

33 DERRIDA, Jacques. *De la Grammatologie*. Paris: Minuit, 1967, p. 363. ed. bras., p. 312.

34 A expressão *véu espesso* é de Rousseau, e encontra-se no *Discurso Sobre a Ciência e as Artes*. No contexto em que se encontra a palavra, Rousseau visava criticar aquilo que Pierre Hadot denomina de uma tradição de crítica da *atitude prometeica*, isto é, a pretensão e curiosidade dos homens da ciência e das técnicas em destrinchar e desvendar os segredos da natureza. Eis a passagem do *Primeiro Discurso*: "O véu espesso com que ela cobriu todas suas operações parecia advertir-nos suficientemente de que não nos destinou a pesquisas vãs. Mas há, entre suas lições, alguma que tenhamos sabido aproveitar, ou que tenhamos negligenciado impunemente? Povos, sabei pois, de uma vez, que a natureza nos quis pre-

dos homens os produtos naturais que antes brotavam de maneira espontânea. Será preciso dominar e agir sobre e contra a natureza para conseguir o necessário para a sobrevivência; em outras palavras, será preciso tornar-se ativo e conquistar o imprescindível para a vida.

Tais acidentes causam graves rupturas, fazendo os homens abandonarem temporariamente sua indolência para, por meio de atividades em conjunto, superarem as dificuldades então impostas pela natureza.[35] Quando as condições do meio ambiente se tornam hostis, será preciso vencê-las; é preciso contrapô-las com a atividade e é a partir deste movimento que se desenvolverá uma primeira divisão entre o homem e a natureza: "a Natureza", escreve Olgária Matos, "é o 'primeiro outro' que o homem alcança".[36] Que espécie de trabalho poderia encontrar-se no momento dessa cisão e ser instrumento essencial que demarca essa separação?

O despertar antropológico pelo surgimento dos primeiros trabalhos

Séries de mudanças fortuitamente ocorridas tornam-se, portanto, responsáveis por lançar os homens em uma nova situação; não fosse o

---

servar da ciência, como uma mãe arranca uma arma perigosa das mãos de seu filho" (OC, III, *Discurso Sobre as Ciências e as Artes*, p. 15).

35 Em seu *Cours sur Rousseau*, Louis Althusser ressalta o movimento que relaciona a saída do estado puro de natureza com o advento dos obstáculos naturais, recordando ainda que, a partir de então, o homem deverá trabalhar para conseguir sua subsistência: "É somente na continuação do *Segundo Discurso*, depois dos grandes acidentes cósmicos que farão o estado puro de natureza sair de seu círculo infinito, quando aparecem as estações, quando as árvores crescem, que, então, a natureza irá tornar-se distante e hostil e que o homem deverá dela arrancar, e o termo é de Rousseau, ao custo de labuta [*peine*] e de trabalho, sua alimentação" (ALTHUSSER, Louis. *Cours sur Rousseau (1972)*. Organização e prefácio por Yves Vargas. Paris: Le Temps des Cerises, 2012, p. 143).

36 MATOS, Olgária. *Rousseau – uma Arqueologia da Desigualdade*. São Paulo: MG, 1978, p. 61.

TRABALHO E ÓCIO

101

acaso, teriam "permanecido eternamente em sua condição primitiva".[37] Isto significa dizer que, na economia interna no *Segundo Discurso*, um "concurso fortuito de diversas causas"[38] introduzirá o movimento necessário para que, finalmente, o homem entre em seu período histórico do estado de natureza, permitindo a atualização da perfectibilidade, o desenvolvimento da razão, o uso da liberdade, e, contemporâneo a estes acontecimentos, a progressiva transformação do homem em um ser sociabilizado.[39] Condensando em algumas palavras, Rousseau deverá analisar "os diferentes acasos que teriam podido aperfeiçoar a razão humana e (...) conduzir, enfim, o homem e o mundo ao ponto em que o vemos".[40]

---

37 OC, III, *Segundo Discurso*, p. 162.

38 OC, III, *Segundo Discurso*, p. 162.

39 A respeito da narração da gênese das faculdades humanas, Derathé analisa o estatuto da atualização destas potencialidades humanas no *Segundo Discurso* da seguinte maneira: "Contudo, mesmo se atendo ao *Discurso Sobre a Desigualdade*, percebemos que a natureza do homem não é inteiramente dada ou atualizada no estado de natureza. O que distingue o homem dos animais é, com efeito, com a liberdade ou sua qualidade de agente livre, sua perfectibilidade e outras faculdades 'virtuais' que eles receberam 'em potência' da natureza, como a razão, a imaginação e a consciência. Estas faculdades virtuais, que, no estado de natureza, são 'supérfluas' e como que em estado de sono, só podem atualizar-se ou tornar-se ativas com a vida em sociedade, que é a condição de seu exercício. A vida social as faz passar da potência ao ato, pois elas são, segundo a fórmula de Durkheim, os instrumentos de adaptação ao meio social, como o instinto é instrumento de adaptação ao meio físico" (DERATHÉ, Robert. *L'homme selon Rousseau*. In: *Pensée de Rousseau*. Org. Gérard Genette e Tzvetan Todorov. Paris: Seuil, 1984, p. 112).

40 OC, III, *Segundo Discurso*, p. 162. Eis a situação lamentável a qual chegamos, conforme descrição ao final do *Segundo Discurso*: "O cidadão, sempre ativo, cansa-se, agita-se, atormenta-se sem cessar para encontrar ocupações ainda mais laboriosas: trabalha até a morte, até corre ao seu encontro para pôr-se em condição de viver ou renuncia à vida para adquirir a imortalidade. Corteja os grandes, que odeia, e aos ricos, que despreza: nada poupa para obter a honra de servi-los. Vangloria-se orgulhosamente de sua baixeza e da proteção deles e, orgulhoso de sua escravidão, fala com desdém daqueles que não têm a honra de compartilhá--la" (OC, III, *Segundo Discurso*, p. 192).

Ora, mas quais são os *diferentes acasos* que concorrem para esta mudança radical? O modelo de exame oferecido por Rousseau tem como fundamento a análise conjunta dos fatores que terminam por instaurar e construir o tempo histórico:[41] as transformações antropológicas, da sociedade, das línguas, do entendimento, das paixões e das necessidades, da economia, do trabalho, enfim, dos mais variados fenômenos e instituições, devem sempre ser examinados solidariamente e sincronicamente a uma miríade de outros fatores que os cercam.

Acompanharemos ao longo dos parágrafos do *Discurso Sobre a Desigualdade* que o desenvolvimento da razão tem estreita ligação com o conhecimento e progressos das técnicas, do trabalho, da economia: ao estudo tradicional do direito natural e à construção do estado puro de natureza, Rousseau integra, segundo Radica, estes "dados tradicionalmente heterogêneos",[42] que explicam o aperfeiçoamento[43] do homem em direção à sociedade. A análise de Rousseau acerca do nascimento e progresso das faculdades humanas é, portanto, realizada de maneira simultânea à análise do surgimento e desenvolvimento dos trabalhos, das técnicas, da linguagem e de outros fenômenos que se constituem mediante uma dependência recíproca de vários fatores e que são os alicerces e as condições formadoras das sociedades, mas que, ao mesmo tempo, evoluem e se alteram à medida que a própria sociedade se desenvolve.

---

41 Gabrielle Radica enfatiza, em Rousseau, a necessidade da análise conjunta de fatores que ocasionam as modificações às quais o homem se submete: "Rousseau é consciente que é preciso apresentar conjuntamente causas tão heterogêneas quanto os 'acasos' e os 'conhecimentos', se nos interessarmos pela antropologia" (RADICA, Gabrielle. *L'histoire de la raison. Anthropologie, politique et moral chez Rousseau*. Paris: Honoré Champion, 2008. p. 110). Mais adiante, ao referir-se à gênese e progresso das paixões e do entendimento, ressaltando a interdependência destes dois fenômenos, a autora afirma que: "a novidade das análises rousseauístas consiste não tanto em cada uma das proposições tomadas isoladamente, mas sim em sua solidariedade que abre o tempo da história e do progresso" (Ibid. p. 115).

42 RADICA, Gabrielle. *L'histoire de la raison. Anthropologie, politique et moral chez Rousseau*. Paris: Honoré Champion, 2008, p. 101.

43 No sentido de perfectibilidade.

Trabalho e ócio

A saída da indolência natural para as atividades manuais e criação de instrumentos rudimentares, neste sentido, operará como um elemento essencial para a compreensão das condições de surgimento e progresso do gênero humano.

A passagem da inação para a ação, bem como o surgimento de uma atividade humana transformadora da natureza e que permite contornar as dificuldades então impostas pelo meio ambiente, serão pontos de inflexão fundamentais para o desenvolvimento da antropologia de Rousseau: ao acompanharmos o surgimento e o desenvolvimento histórico do trabalho, em paralelo ao gradual abandono do homem natural em direção ao nascimento do "homem do homem",[44] poderemos explicar como tornou-se possível seu aperfeiçoamento, atualizando qualidades antes potenciais. Starobinski salienta essa importância ao alçar o *trabalho*, como categoria geral, à condição de fio condutor de "páginas admiráveis" do *Segundo Discurso*:

> Em algumas páginas admiráveis Rousseau nos mostra como, pelo trabalho, o homem sai da condição animal e descobre o conflito dos contrários (...) Assistimos às transformações que afetam o homem interior à medida que ele modifica sua relação com o mundo exterior.[45]

Neste sentido, dentre tal concurso de causas é possível identificarmos determinadas atividades que exercem papel central no *despertar antropológico*: a atividade manual (com a consequente saída da inação),

---

44 A imagem do estado de natureza, portanto, seria uma escala para que se possa medir o desvio ou afastamento de cada civilização. Assim, Starobinski argumenta que "tudo que difere da pobreza ideal do estado primitivo deve ser tido como invenção humana, fato de cultura, modificação do homem por ele próprio. Assim, podemos saber onde cessa o homem da natureza e onde começa o homem do homem" (STAROBINSKI, Jean. OC, III, *Introductions. Discours sur "L'Origine de l'Inégalité"*, p. LVII. Paris: Gallimard, 1964; ed. bras., p. 395).

45 STAROBINSKI, Jean. OC, III, *Introductions. Discours sur "L'Origine de l'Inégalité"*, p. LXI. Paris: Gallimard, 1964.; ed. bras., p. 398 (grifo nosso).

o surgimento da técnica rudimentar e de um trabalho primitivo, que se opondo aos obstáculos quase insuperáveis impulsionarão o nascimento dos primeiros movimentos da reflexão e que, sendo ao mesmo tempo atividades que são a atualização e a primeira expressão de características distintivamente humanas (a liberdade e a perfectibilidade), permitem ao homem o despertar de sua humanidade e o desenvolvimento de outros doces sentimentos tipicamente humanos. Uma outra passagem de Starobinski sintetiza de forma precisa a transformação do homem em um *ser humano* pelo trabalho:

> À suficiência ociosa do estado de natureza sucede um estado de carência perpetuamente insatisfeito: o homem esquece de si mesmo em seu trabalho, no qual se torna escravo das coisas e dos outros homens. *O trabalho, no entanto, torna o homem humano, eleva-o acima da condição dos animais: doravante, o homem se define como o ser laborioso e livre que emprega meios e instrumentos pelos quais se opõe à natureza para transformá-la.*[46]

A história do trabalho e seu desenvolvimento em diferentes categorias é, assim, um ponto de partida para a compreensão da própria história do homem que se pretende analisar.

Fazer instrumental e trabalho primitivo: a gênese da história e o despertar das faculdades a partir da gênese do trabalho

O exercício do corpo, antes representado pelo mero esforço instintivo que se harmoniza com a indolência originária, transforma-se e ganha novas finalidades no instante da ruptura do equilíbrio estático que caracteriza o primeiro estado de natureza e, instigando o homem a

---

46 STAROBINSKI, Jean. *Jean-Jacques Rousseau: la transparance et l'obstacle*. Paris: Gallimard, 1971, p. 132-133; ed. bras., p. 148-149 (grifo nosso).

Trabalho e ócio

adquirir certas habilidades,[47] imprime o movimento necessário para os primeiros passos da perfectibilidade. Neste quadro de coisas, a atividade e o movimento fazem com que o estado de natureza seja "despojado de seu caráter estático".[48]

É a própria Providência que, criando a ocasião propícia, estimulará o florescimento das faculdades.[49] Trata-se de movimento indispensável e, neste sentido, Derathé argumenta que "a ideia fundamental de Rousseau é que, por uma sabedoria da natureza, as faculdades do homem somente se desenvolvem no momento em que elas se tornam necessárias para sua conservação".[50] O homem aperfeiçoa-se no contato com o meio ambiente, que o afronta com hostilidade: a perfectibilidade passa a produzir seus efeitos no momento em que as circunstâncias externas o forçam a se engajar em uma atividade corporal e a se contrapor às adversidades, obrigando-o a uma adaptação ao meio natural. Assim, tendo em vista sua sobrevivência, uma vez encontrando-se em uma situação que exige a superação dos obstáculos impostos pelo meio ambiente, é preciso que todas suas habilidades, forças e faculdades latentes, antes adormecidas no ocioso estado primitivo, sejam despertadas e postas em prática. As forças exteriores[51] dão início a um processo de mudança interna dos

---

47 Segundo Rousseau, os exercícios obrigaram os homens recém-saídos do estado puro de natureza a adquirir habilidades então inexistentes: "foi preciso tornar-se ágil, rápido na carreira, vigoroso no combate" (OC, III, *Segundo Discurso*, p. 165).

48 GOLDSCHMIDT, Victor, p. 402.

49 A Providência assegura o desenvolvimento das faculdades apenas quando seu uso for necessário, isto é, em uma condição na qual sua atualização é dispensável e até mesmo onerosa, elas não teriam surgido: "Deveu-se a uma Providência bastante sábia que as faculdades que ele possuía em potência somente devessem se desenvolver nas ocasiões de se exercerem, a fim de que não lhe fossem nem supérfluas e nem onerosas antes do tempo, nem tardias e inúteis frente à necessidade" (OC, III, *Segundo Discurso*, p. 152).

50 DERATHÉ, Robert. *Le Rationalisme de Jean-Jacques Rousseau*. Paris: PUF, 1948, p. 9.

51 Em resposta a Philopolis (pseudônimo de Charles Bonnet), Rousseau, retomando suas reflexões sobre a atualização das faculdades pela perfectibilidade, adi-

homens,[52] modificando-os e tornando-os capazes de adaptarem-se ou resistirem às condições do meio no qual se encontram.

Esta capacidade de mudança, que o animal é incapaz de realizar, atualiza-se com o chamado à superação dos obstáculos: a faculdade de aperfeiçoar-se é apenas posta em marcha quando o exercício do corpo e a realização de uma atividade manual são intimados pelo amor de si a se contraporem às hostilidades da natureza. É necessário, portanto, que o meio ambiente circundante seja transformado para que a vida seja possível, e será o homem o responsável por empenhar-se na mudança. Uma atividade manual iniciada, ou antes, um trabalho primitivo, será o instrumento pelo qual esse aperfeiçoamento se explicita e se objetiva: com a bem sucedida oposição da atividade humana à natureza, o indivíduo sai de sua passividade para fazer eclodir suas faculdades potenciais. Isto é, a partir do momento no qual, buscando adaptar-se ao ambiente, o homem passa a realizar um trabalho iniciado, ele ativa as características que o distinguem como um *ser humano*. Poderemos, entretanto, realmente chamar de trabalho esta atividade? E, em caso afirmativo, podemos entendê-lo como um conceito geral de trabalho?

* * *

O homem precisa tornar-se ativo e recorrer à criatividade para vencer os obstáculos, a fim de preencher o espaço agora existente entre sua potência e sua necessidade. Com a ruptura, surge a experiência

---

ciona que tais desenvolvimento sobrevêm, "como já havia provado, com a ajuda de certas circunstâncias exteriores que puderam ou não ocorrer, ou ao menos ocorrer mais cedo ou mais tarde, e, por consequência, acelerar ou retardar o progresso" (OC, III, *Carta de Jean-Jacques Rousseau ao senhor Philopolis*, p. 232).

52 No argumento de Starobinski, é mediante o contato com os obstáculos que o homem toma consciência de si e daquilo que se encontra em seu entorno: "a perfectibilidade, potência latente, não manifesta seus efeitos a não ser com a *ajuda das circunstâncias*, quando o obstáculo e a adversidade obrigam os homens, para sobreviver, a mostrar todas as suas forças e todas as suas faculdades" (*Introductions. Discours sur « L'Origine de l'Inégalité »*, p. XLII. Paris: Gallimard, 1964; Ed. bras.: p. 378).

TRABALHO E ÓCIO

da *falta*: o homem, abandonado pela natureza antes pródiga, e devendo agir diante da escassez de alimentos, encontra-se na contingência de satisfazer uma carência antes inexistente e de perceber o vazio que agora se encontra entre a necessidade e a satisfação; há uma distância que o separa das produções naturais, vitais para a conservação do corpo. Será preciso que se veja diante desta *novidade de ausência*[53] para que possa, então, tomar as medidas necessárias para supri-la. Por outro lado, o desejo distancia-se de sua imediata e plena satisfação no momento em que o homem precisa tornar-se ativo para sobreviver: inaugura-se um espaço entre o querer e sua realização. A estabilidade do estado puro de natureza jamais será recuperada, pois "é somente no estado primitivo que o equilíbrio do poder e do desejo é reencontrado".[54] Finalmente, não é mais possível permanecer ocioso diante de um meio ambiente adverso e que se recusa a entregar aquilo que é necessário para a subsistência, senão sob o próprio risco de desaparecimento da vida e da própria espécie: é preciso conquistar a subsistência com as próprias mãos.

Esta condição dirige os homens a adquirirem aquilo que, no *Segundo Discurso*, Rousseau chama de uma *nova indústria (nouvelle industrie)*,[55] o que conduzirá ao surgimento de diferentes modos de vida:

---

53 O homem atualizará suas potências à medida que os eventos históricos sucedem e quando causas externas as puserem em movimento. Se a natureza tudo propiciasse, os homens viveriam perenemente tendendo ao repouso, já que teriam acesso a tudo que o meio ambiente oferece; assim, seus desejos também não se expandiam. Nos termos de Starobinski: "o desejo, circunscrito no limite estreito do instante, não ultrapassa jamais a estrita medida da necessidade, e esta, inspirada somente pela natureza, é muito rapidamente satisfeita para que surja a consciência de uma falta; a floresta original provê a tudo" (STAROBINSKI, Jean. OC, III, *Introductions. Discours sur "L'Origine de l'Inégalité"*. p. LVI. Paris: Gallimard, 1964; ed. bras., p. 393). A este respeito, também conferir as considerações acerca da citação evocada em notas do *Capítulo I*, item *Por que trabalhar?*.

54 OC, IV, *Emílio*, Livro II, p. 304; ed. bras., p. 75.

55 Também podemos recordar aqui, tendo em vista o cuidado de compreender o sentido do termo na economia interna do *Segundo Discurso*, que, conforme demonstrado na *Introdução* do presente livro, o termo *Industrie* era empregado como significando "trabalho manual", rudimentar ou primitivo.

alguns pescam, outros caçam; alguns cavam poços, outros fazem casacos de pele. No *Ensaio Sobre a Origem das Línguas*, tais atividades serão descritas com o termo *trabalho (travail)*. Mas estas atividades somente tornam-se possíveis exatamente por exigirem certo engenho e a utilização de instrumentos: não será, como nos animais, uma atividade derivada do movimento puramente instintivo, mas sim uma *ação dotada de liberdade e que se configura como expressão instrumental da perfectibilidade*. Isto significa dizer que se trata de uma atividade distintivamente humana. Observamos neste ponto a gênese de uma atividade que se configura como um *trabalho manual e primitivo, um trabalho iniciado*. Utilizando o conceito de trabalho segundo uma categoria geral, assim argumenta Starobinski, ao afirmar que o trabalho surge precisamente no momento do contato com o obstáculo, precedendo o nascimento da reflexão: "ao obstáculo natural opõe-se o trabalho; este provoca o nascimento da reflexão, que produz 'o primeiro movimento de orgulho'".[56] Marc Fabien repete a fórmula de Starobinski, ao lembrar-nos que "é sob a impulsão da necessidade e pelo trabalho que a razão se desenvolve".[57] Finalmente, é neste mesmo sentido o argumento de Denis Faïck de que o trabalho permitirá a adaptação ao meio hostil e atualizará as faculdades latentes: "lançado na atividade laboriosa, o homem garante a sua adaptação ao meio ambiente e empresta a voz da humanidade".[58] Observadas as sucessivas fases do estado de natureza, cada qual composta e descrita segundo as condições estruturais que apresenta, cumpre desde logo ressalvarmos que nos referimos a um *trabalho primitivo*, uma atividade que correspon-

---

56 A passagem, no original em francês, tem a seguinte redação: "A l'obstacle naturel s'oppose le *travail*; celui-ci provoque la naissance de la réflexion, laquelle produit 'le premier mouvement d'orgueil'" (STAROBINSKI, Jean. *Jean-Jacques Rousseau: la transparance et l'obstacle*. Paris: Gallimard, 1971. p. 42. Grifo nosso).

57 FABIEN, Marc. *Rousseau et le mal social. Réfutation d'une lecture manichéenne du Discours sur l'origine de l'inégalité* in *Annales de la Société Jean-Jacques Rousseau*, volume XLIII, p. 59-106. Genève: Droz, 2001. p. 87.

58 FAÏCK, Denis. *Le Travail. Anthropologie et Politique. Essai sur Rousseau*. Genève: Droz, 2009, p. 79.

TRABALHO E ÓCIO

de à conjuntura e às circunstâncias nas quais os homens se encontram; em outras palavras, trata-se de adequar uma certa espécie nascente de trabalho aos momentos históricos descritos e nos quais ela se situa, e, portanto, também de descrevê-la e nomeá-la de maneira que corresponda à realidade histórica descrita.

O limite instintivo que condena os animais à morte diante da adversidade[59] é transgredido pelo homem que, agente livre e impulsionado pelo amor de si, opta por violar as determinações externas. Saindo da esfera do mero instinto à qual, entretanto, os animais sempre se encontram circunscritos, o homem possui liberdade para resistir às adversidades que a natureza impõe a todos os seres, e, modificando as condições externas, estabelecer condições de sobrevivência nos mais variados ambientes. Ainda que com um estatuto rudimentar e ligado essencialmente a uma atividade manual, o trabalho primitivo (ou a nova indústria) é posto, portanto, como uma das primeiras expressões concretas da atualização da liberdade e da perfectibilidade: por meio destas faculdades o homem pode, por meio do trabalho, livrar-se das regras instintivas incontornáveis e inscritas nos animais, e adaptar-se aos mais variados cenários climáticos e geográficos.

É neste mesmo momento que se desenvolve a primeira utilização de instrumentos – e, consequentemente, a mediação do corpo com o meio ambiente –, chamadas por Rousseau de *armas naturais*: para obter alimentos, os indivíduos utilizam-se de pedras, galhos e outras utilidades encontradas dispersas no próprio meio natural. O corpo humano não é mais concebido como extensão da natureza, e a relação do homem com as coisas não mais se encontra no campo da atualidade e do contato direto, mas sim da mediação, com instrumentos agindo como intermediários. Assim, utilizam ferramentas para alcançar os frutos de uma árvore

---

59 Cf. *Capítulo I*, item *A máquina animal e a máquina humana: as diferenças entre o homem e o animal*. O homem é capaz de mudar sua dieta alimentar ou de contentar-se com uma miríade de outros víveres que possam nutri-lo e sustentá-lo.

alta e artefatos como ramos de árvores e pedras que, no lugar de suas mãos, agora ajudam nos combates e suprem as limitações do corpo:

> A altura das árvores, que o impedia de alcançar seus frutos, a concorrência dos animais que buscavam alimentar-se deles, a ferocidade daqueles que lhe ameaçavam a própria vida, tudo o obrigou a aplicar-se aos exercícios do corpo (...) *As armas naturais que são os galhos de árvores e as pedras logo se encontraram em suas mãos.*[60]

Ao adaptarem-se às circunstâncias, apropriam-se de elementos que antes eram exteriormente dados, e, agora *fazendo-os seus*, determinam seu novo modo de existência,[61] já distante do puro estado de natureza; introduzem, portanto, finalidades para estas ferramentas rudimentares. Nesta descrição, observamos que os homens, que antes não conheciam senão o fogo dos céus,[62] agora passam a conservar e reproduzir este elemento, antes doado espontaneamente, e, assim, passam a preparar alimentos à sua maneira: modificam o modo pelo qual anteriormente se alimentavam, cozinhando carnes que antes devoravam cruas.[63] Dominam aquilo que a

---

60 OC, III, *Segundo Discurso*, p. 165 (grifo nosso).

61 VINCENTI, Luc. *Jean-Jacques Rousseau. L'individu et la République*. Paris: Kimé, 2001, p. 30.

62 Cf. *Capítulo I*, item *A ociosidade paradisíaca: a fruição da indolência natural no primeiro estado de natureza*.

63 Na nota V do *Segundo Discurso*, Rousseau, analisando as conformações anatômicas e os hábitos alimentares de diferentes espécies, chega à conclusão que os homens deveriam ser classificados como frugívoros: "o homem, tendo os dentes e os intestinos como os têm os animais frugívoros, deveria naturalmente ser incluído nesta classe, e não somente as observações anatômicas confirmam esta opinião, mas os monumentos da Antiguidade também lhe são muito favoráveis: 'Dicearco', diz São Jerônimo, 'conta em seus *Livros das Antiguidades Gregas* que, sob o reino de Saturno, onde a Terra ainda era fértil por si mesma, nenhum homem comia carne, mas que todos viviam dos frutos e dos legumes que cresciam naturalmente (Livro II, Adv. Jovinian)'. (...) Com isso, pode-se notar que negligencio muitas vantagens que poderia destacar. Pois a presa sendo quase que o único motivo de combate entre os animais carnívoros, e os frugívoros vivendo

natureza naturalmente fornecia: o fogo, elemento misterioso e oculto da humanidade, agora passa a ser uma conquista, ou seja, a indústria humana realiza seus primeiros progressos ao arrancar da natureza aqueles segredos que ela antes procurava esconder. Os instrumentos, agora indispensáveis para a sobrevivência,[64] tornam-se extensões do corpo e auxiliam na dominação do meio ambiente.

Paulatinamente, as ferramentas tornam-se mais complexas, até o ponto no qual instrumentos para a pesca e para a caça são inventados, inaugurando o período de uma *técnica iniciada*, denominada por Denis Faïck de "técnica primitiva".[65] Starobinski não hesita em chamar tais instrumentos rudimentares de ferramentas e de descrever a técnica nascente como um fazer instrumental.[66]

A técnica nascente não tem como finalidade a produção de um objeto totalmente novo: ela não precisa necessariamente ser uma invenção criadora, podendo simplesmente significar uma imitação de um fe-

---

entre eles em uma paz contínua, se a espécie humana fosse deste último gênero, é claro que ela haveria tido muito mais facilidade para subsistir no estado de natureza, muito menos necessidade e ocasiões para dele sair" (OC, III, *Segundo Discurso*, Nota V, p. 199). Assim, a preparação de carnes significa, ao mesmo tempo, o distanciamento do estado original de fertilidade (já que os homens permaneceriam nele apenas se alimentando de frutas e legumes, sem necessidade de carnes) e uma mudança que gera combates e domínio sobre a natureza (já que, tornando-se carnívoros, combatem entre si pela presa e porque passam a consumir a carne cozida, isto é, já dominavam o fogo).

64 Esta intermediação é, neste momento, condição essencial para que a conservação da vida seja possível: "O homem, que antes tinha relação imediata de seu corpo com as coisas, tem por condição *sine qua non* de sua sobrevivência a mediação, que é a intervenção de ferramentas e instrumentos, em suma, a concepção de um artefato em vista a realizar um fim. Se trata do homem agir sobre o mundo" (FAÏCK, Denis. *Le Travail. Anthropologie et Politique. Essai sur Rousseau.* Genève: Droz, 2009, p. 64).

65 FAÏCK, Denis. *Le Travail. Anthropologie et Politique. Essai sur Rousseau.* Genève: Droz, 2009, p. 79.

66 Cf. Capítulo II, item *Trabalho, reflexão, orgulho (Travail, réflexion, orgueil)* in STAROBINSKI, Jean. *Jean-Jacques Rousseau: la transparance et l'obstacle.* Paris: Gallimard, 1971.

nômeno natural[67] ou a utilização de objeto recolhido da natureza. Assim como a técnica não se configura como uma instituição que surge de maneira súbita e sua finalidade não é pré-concebida (mas evolui à medida que a própria técnica evolui),[68] o trabalho também apresenta-se como uma instituição que, nascente após a saída do estado puro de natureza, irá desenvolver-se de maneira gradual e progressiva, modificando-se diante do desenvolvimento da razão, das interações e relações entre os homens, das condições sociais e econômicas, e dos próprios progressos técnicos e materiais, adquirindo, assim, diferentes dinamismos, estatutos e ajustes à medida que a própria história humana caminha, diante do contexto histórico no qual se encontra. Sua finalidade, enfim, também modificar-se-á enquanto a própria evolução do trabalho ocorre, como pretendemos examinar no decorrer deste capítulo e do capítulo subsequente: começando por descrever um trabalho iniciado, Rousseau, seguindo a narrativa do *Segundo Discurso*, retratará um *trabalho moderado* no estágio de juventude do mundo e, finalmente, com o surgimento da metalurgia e da agricultura, analisará os nefastos efeitos de um *trabalho dividido* e *alienado*.

Tendo em vista a ampliação do número de homens e das diferentes disposições geográficas e climáticas nas quais se encontravam, logo surgem, então, os primeiros usos de instrumento técnicos inventados (como a linha e o anzol, o arco e a flecha), bem como uma primeira evolução na atividade que transforma e domina a natureza. Ao utilizar os termos *peines* (labutas) e *industrie* (indústria) para se referir a uma atividade manual iniciada que não o esforço instintivo, Rousseau, assim como no caso da técnica, utilizando um campo léxico e conceitual que se exprime tendo em vista o quadro histórico e material descrito, refere-

---

67 RADICA, Gabrielle. *L'histoire de la raison. Anthropologie, politique et moral chez Rousseau*. Paris: Honoré Champion, 2008, p. 102.

68 RADICA, Gabrielle. *L'histoire de la raison. Anthropologie, politique et moral chez Rousseau*. Paris: Honoré Champion, 2008, p. 102.

TRABALHO E ÓCIO

-se a uma espécie de trabalho primitivo.[69] Seguindo a recomendação de Rousseau de buscar o sentido preciso da palavra no contexto no qual ela se insere, o termo nos parece mais preciso em outro escrito: como podemos ler no *Ensaio Sobre a Origem das Línguas*, em especial no Capítulo IX e X, Rousseau utiliza no lugar de *industrie* e *peine* precisamente o termo trabalho (*travail*). Não se trata apenas de esforço ou força, mas uma atividade criadora e original: o homem natural, que antes tinha seu corpo como principal expressão de força e vigor, torna-se um *homo faber*.[70] Antes completamente integrado à natureza, frente às adversidades torna-se alguém que a transforma – com a oposição do trabalho às adversidades naturais, o homem passa a opor-se à natureza:

> À medida que o gênero humano aumentou, as *labutas [peines]* se multiplicaram com os homens. A diferença dos terrenos, dos climas, das estações, pode forçá-los a estabelecê-la nas maneiras de viver. Anos estéreis, invernos longos e rudes, verões escaldantes que tudo consomem, exigiram deles uma *nova indústria [industrie]*. Ao longo do mar e dos rios eles inventaram a linha e o anzol, e tornaram-se pescadores e ictiófagos. Nas florestas eles fizeram para si arcos e flechas, e tornaram-se caçadores e guerreiros. Nos países frios eles se cobriram com as peles das bestas que haviam matado. O trovão, um vulcão ou qualquer acaso feliz fizeram com que conhecessem o fogo, novo recurso contra o rigor do inverno: eles aprenderam a con-

---

69   Novamente, vimos que no século XVIII o termo *Industrie* é polissêmico, e pode assumir como significado um labor manual e simples. Também podemos aqui salientar que o termo "indústria" por vezes possui, no *Segundo Discurso*, o mesmo sentido que o termo "trabalho", tomado na mesma acepção em que é empregado no *Ensaio Sobre a Origem das Línguas*.

70   É o que argumenta Denis Faïck ao escrever que "ao homem natural e ao simples esforço que lhe fornecia sua necessidade vital sucede o *homo faber*, a saber, o homem empenhado em uma atividade fabricadora, parte que religa a necessidade ao seu objeto" (FAÏCK, Denis. *Le Travail. Anthropologie et Politique. Essai sur Rousseau*. Genève: Droz, 2009,010 p. 64).

servar esse elemento, depois a reproduzi-lo e, enfim a preparar as carnes que antes devoraram cruas.[71]

Ora, vimos de maneira breve que diferentemente do pensamento de Locke,[72] no qual a simples retirada de um fruto ou coisa de seu estado originário configuraria um trabalho, para Rousseau tal retirada é um simples esforço: o trabalho possui um sentido diferente, pois exige uma *indústria*. Goldschmidt, diferenciando a concepção e trabalho em Locke e Rousseau, argumenta neste sentido: "para Rousseau, é necessário *um trabalho no sentido próprio do termo, de uma indústria*".[73] É uma atividade criadora guiada pela liberdade e pela perfectibilidade. Não nos encontramos no mesmo estado de coisas anterior (o estado de natureza agora é histórico) e nem no campo do esforço instintivo verificado no puro estado de natureza; o *Ensaio Sobre a Origem das Línguas* demonstrará expressamente que a ação agora realizada é uma espécie de *trabalho primitivo*,[74] uma atividade manual rudimentar que não se traduz como mera força física. Efetivamente, é neste período de luta contra os obstáculos que o homem, de acordo com Starobinski, "descobre a necessidade e a eficácia do trabalho".[75] Em outras palavras, trata-se de uma ação necessária, organizada e eficaz, que se opõe à natureza e modifica as condições naturais, expressão da perfectibilidade e fruto da liberdade do homem, sendo impulsionada pelo amor de si.

Entre os comentadores da obra de Rousseau não há propriamente uma discussão pontual e bem estabelecida acerca do momento preciso da gênese do trabalho no *Segundo Discurso*, nem mesmo uma precisão acerca da possibilidade de apontar-se uma definição ou categoria geral de

---

71 OC, III, *Segundo Discurso*, p. 165.

72 Exploraremos com mais detalhes a concepção de trabalho em Locke no capítulo seguinte, ao abordarmos a noção de propriedade.

73 GOLDSCHMIDT, Victor. p. 526-527 (grifo nosso).

74 E, com o risco de parecermos redundantes, um labor que se desenvolverá em um *trabalho moderado* na juventude do mundo.

75 STAROBINSKI, Jean. OC, III, *Introductions. Discours sur "L'Origine de l'Inégalité"*. p. LXII. Paris: Gallimard, 1964; ed. bras., p. 400.

TRABALHO E ÓCIO

trabalho em Rousseau, tendo mesmo em vista que o próprio conceito de trabalho e suas questões concernentes não foram objeto de atenção exclusiva da fortuna crítica, salvo algumas exceções.[76] Vejamos o que argumentam alguns comentadores. Roger D. Masters, organizando a história do *Segundo Discurso* em cinco períodos distintos, argumenta que o surgimento do trabalho tem lugar apenas quando do advento da agricultura e da metalurgia, o que acabará por engendrar, consequentemente, a ideia de propriedade (o direito de propriedade positiva-se após o pacto).[77] Em contrapartida, Starobinski localiza a gênese do trabalho no momento de ruptura com o primeiro estado de natureza, isto é, no momento no qual se iniciam os acidentes e a oposição do homem aos obstáculos.[78] Denis

---

76 A este respeito, conferir nossa *Introdução*. Podemos sucintamente recordar que a noção de trabalho e o exame da função deste conceito na economia interna da obra de Rousseau recebeu poucas análises dedicadas exclusivamente ao tema.

77 Eis os cinco períodos propostos pela leitura de Masters, dentre os quais se encontra o surgimento do trabalho: "Se considerarmos os estados que Rousseau descreve explicitamente como 'revoluções' distintas, esta história é separada em cinco períodos: 1) o puro estado de natureza é destruído por 'uma primeira revolução que forma o estabelecimento das famílias, e que introduz uma espécie de propriedade', conduzindo ao surgimento de uma sociedade selvagem; 2) uma segunda 'grande revolução', a invenção das artes e da metalurgia e da agricultura, 'que civilizaram os homens e perderam o gênero humano' *ao criar o trabalho*, as pretensões à propriedade, e, afinal, uma guerra de todos contra todos; 3) 'a origem da sociedade e das leis (...) [que] sem retorno destruíram a liberdade natural, fixaram para sempre a lei da propriedade e da desigualdade; 4) 'a instituição da magistratura', pela qual o povo 'confia aos particulares o perigoso depósito da autoridade pública' e; 5) 'a mudança do poder legítimo em poder arbitrário': é a 'corrupção, o termo extremo' de uma evolução política" (MASTERS, Roger D. *La Philosophie Politique de Rousseau*. Trad. do inglês por Gérard Colonna d'Istria e Jean-Pierre Guillot. Lyon: ENS Éditions, 2002, p. 208. Grifo nosso).

78 Como citado acima, "o homem, ocioso de origem, sob a instigação das *circunstâncias* exteriores descobre a necessidade e a eficácia do trabalho" (STAROBINSKI, Jean. OC, III, *Introductions. Discours sur "L'Origine de l'Inégalité"*. p. LXII. Paris: Gallimard, 1964; ed. bras., p. 400) ou, como também já evocado, "ao obstáculo natural se opõe o trabalho; este provoca o nascimento da reflexão (...)" (STAROBINSKI, Jean. *Jean-Jacques Rousseau: la transparance et l'obstacle*. Paris: Gallimard, 1971. p. 42; ed. bras., p. 44).

Thiago Vargas

Faïck, em estudo que tem como preocupação central a noção trabalho na antropologia e na teoria política de Rousseau, também é enfático em relação ao período no qual teria já seria possível falar de trabalho: "no *Discurso Sobre a Desigualdade*, a condição do homem natural cessa nas fronteiras do trabalho, que se opõe à indolência original (...) ao homem natural e ao simples esforço que lhe fornece o necessário vital sucede o *homo faber*".[79] Luiz Roberto Salinas Fortes também identifica a atividade exercida pelo homem, neste segundo período do estado de natureza, como trabalho:

> Eliminada a abundância primitiva, o indivíduo passou a ser abandonado às próprias forças e sob o aguilhão das dificuldades de sobrevivência, viu-se obrigado a um *trabalho* por meio do qual tentou extrair do meio circundante os bens necessários que outrora eram gratuitamente colocados à sua disposição.[80]

Jacques Derrida, por sua vez, reitera a existência de trabalhos no estado de natureza, ao afirmar, retomando Starobinski, que após as catástrofes que arrancam o homem de sua indolência original Rousseau inicia a descrição dos trabalhos humanos.[81] Gabrielle Radica sugere que já é possível nos referirmos ao trabalho, antes mesmo do nascimento da agricultura e da metalurgia, ao nos referirmos, por exemplo, alo momento da construção dos primeiros abrigos: "as cabanas dependem unicamente do direito do primeiro ocupante e somente exigem *trabalho* no momento de sua construção".[82] Olgária Matos também aponta para a gênese do traba-

---

79 FAÏCK, Denis. *Le Travail. Anthropologie et Politique. Essai sur Rousseau*. Genève: Droz, 2009, p. 63-64.

80 SALINAS FORTES, Luiz Roberto. *O Bom selvagem*. São Paulo: Humanitas, Discurso Editorial, 2007, p. 67 (grifo nosso).

81 A este respeito, cf. Capítulo 3, *Genèse et structure de l'Essai sur l'origine des Langues*, item III (*L'articulation*), sub-item *Ce "simple mouvement de doigt". L'écriture et la prohibition de l'inceste*. In: DERRIDA, Jacques. *De la Grammatologie*. Paris: Minuit, 1967.

82 RADICA, Gabrielle. *L'histoire de la raison*. Paris: Honoré Champion, 2008, p. 120.

TRABALHO E ÓCIO

117

lho quando do surgimento de obstáculos, ainda nos primórdios da saída do estado puro de natureza: "quando a natureza passa a ser um obstáculo, surge o trabalho".[83]

Um trabalho primitivo ou iniciado, portanto, existe no início do estado de natureza histórico (e, recordemos aqui uma vez mais: no puro estado de natureza não há trabalho e o homem não é originariamente trabalhador), quando surgem os primeiros obstáculos: as próprias palavras utilizadas por Rousseau nos autorizam a empregar propriamente o termo "trabalho", mesmo quando nos referimos ainda às primeiras épocas do estado de natureza, ou seja, em período anterior ao estabelecimento da metalurgia e agricultura. Lembremos mais uma vez que, para bem apreendermos a definição das expressões e aquilo que elas de fato significam, é preciso situá-las em seu contexto geral: aquilo que é chamado de *peine* ou *industrie* no *Segundo Discurso* é correntemente e repetidamente nomeado de *travail* no *Ensaio sobre a Origem das Línguas*.[84] Lemos, assim, que Rousseau aplica as palavras "*travail*" ou "*travaux*"[85] para referir-se à atividade transformadora que se opõe aos primeiros obstáculos naturais a fim de superá-los: no *Ensaio*, ele reiteradamente utiliza a palavra *travail* para descrever um trabalho manual que garante a superação dos obstáculos, como podemos ler, *ipsis literis*, na seguinte passagem: "avant le travail humain les sources mal distribuées se répandoient plus inégalement".[86]

No momento do contato com o obstáculo, um trabalho primitivo tem sua origem descrita: com o advento da carência, é preciso labutar para viver. Em sua condição animal, o homem vive sempre na passividade, não possuindo história e nada deixando às posteriores gerações.

---

83 MATOS, Olgária. *Rousseau – uma Arqueologia da Desigualdade*. São Paulo: MG, 1978, p. 61.

84 O *Ensaio*, como veremos na próxima seção do presente capítulo, situa o homem no estado de natureza no qual as famílias e associações se estabelecem. Trata-se, todavia, de período anterior ao pacto proposto pelo rico, bem como período anterior ao surgimento da propriedade.

85 OC, V, *Ensaio Sobre a Origem das Línguas*, p. 404.

86 OC, V, *Ensaio Sobre a Origem das Línguas*, p. 405.

É ao sair do repouso e ao lançar-se na atividade que o homem sairá deste movimento circular; é também pelo trabalho que o homem se torna um ser histórico e ganha acesso à sua humanidade:[87] faz sua liberdade e sua perfectibilidade passarem da potência ao ato. Trata-se, entretanto, de uma *primeira gênese do trabalho*, de certa espécie de trabalho nascente que verá sua natureza e seu modo de agir transformar-se no decurso das sucessivas mudanças materiais, externas, psicológicas, sociais, em suma, nas diferentes estruturas históricas que determinam os diferentes estágios que compõem o estado de natureza. As mudanças das formas de trabalho corresponderão às mudanças estruturais que dão movimento à história. Neste sentido, no *Segundo Discurso* acompanhamos a gênese de diferentes trabalhos: atividade que adquire novas feições e que se torna mais complexa à proporção que a narrativa do texto avança.

A atividade contra as adversidades externas e a utilização de instrumentos são as condições de possibilidade que estabelecem o terreno necessário para o desenvolvimento da primeira fagulha de reflexão: segundo Starobinski, "cronologicamente, é o trabalho e o *fazer* instrumental que precedem o desenvolvimento do juízo e da reflexão".[88] Vejamos em seguida como tais desenvolvimentos se relacionam com o labor.

✳ ✳ ✳

As mudanças exteriores ocasionam uma dupla mudança: no momento em que a natureza começa a opor-se ao homem ele passa a transformá-la, a fim de adaptar-se e sobreviver; por sua vez, esta atividade transformadora terminará também por alterar a constituição humana. Os animais, antes companheiros equiparados aos próprios homens, assumem agora o posto de concorrentes e participam de uma disputa que finalmente acabará por torná-los objeto de dominação. Tendo em vista

---

87 STAROBINSKI, Jean. OC, III, *Introductions. Discours sur "L'Origine de l'Inégalité"*. p. LX. Paris: Gallimard, 1964; ed. bras., p. 397.

88 STAROBINSKI, Jean. *Jean-Jacques Rousseau: la transparance et l'obstacle*. Paris: Gallimard, 1971, p. 41; ed. bras., p. 42.

TRABALHO E ÓCIO

as fragilidades físicas do homem diante das "feras", animais amiúde mais velozes, mais fortes ou mais ágeis, será também pela atividade das mãos e pela técnica nascente que tais debilidades corporais serão compensadas: são inventados instrumentos e armadilhas, por vezes extensões do corpo ou por vezes artifícios ardilosos e estratagemas, para que, vencendo o desequilíbrio físico do homem em relação aos outros animais, aqueles possam sujeitar estes. Vencendo os obstáculos e dominando o meio natural no qual vivem, os homens tomam conhecimento de sua superioridade e logo aplicam-na sobre os outros animais, submetendo-os à servidão e aos seus desígnios. Iniciando a comparação, enxergam-se diferentes dos outros seres que o cercam, e, em seguida, adquirem consciência de sua humanidade. Ora, no puro estado de natureza nada distinguia a fera do homem, e as virtualidades estabeleciam essa equidade. Posta em prática a perfectibilidade e a liberdade, com a utilização de instrumentos e o domínio sobre a natureza através do trabalho primitivo, o homem vê-se diferente do resto do mundo, passando a enxergar-se como ser distinto dos outros que o cercam.[89] Iniciado este processo, os animais passam a ser subjugados:

> As novas luzes que resultaram deste desenvolvimento aumentaram sua superioridade sobre os outros animais, fazendo-lhe ciente dela. Exercitou-se em preparar armadilhas, revidou-lhes os ataques de mil maneiras e, embora muitos o ultrapassassem em força no combate, ou em velocidade na corrida, daqueles que

---

89 "É preciso notar que o homem toma consciência de si mesmo, de sua especificidade, na fabricação e no uso do instrumento da competência da consciência de si (consciência de si, a saber, consciência de sua humanidade, distinta da animalidade). O homem escapa da esfera das sensações e se estabelece, com artefato em mãos, em sua humanidade. A consciência nasce em oposição à natureza (trata-se de uma natureza física: as estações, o clima, as intempéries)" (FAÏCK, Denis. *Le Travail. Anthropologie et Politique. Essai sur Rousseau*. Genève: Droz, 2009, p. 66).

120 Thiago Vargas

podiam servi-lo ou nutri-lo ele tornou-se, com o tempo, mestre de uns e o flagelo de outros.[90]

As primeiras comparações inauguram uma reflexão rudimentar, uma "certa espécie de reflexão"[91] que viabiliza o desenvolvimento dos primeiros homens em direção aos homens selvagens. Essa passagem permite que o indivíduo passe do estado de animalidade que o caracterizava no puro estado de natureza para um estado primitivo da humanidade no qual, se aperfeiçoando, atualizará potencialidades. O constante exercício desta inovadora reflexão[92] passa a produzir resultados e a faz com que o espírito engendre a percepção de certas relações comparativas, pela observação. O primeiro raciocínio realizado pelo homem é efetuado através das comparações e, ligando-se a questões práticas, inauguram relações entre ideias e noções que permitem ao indivíduo constituir uma escala ou medida, e que tem como finalidade auxiliá-lo em situações úteis e empíricas. Trata-se de uma *prudência maquinal*, uma espécie de cuidado ou precaução que auxilia na sobrevivência: por intermédio das comparações, as "exprimimos pelas palavras de *grande, pequeno, forte, fraco, rápido, lento, medroso, corajoso*".[93] Pela reflexão comparativa, o homem passa a tomar consciência de sua superioridade.

---

90 OC, III, *Segundo Discurso*, p. 165-166.

91 OC, III, *Segundo Discurso*, p. 165.

92 É a partir da comparação de ideias que nascerá a reflexão: "a reflexão nasce das ideias comparadas, e é a pluralidade de ideias que leva à compará-las" (OC, V, *Ensaio Sobre a Origem das Línguas*, Cap. IX, p. 396). O mundo da experiência fornece aos sentidos diversos objetos, fazendo com que a percepção, operando nas sutilezas entre as diferenças que distinguem um objeto do outro, paulatinamente estabeleça comparações e crie uma rede de ligação entre os objetos conhecidos e desconhecidos: "aquele que viu somente um objeto não tem comparações a fazer (...) Mas, à medida que um objeto novo nos impressiona queremos conhecê-lo e procuramos relação entre ele e os que já conhecemos" (OC, V, *Ensaio Sobre a Origem das Línguas*, Cap. IX, p. 396).

93 OC, III, *Segundo Discurso*, p. 165.

Deriva nos indivíduos um "primeiro movimento de orgulho",[94] primeiramente impulsionado pela consciência que o homem adquire ao saber-se dominador da natureza e de outros animais: podendo agir sobre elementos naturais e criar inventos técnicos e ferramentas, podendo opor-se à natureza pelo trabalho iniciado, ele passa controlar, enfrentar e a modificar o ambiente que o circunda. A consciência desta atividade dominadora finalmente engendrará esta nova disposição mental ou do espírito, com o indivíduo passando a admirar os próprios inventos e enxergando a si mesmo como superior aos outros animais. Este movimento gera o tateante orgulho que, se o põe na condição de ver sua espécie como a *primeira*, longinquamente já o prepara para aspirar ser o primeiro entre seus semelhantes. A exigência de atividade perante os obstáculos oporá não apenas o trabalho às adversidades naturais, opondo o homem à natureza, mas preparará o terreno para o despertar da consciência do *outro*:

> Foi assim que o primeiro olhar que dirigiu a si mesmo *produziu-lhe o primeiro movimento de orgulho*; foi assim que, ainda mal conseguindo saber distinguir as categorias, e contemplando-se como o primeiro de sua espécie, preparava-se, desde logo, para pretender-se o primeiro como indivíduo.[95]

O progresso do intelecto humano depende de um conjunto de variados fatores para que seu desenvolvimento seja possível. Destacadamente, será a consciência de sua capacidade de controlar a natureza (isto é, pela técnica e pelo trabalho primitivo, como oposição às adversidades e esforço de superação dos obstáculos) que preparará o terreno para a *atualização da razão*. Starobinski sintetiza este movimento na seguinte passagem:

> Desta luta que opõe ativamente o homem ao mundo resultará sua evolução psicológica. A faculdade de comparar o tornará

---

94 OC, III, *Segundo Discurso*, p. 166.

95 OC, III, *Segundo Discurso*, p. 165-166 (grifo nosso).

capaz de uma reflexão rudimentar: ele saberá perceber diferenças entre as coisas, saber-se-á diferente dos animais, ver-se-á em sua superioridade, e já surge um vício: o orgulho.[96]

Rapidamente as observações deixam de se restringir somente aos animais, e logo os outros homens não deixam de escapar ao seu olhar: com o decorrer do tempo, passa a notar *os outros*, e a experiência lhes ensina que são fisicamente semelhantes; cedo percebem que seus modos, suas maneiras de agir em determinadas situações também se assemelham às dele. Paulatinamente, passam a estabelecer e conjecturar relações que anteriormente não percebiam. Finalmente, a observação das semelhanças e diferenças o induz a confirmar uma desconfiança crescente: os outros pensam de maneira conforme ao seu modo de pensar, e, finalmente, conclui que pertencem à mesma espécie; uma unidade então é criada. Consciente desta identidade, e compreendendo que o outro, assim como ele, age visando interesses próprios em vista de sua conservação, ele passa a modificar sua conduta, e a realizar suas ações conforme essa descoberta agora lhe prescreve. Esta "importante verdade",[97] fruto da observação e da comparação, inscreve nos homens as "melhores regras de conduta que para sua vantagem e segurança lhe convinha manter para com eles",[98] normas rapidamente aprendidas por um pressentimento seguro "e mais rápido que a Dialética".[99] Passando a seguir normas de comportamento antes inexistentes, e que então passam a dispor-se como vantajosas para a sobrevivência, o homem trilha, assim, o caminho em direção à aproximação de seus iguais.

É somente o choque da necessidade que, inicialmente, faz o homem direcionar-se da passividade para a atividade, a fim de que possa sobreviver:

---

96 STAROBINSKI, Jean. *Jean-Jacques Rousseau: la transparance et l'obstacle*. Paris: Gallimard, 1971. p. 41-42; ed. bras., p. 42.

97 OC, III, *Segundo Discurso*, p. 166.

98 OC, III, *Segundo Discurso*, p. 166.

99 OC, III, *Segundo Discurso*, p. 166.

TRABALHO E ÓCIO

uma primeira categoria de trabalho emergirá do amor de si[100] e fornecerá o caminho para que as primeiras relações entre os homens se estabeleçam. A ociosidade do homem natural não é mais possível senão sob o próprio risco de morte ou desaparecimento da espécie: rompido o equilíbrio entre a constituição do corpo e o acesso às coisas da natureza (pois um corpo sozinho, estrutura física de um singular, já não é mais capaz de retirar da natureza aquilo que é preciso para a subsistência) e entre aquilo que se necessita e a satisfação do que se quer, o homem precisa abandonar sua indolência e sua solidão para, pondo-se em uma ação conjunta, arrancar da natureza os produtos vitais à sobrevivência. O trabalho iniciado situa-se na origem dos primeiros contatos entre os homens.

***

Os primeiros traços, ainda que tênues, de contato entre os homens, constituem uma importante passagem que opera concomitantemente ao surgimento da atividade manual e o abandono da completa ociosidade. Apesar deste trabalho primitivo ligar-se à autossuficiência e à autonomia, ele também ocorre no encontro com o outro, isto é, o desenvolvimento da atividade manual e da técnica encontra-se atuante no momento das primeiras interações entre os homens. É preciso que encontros forçosos ocorram, e o auxílio mútuo faz-se necessário à superação dos obstáculos naturais. O que catalisa essa aproximação inicial que forma os *bandos*, fazendo com que aqueles primeiros homens se modifiquem a ponto de fazer neles brotar uma *prudência maquinal* que os permitirá comparar as coisas? As primeiras e fugazes relações entre o homem e seus semelhantes se travam, diante dos obstáculos, pelos *auxílios comuns, que se contrapõem à natureza*. Neste registro, a alteridade não significa tanto conflito ou oposição, mas também auxílio ou composição: os auxílios comuns, guiado pela atividade transformadora das mãos, fazem o homem organizar-se.

---

100 FAICK, Denis. *Le travail. Anthropologie et Politique. Essai sur Rousseau*. Genève: Droz, 2009, p. 83.

Ainda guiados pelo amor de si, em busca de sua conservação, logo perceberam que seria essencial que se dedicassem a um trabalho de assistência mútua, um concurso de mãos que pudesse garantir a subsistência de cada indivíduo: juntando-se para caçar e pescar, passa-se do singular ao coletivo. Ainda que momentaneamente, o outro será necessário, pois é preciso que a força e a habilidade de um corpo aliem-se à força e à habilidade de outros corpos, já que duas mãos antes indolentes, mesmo que agora ativas, não se tornam capazes de contornar as adversidades e conseguir o necessário para a sobrevivência: "a necessidade, mãe da indústria, força-os a se tornarem úteis uns aos outros, para sê-los a si mesmos".[101] É preciso a atividade em comum, traduzida como uma indústria ou um trabalho primitivo, fato não presente no primeiro estado de natureza, e que transformará, portanto, o estado de coisas original: "Suas mãos trabalham, mudam a natureza, fazem a história".[102]

Neste cenário surgirão as primeiras associações livres e bandos, agregações que têm em vista tais auxílios mútuos: grupos que se juntam para superar as barreiras naturais e que se dissipam tão logo seja suprido aquilo que é imprescindível para a vida. Pela experiência, os indivíduos logo percebem que se tornava mais vantajoso somar os esforços e a força dos braços a fim de contrapor-se à natureza. Posto em oposição à natureza, deve procurar contornar tudo aquilo que põe em risco sua sobrevivência, e a superação dos obstáculos é, desta forma, também a busca pelo bem-estar. Neste contexto, o homem passa a avaliar o meio ambiente circundante e a situação na qual se encontra, e principia a realizar *distinções*:

> Instruído pela experiência que o amor do bem-estar é o único móbil das ações humanas, encontrou-se em condição de distinguir as ocasiões raras onde o interesse comum devia fazê-lo contar com a assistência de seus semelhantes, e aquelas, mais

---

101 OC, III, *Fragmentos Políticos*, X, I, p. 533.

102 STAROBINSKI, Jean. *Jean-Jacques Rousseau: la transparance et l'obstacle*. Paris: Gallimard, 1971. p. 34; ed. bras., p. 35.

raras ainda, onde a concorrência devia fazê-lo desconfiar deles. No primeiro caso, unia-se com eles em bandos, ou quando muito em alguma espécie de associação livre que não obrigava ninguém, e que não durava senão a necessidade passageira que a havia formado. No segundo, cada qual procurava obter suas vantagens, seja abertamente à força, se acreditasse possuí-la, seja por habilidade e sutileza, caso se sentisse mais fraco.[103]

Sabendo que *o amor do bem-estar é o único motor das ações humanas*, e consciente que as motivações que impulsionam seus semelhantes são iguais àquelas que possui, o chamado pela ajuda forma os primeiros grupos: o amor de si ganha toda sua força quando confrontado com os entraves naturais que colocam em risco a conservação do corpo. Não se trata, portanto, como ressalta Victor Goldschmidt, de um sentimento de sociabilidade que aproxima os homens, tampouco da piedade natural:[104] ameaçados pela hostilidade do meio, transportamos para o outro o amor de si e o amor ao bem-estar que nós mesmos procuramos, e, cada qual visando sua própria conservação, ocorrem os primeiros auxílios mútuos. Tão logo suprida a carência os bandos se dispersam: "a *raridade*, antes que a 'concorrência', produz a 'assistência', e 'o interesse comum' o conduz à rivalidade".[105]

Desta forma, tais grupos efêmeros ainda não representavam vínculos duradouros e nem uma sociedade constituída, pois perduravam apenas o quanto exigia a necessidade e, sem obrigar uns aos outros, logo se dispersavam. Os compromissos mútuos e os primeiros bandos consti-

---

103 OC III, *Segundo Discurso*, p. 166 (grifo nosso).

104 GOLDSCHMIDT, p. 413. Gabrielle Radica também reitera o argumento de Goldschmidt: "O direito natural fundado sobre a piedade e o amor de si dá lugar a uma consciência generalizada somente da presença do amor de si em todos os indivíduos. A piedade é pouco a pouco abandonada" (RADICA, Gabrielle. *L'histoire de la raison. Anthropologie, politique et moral chez Rousseau.* Paris: Honoré Champion, 2008.).

105 GOLDSCHMIDT, p. 413-414.

tuíam-se, desta maneira, por laços ainda muito soltos: assim que pudesse se livrar de seus companheiros e realizar suas necessidades sozinho, sem que dependesse do outro para superar as dificuldades impostas pela natureza e conseguir seus alimentos, o homem passa a agir de maneira isolada. Embora já nascesse, assim, "alguma ideia grosseira dos engajamentos mútuos e da vantagem de cumpri-los", era apenas "o interesse presente e sensível",[106] portanto, que determinava a durabilidade destes primeiros relacionamentos: a utilidade é o fundamento e guia que estabelece as relações entre homens ainda moralmente solitários.[107] É a atividade primitiva um dos fundamentos que estabelece este primeiro laço de durabilidade (ainda que de maneira fugaz) enquanto duram as associações. Essa ausência de vínculos mais profundos e de constrangimento capaz de coagi-lo a agir sempre em conformidade e em prol do grupo fazia com que não possuísse maiores razões senão um interesse momentâneo ou atual para continuar nos bandos. A experiência indicará a vantagem ou não de permanecer comprometido com o grupo. Neste sentido, o exemplo da lebre e do cervo, descrito no *Segundo Discurso*, serve para explicar tais associações efêmeras: o homem permanece agrupado enquanto assim for necessário, em uma de soma de forças que o permite, por exemplo, caçar um animal maior e mais rápido como o cervo; entretanto, vendo-se na situação de poder satisfazer suas necessidades por si próprio, como na caça de uma lebre, ele logo abandona o grupo. Desta forma, pode-se afirmar que "suas necessidades, longe de aproximá-los de seus semelhantes, o distanciavam":

> Quando se tratava de pegar um cervo, cada qual bem sentia que devia, para tanto, permanecer fielmente em seu lugar; mas se uma lebre viesse a passar ao alcance de um deles, não se pode duvidar que ele a perseguiria sem escrúpulos e que,

---

106 OC III, *Segundo Discurso*, p. 166.

107 VARGAS, Yves. *Les Promenades Matérialistes de Jean-Jacques Rousseau*. Paris: Les Temps de Cerises, 2005. p. 36.

TRABALHO E ÓCIO   127

tendo atingido sua presa, muito pouco se lhe dava faltar a
dos companheiros.[108]

"O justo meio": trabalho autônomo e moderado, tédio e sedentarização na juventude do mundo

> "Uma economia de subsistência é, pois, compatível com uma
> considerável limitação do tempo dedicado às atividades pro-
> dutivas (...) os homens, isto é, a metade da população, traba-
> lhavam cerca de dois meses em cada quatro anos! O resto do
> tempo era passado em ocupações encaradas não como traba-
> lho, mas como prazer: caça, pesca; festas e bebedeiras (...) O
> bom senso questiona: por que razão os homens dessas socie-
> dades quereriam trabalhar e produzir mais, quando três ou
> quatro horas diárias de atividade são suficientes para garantir
> as necessidades do grupo"?
>
> Pierre Clastres, *A Sociedade Contra o Estado*.

Diante da sucessão de épocas pelas quais a humanidade atravessa,
havendo cada período uma estrutura específica que o compõe, Rousseau
buscará analisar e descrever o quadro adequado de cada estado de coisas.
Isso implica dizer que as questões mudam, e as soluções para os problemas serão diferentes para cada situação determinada, uma vez que as condições, ao se transformarem, exigirão respostas diversas e múltiplas. Luiz
Roberto Salinas Fortes refere-se aos "diferentes graus intermediários"[109]
que se encontram entre o puro estado de natureza e o estado de civilização, dividindo este intervalo de tempo em cinco grandes eventos ou es-

---

108 OC III, *Segundo Discurso*, p. 166-167.

109 Do *puro estado de natureza* ao *estado de civilização*, Salinas Fortes identifica os
cinco sucessivos momentos: 1) estado de natureza histórico; 2) cabanas; 3) surgimento da agricultura e metalurgia, com o advento da propriedade; 4) estado de
guerra; 5) pacto social (SALINAS FORTES, Luiz Roberto. *O bom selvagem*. São
Paulo: Humanitas, Discurso Editorial, 2007, p. 67-68).

truturas. É neste sentido que Yves Vargas argumenta que Rousseau aplica "ao curso histórico da humanidade uma estrutura descontinua, uma lógica mutante segundo as eras, as épocas, os momentos" e, continua, "o que é bom para uma época é ruim para a outra".[110] Ora, o mesmo ocorrerá no estágio que compreende o meio termo que se encontra entre a preguiça absoluta do primeiro estado de natureza e a atividade excessiva do amor próprio que marca o homem em sociedade: a humanidade se encontrará, na juventude do mundo, em uma economia de subsistência, no equilíbrio de um trabalho moderado e autossuficiente, no qual poderá gozar tanto de suas atividades manuais quanto de seus momentos de ócio e lazer. Correspondendo às exigências das condições materiais e históricas nas quais os indivíduos se encontram, observaremos que se trata da descrição de um labor diferente do primeiro trabalho primitivo, este que ainda se apresentava como atividade efêmera e rudimentar.

A oposição feita entre a "indolência primitiva" e a "petulante atividade de nosso amor-próprio"[111] estabelece um ponto de definição entre dois estados, isto é, entre um estado primeiro no qual o homem gozava de sua ociosidade paradisíaca e era feliz (sem, entretanto, ter acesso *em ato* às faculdades que o distinguem como ser humano), e o estado de misérias e escravidão, no qual os indivíduos lançam-se a um trabalho dividido e alienado, período já muito distinto das categorias de trabalho presentes nas etapas anteriores do estado natural. Tal oposição, como argumenta Goldschmidt, é o prelúdio da entrada do homem no estado civil, e marca os extremos do estado de natureza.[112]

Façamos uma breve digressão e alguns adiantamentos: embora o homem não seja um ser originariamente trabalhador (sendo caracterizado inicialmente por sua indolência, como pudemos analisar no pri-

---

110 VARGAS, Yves. *Les promenades matérialistes de Jean-Jacques Rousseau*. Pantin: Les Temps de Cerises, 2005, p. 199.

111 OC, III, *Segundo Discurso*, p. 171.

112 GOLDSCHMIDT, Victor, p. 460.

TRABALHO E ÓCIO

meiro capítulo), vimos que certa atividade laboral[113] se desenvolve no estado de natureza histórico e precede o surgimento do estado civil, isto é, embora não necessárias no primeiro e a-histórico estado selvagem, certas formas de trabalho não são alheias ao próprio estado de natureza, e exercerão, inclusive, importante papel na construção antropológica do *Segundo Discurso* (e, no ponto que queremos aqui ressaltar, na dinâmica que origina e compõe o estado de juventude do mundo, "a época mais feliz dos homens").[114] Rousseau definirá a gênese desta atividade em um momento posterior ao puro estado de natureza, bem como descreverá as alterações das formas de labor diante dos sucessivos desenvolvimentos estruturais de cada período do estado de natureza. Goldschmidt nos chama a atenção para o fato de que, se Locke e Pufendorf já haviam afirmado a presença do trabalho no estado de natureza, para estes o trabalho adquire um sentido positivo, pois é "útil" e faz valorizar os bens que produz.[115] No pensamento elaborado por Rousseau, o trabalho descrito no estágio de juventude do mundo, um *trabalho moderado*, não tem por objetivo agregar valor aos bens produzidos, tampouco criar um direito de propriedade sobre o objeto ou sobre o solo; trata-se, sobretudo, de atividade útil, que preenche o espaço aberto pela carência, ligando a necessidade à satisfação, permitindo que o homem se adapte ao meio ambiente e produza ferramentas para sua conservação,[116] organizada dentro de uma economia autossuficiente e de subsistência. Estas breves colocações nos permitem afirmar que uma leitura que pretenda examinar o papel do trabalho na antropologia de Rousseau deve atentar para as condições circunstanciais (sejam históricas, materiais, antropológicas ou, por fim, sociais) nas quais certa categoria de labor é realizada, isto é, analisar de

---

113 Que denominamos de trabalho primitivo ou iniciado.

114 OC, III, *Segundo Discurso*, p. 171.

115 GOLDSCHMIDT, p. 461.

116 FAÏCK, Denis. *Le Travail. Anthropologie et Politique. Essai sur Rousseau.* Genève: Droz, 2009, p. 64.

que maneira o trabalho é caracterizado, descrito e pensado, sempre tendo em vista a conjuntura na qual é exercido.

Observamos como a sobrevivência em um meio ambiente hostil só foi possível através de um *trabalho humano primitivo*, pois, antes do surgimento do labor, o homem pereceria caso permanecesse ligado à sua indolência originária e fosse largado à mercê dos caprichos da natureza e suas revoluções. As revoluções naturais que retiram o selvagem de seu ócio paradisíaco operam uma grande mudança; com tais transformações do meio, as águas não eram bem distribuídas, não se sabia como alterar o curso dos rios, a terra não disponibiliza seus frutos e, assim, os homens, deixados às inconstâncias, intempéries e às dificuldades do meio ambiente, morreriam e a espécie humana não veria seu futuro. O *trabalho e a arte humana*, atuando sob o estímulo da perfectibilidade e da liberdade, são os instrumentos capazes de tornar um meio ambiente um lugar habitável, tornando-o apto à sobrevivência do indivíduo e da espécie. Com o desenvolvimento do engenho humano para construir ferramentas e superar obstáculos, desenvolvendo sua habilidade com os instrumentos e alterando suas formas de trabalho, o homem passa a criar comodidades e a se sedentarizar, franqueando o caminho para uma transformação de si mesmo e das formas de relacionamento com seus semelhantes. Considerando este contexto descrito no *Segundo Discurso*, ao nos depararmos com a leitura de Faïck de que "o *homo faber* condiciona o *homo socialis*"[117], devemos ressaltar que a fabricação de instrumentos e o trabalho moderado possibilitarão as condições de novas formas de relacionamento e do desenvolvimento antropológico, mas que as circunstâncias que delineiam o cenário para formação do pacto, com a entrada definitiva do homem em sociedade, ainda encontram-se muito distantes.[118]

---

117 FAÏCK, Denis. *Le Travail. Anthropologie et Politique. Essai sur Rousseau*. Genève: Droz, 2009, p. 80.

118 Circunstâncias tais como a metalurgia e agricultura, a divisão entre ricos e pobres, o advento do estado de guerra.

TRABALHO E ÓCIO

O surgimento, estabelecimento e divisão das famílias ocorre em meio a uma revolução técnica, uma nova época que Rousseau denomina de *primeira revolução*.[119] Um trabalho que exige, por um lado, maior destreza e habilidade e, por outro, mais sagacidade e agudeza de espírito, é então inaugurado, dando início a uma categoria de labor que denominamos de *trabalho moderado*, a fim de distingui-lo do trabalho iniciado e primitivo que marca a saída do puro estado de natureza. Emprestamos os termos utilizados por Yves Vargas, que descreve este cenário valendo-se das seguintes definições: "a preguiça é boa para o selvagem, má para o civil, e, na época intermediária, a da 'juventude do mundo', encontraremos um estado de equilíbrio onde o *trabalho moderado* se adapta a uma *ociosidade passageira*".[120] Aliada às condições materiais então disponíveis e aos estímulos externos, a perfectibilidade instiga uma alteração na maneira de realização do labor, que se torna mais engenhoso e possibilita a construção de instrumentos mais complexos. A passagem que descreve esta mudança notável é expressa no seguinte trecho:

> Mais o espírito se esclarecia, *mais a indústria se aperfeiçoava*. Tão logo cessando de adormecer sob a primeira árvore, ou de recolher-se para as cavernas, encontrou algumas espécies de machados de pedras duras e cortantes, que serviram para cortar a madeira, escavar a terra e fazer choupanas de ramos, que logo resolveu cobrir de argila e lama.[121]

---

119 OC, III, *Segundo Discurso*, p. 167. O termo *revolução técnica* é utilizado por Luiz Roberto Salinas Fortes, que explica este movimento do *Segundo Discurso*: "Trata-se a princípio de uma *revolução técnica*: a construção de cabanas. Ela é concomitante e correlativa a uma mudança no vínculo social: graças às condições materiais constituídas pela construção de cabanas, criam-se as famílias" (SALINAS FORTES, Luiz Roberto. *Rousseau: O bom selvagem*. 2ª ed. São Paulo: Humanitas, Discurso Editorial, 2007, p. 69-70).

120 VARGAS, Yves. *Les promenades matérialistes de Jean-Jacques Rousseau*. Pantin: Les Temps de Cerises, 2005, p. 199.

121 OC, III, *Segundo Discurso*, p. 167 (grifo nosso).

A construção de cabanas somente tornou-se possível pelas condições materiais então estabelecidas e pelos progressos do espírito pelos quais os homens já haviam atravessado; deixando de ser nômades, trabalham para erguer seus primeiros abrigos. Faïck argumenta, em outras palavras, que "sem o trabalho, a terra não veria brotar de sua superfície as habitações onde as relações se formam",[122] ocasionando a oportunidade para o surgimento de espaços de convivência e lazer. A nova dinâmica que caracteriza o trabalho moderado e a exploração de diferentes usos das técnicas e instrumentos acabarão por influenciar na organização do novo modo de vida no qual os homens então se encontravam,[123] como demonstrará em seguida a narrativa do *Segundo Discurso* e, em certos pontos, o *Ensaio Sobre a Origem das Línguas*.

Não seria ocioso também apontarmos que, neste momento de construção de cabanas, uma "espécie de propriedade"[124] é introduzida, sendo que as querelas pelos terrenos são apenas passageiras e sem qualquer conteúdo de reivindicação de direito, ocorrendo apenas esporadicamente. Diante da quantidade de terras ainda disponíveis, tornava-se tarefa mais fácil pôr as mãos em ação e construir sua própria cabana do que se arriscar em uma batalha para desalojar seu vizinho.

Não há nesta situação nenhuma relação de ordem jurídica: os homens protegem suas moradas, quando necessário, mediante sua força física (isto é, o mais forte consegue manter seu terreno) e não incidem quaisquer

---

122 FAÏCK, Denis. *Le Travail. Anthropologie et Politique. Essai sur Rousseau*. Genève: Droz, 2009, p. 79.

123 A nota 7 (correspondente à página 167 do *Segundo Discurso*) da *Pléiade* apresenta a seguinte observação, ao destacar a importância desta modificação do trabalho e da técnica na passagem para a juventude do mundo: "nenhuma divisão do trabalho ainda intervém neste estado, que corresponde muito bem ao paleolítico de nossa pré-história. A segunda revolução, cujas consequências serão mais consideráveis, será marcada pela invenção da agricultura e da metalurgia (cf. p. 171.). As ligações humanas se modificarão novamente quando as técnicas de produção dos alimentos substituírem as simples atividades de colheita" (OC, III, *Notas sobre o Segundo Discurso*, nota 7 da página 167, p. 1343).

124 OC, III, *Segundo Discurso*, p. 167.

direitos sobre o solo. Trata-se apenas de uma *espécie de propriedade*, ou seja, uma mera ocupação que não cria nenhum direito e tampouco advém de direito anterior, mas que, ainda assim, será, como aponta Goldschmidt, uma "antecipação inconsciente do direito do primeiro ocupante e do direito nascente da 'mão de obra'".[125] Trata-se dos primeiros esboços daquilo que se tornará uma ideia mais complexa de propriedade. Seu advento, como verdadeiro direito, ocorrerá somente com a conclusão do pacto, mas desde logo é exposta como possuindo seus primeiros fundamentos no exercício prolongado da posse, somado a um trabalho contínuo e produtivo na terra, que justifique a duração na ocupação.[126]

Embora relacionado à assistência comum, o trabalho neste estágio do estado de natureza articula-se inicialmente a uma autonomia e a uma atividade pontual: o homem trabalha moderadamente, tendo em vista sua própria subsistência e emprega seu tempo para si mesmo; sua atividade produtiva reverte para si próprio ou, no limite, para sua família, e não para um outro; não há, tampouco, exploração, subordinação ou alienação, e são numerosos os momentos de ociosidade e descanso, isto é, tal período proporciona uma vida equilibrada entre labor e lazer. A cooperação mútua nas atividades é vantajosa, sem que represente, neste momento, uma dependência servil em relação ao outro, considerando-se que o trabalho não é dividido e o homem não necessita e não prevê a acumulação de produtos ou bens: pretende suprir necessidades mais presentes do que futuras. Como aponta Olgária Matos, este período ca-

---

125 GOLDSCHMIDT, Victor, p. 495. Goldschmidt também observa que esta *espécie de propriedade* encontrava-se de acordo com o direito natural, e opera em um período no qual há "uma espécie de economia doméstica, excluindo toda a ideia de *crematística*, isto é, todo desejo de possuir mais que o outro (...)" (GOLDSCHMIDT, Victor, p. 537).

126 Segundo Gabrielle Radica, "a verdadeira propriedade será conferida por um trabalho regular e produtivo que justifica o gozo durável de uma coisa, destacadamente de uma terra" (RADICA, Gabrielle. L'histoire de la raison. Anthropologie, politique et moral chez Rousseau. Paris: Honoré Champion, 2008. p. 120). Nos ocuparemos mais detidamente sobre o advento da propriedade no capítulo subsequente.

racteriza-se por ser o momento do valor de uso.[127] Os objetos produzidos e utilizados, assim, não eram feitos tendo em vista a troca e nem para serem disponibilizados em um "mercado", não eram concebidos para serem vendidos ou cambiados, mas sim para serem utilizados pelo indivíduo ou pela família: a economia era de subsistência e o homem criava bens e retirava as produções da natureza, transformando-as e tendo em vista servir suas necessidades.[128] Não se trata, portanto, de valor de troca, tampouco de uma economia política.[129]

Propiciada por condições materiais fornecidas pelo trabalho e pelo invento técnico, esta época dá ensejo a novas paixões e à proximidade das relações: foi possível ao homem, agora vivendo com seus semelhantes sob o solo do lar comum, ter acesso a sentimentos que não experimentaria caso permanecesse em seu primeiro estado de natureza. Para Rousseau seria lamentável se tais sentimentos nunca fossem experimentados,[130] e, assim, "o hábito de viver junto fez nascer os mais doces sentimentos conhecidos dos homens: o amor conjugal e o amor paternal".[131] Ora, os homens habituam-se à convivência e a depender das

---

127 Cumpre aqui ressalvarmos que o termo, entretanto, não é utilizado por Rousseau. MATOS, Olgária. *Rousseau – uma Arqueologia da Desigualdade*. São Paulo: MG, 1978, p. 40.

128 Não seria ocioso lembramos que as necessidades ainda são poucas, tendo em vista como paradigma de medida as três categorias de desejos descritas no primeiro capítulo, e considerando o quadro histórico e antropológico que caracteriza o estado de juventude do mundo.

129 Anacronicamente, poderíamos denominá-la de *economia de produção*. Starobinski, por exemplo, faz uso deste termo, ao argumentar, em sua introdução para o *Segundo Discurso*, o seguinte: "empreguei intencionalmente os termos modernos que Rousseau não conhecia: mas, se ele ignora a palavra, ele descreve perfeitamente a coisa" (STAROBINSKI, Jean. OC, III, *Introductions. Discours sur "L'Origine de l'Inégalité"*, p. LXIII. Paris: Gallimard, 1964; ed. bras., p. 401).

130 Também a este respeito, conferir as considerações acerca presentes em notas do *Capítulo I – A Preguiça e o Estado de Natureza*, particularmente quando evocamos o *Contrato Social (Primeira Versão, Manuscrito de Genebra)*. Vimos que a felicidade consistiria apenas em não conhecer a miséria.

131 OC, III, *Segundo Discurso*, p. 168.

TRABALHO E ÓCIO

comodidades proporcionadas pelo desenvolvimento da técnica e, desta forma, evitam, respectivamente, a dispersão e não mais podem dispensar o uso de instrumentos. A utilização reiterada de ferramentas e comodidades, logo conduzida à condição de hábito, faz com que a fruição dos objetos se torne desinteressada. Em *Emílio* encontramos uma definição mais precisa das causas que originam o hábito: este comportamento encontra seus fundamentos na preguiça natural do homem que, buscando sempre realizar suas ações segundo a lei de mínimo esforço possível, opta por "seguir um caminho já trilhado": "*a atração do hábito vem da preguiça natural do homem, e esta preguiça aumenta deixando-se levar livremente por ele: faz-se mais comodamente aquilo que já se fez, o caminho já trilhado torna-se mais fácil de seguir*".[132] Pouco a pouco, portanto, os indivíduos adquirem outros gostos, distanciam-se do puro estado de natureza em que inicialmente se encontravam e "quanto mais nos afastamos do estado de natureza, mais perdemos de nossos gostos naturais; ou antes, o hábito forma para nós uma segunda natureza, que substituímos de tal maneira à primeira que ninguém entre nós conhece mais esta primeira".[133] O homem da juventude do mundo possui traços característicos que o distinguem dos primeiros (e indolentes) selvagens.

Estas mudanças também se fazem sentir nas formas gregárias de organização. É estabelecida uma primeira repartição fixa de tarefas, até então inexistente, e são entabuladas variadas diferenças entre os sexos: "as mulheres tornaram-se mais sedentárias e acostumaram-se a cuidar da cabana e das crianças, enquanto o homem iria procurar a subsistência comum".[134] Observadas as características deste estágio do estado de natureza, no qual

---

132 OC, IV, *Emílio*, Livro II, p. 421, nota (grifo nosso); ed. bras., p. 205.

133 OC, IV, *Emílio*, Livro II, p. 407-408 ed. bras., p. 190. No exórdio do *Segundo Discurso*, Rousseau também ressalta a capacidade do hábito de embotar, mas não de apagar por completo, uma primeira natureza do homem: "É, por assim dizer, a vida de tua espécie que irei descrever-te, segundo as qualidades que recebeste, que tua educação e *teus hábitos puderam depravar, mas que não puderam destruir*" (OC, III, *Segundo Discurso*, p. 133).

134 OC, III, *Segundo Discurso*, p. 168.

se instaura esta primeira forma de distribuição de afazeres, a harmonia entre labor e lazer aperta os laços que formam o seio familiar. Esta organização engendra uma nova relação dos indivíduos com o tempo dedicado ao trabalho e ao lazer e, sem recair novamente na ociosidade paradisíaca e original, "os dois sexos começaram também, com uma vida um pouco mais lânguida, a perder um tanto de sua ferocidade e de seu vigor".[135]

A languidez não exclui o trabalho da juventude do mundo, mas convive de maneira harmoniosa com a atividade laboriosa, em uma proporção adequada e moderada entre divertimento e faina. É na observação deste período que a afirmação de Starobinski ganha seu sentido: "o trabalho em comum, o labor partilhado permitem responder às exigências da necessidade. Mais bem assegurados de subsistir, os homens conhecem a alternância do trabalho e do lazer. Tornam-se disponíveis para o desenvolvimento das paixões".[136]

As alterações antropológicas e gregárias ocorridas nesta etapa são favorecidas e impulsionadas, em grande medida, pelo advento da sedentarização[137] e do ócio passageiro, representado pelos momentos de lazer. Observando estas mudanças, Yves Vargas argumenta que a ociosidade funciona, nesse período, como "fermento cultural e social".[138] A sedentarização somente pode tornar-se possível em um momento posterior ao desenvolvimento de determinadas habilidades técnicas e instrumentais do homem e após a realização de certa atividade laboral, que tornará a região um local habitável. Somente depois de vencer a resistência natural e tendo condições materiais para criar cabanas e abrigos, os indivíduos poderão, então, estabelecer-se em determinada localidade, organizar

---

135 OC, III, *Segundo Discurso*, p. 168. Optamos por traduzir como *languidez* o termo *molle*, como lemos no original: "*un peu plus molle*".

136 STAROBINSKI, Jean. *Rousseau et l'origine des langues*. In: *La Transparance et l'obstacle*. Paris: Gallimard, 1971. p. 370-371; Ed. bras.: p. 424-425.

137 GOLDSCHMIDT, Victor. p. 442.

138 VARGAS, Yves. *Les promenades matérialistes de Jean-Jacques Rousseau*. Pantin: Les Temps de Cerises, 2005. p. 194.

TRABALHO E ÓCIO

suas atividades e constituir família, desfrutando de um tempo de repouso em comum com seus semelhantes. Uma vez satisfeitas as necessidades fundamentais que garantem a sobrevivência, o homem transita para um período no qual pode desfrutar de uma variação entre labor e divertimento. Superada a urgente luta pela sobrevivência, conquistada através de um trabalho iniciado, e com o desenvolvimento dos meios materiais e a transformação de um trabalho primitivo em um trabalho moderado, ambos estimulados pela perfectibilidade, os indivíduos passam a possuir o tempo suficiente para se sedentarizar e poder desfrutar do lazer que sua produção, aliada ao ambiente familiar e de segurança criado, a eles proporcionou. É estabelecido um "solo de confiança"[139] a partir do qual as relações se desenvolvem, e onde o repouso e o trabalho moderado tornam-se harmônicos e possíveis.

Preparam-se aos poucos as condições propícias ao sedentarismo e ao desenvolvimento das famílias; sob o aguilhão do trabalho, são transformadas e criadas as condições materiais para que os homens se assentem em determinado local, estabeleçam-se em grupos fixos e coabitem o mesmo espaço. Neste novo quadro os homens podem, finalmente, gozar de um ócio diferente daquele presente no estado puro de natureza: não se trata de uma preguiça absoluta ou paradisíaca, mas um tempo de distração que preenche os intervalos de trabalho e que ensejará momentos propícios para o canto e para a dança. Perdendo seu vigor físico originário, os homens logo passam a reunir-se em locais determinados, e, estabelecendo um modo de vida no qual a altercação entre trabalho e lazer torna-se importante fio condutor para a consolidação dos relacionamentos, formam nações de costumes semelhantes.

Escoa-se o tempo na narrativa do *Segundo Discurso* e os traços que formam e condicionam este período paulatinamente se alteram. Com a

---

139 "(...) se não houvesse a sedentarização criada pelo advento de um solo de confiança, o solo da familiaridade, na forma das coisas que adquirem para o homem uma conotação de valor, não haveria propriamente distinção de famílias" (CARDOSO, Sérgio. *Do desejo à vontade: a constituição da sociedade política em Rousseau*. In: *Discurso*, São Paulo, n. 6, p. 35-60, 1975, p. 38).

fabricação de instrumentos, agora superior às limitadas necessidades, os objetos construídos passam a exercer o papel de *comodidades inventadas* e, junto ao tempo disponível de ócio, tornam-se uma pesada sujeição que os homens impõem a si mesmos. Até então utilizando ferramentas com o intuito de prover e suprir suas necessidades, os indivíduos passam a empregá-las como "comodidades" para seu lazer, e abrem o terreno para o nascimento de atividades lúdicas, antes inexistentes: é possível, a partir deste momento, vislumbrarmos a gênese da dança, do canto, da festa. Criam-se necessidades, portanto, que perturbam o equilíbrio dos desejos. Eis a situação na qual os homens se encontram:

> Neste novo estado, com uma vida simples e solitária, necessidades muito limitadas e os instrumentos que haviam inventado para satisfazê-las, os homens, desfrutando de um grande lazer, empregaram-no para obter diversas espécies de comodidades desconhecidas de seus pais; foi este *o primeiro jugo que se impuseram sem pensar e a primeira fonte de males que prepararam para seus descendentes*, pois, além de continuarem assim a enlanguescer [*s'amolir*] o corpo e o espírito, tendo estas comodidades por hábito perdido quase todo seu atrativo, e, ao mesmo tempo, tendo sido degeneradas em verdadeiras necessidades, a privação tornou-se mais cruel do que era doce sua posse, e sentiam-se infelizes por perdê-las, sem serem felizes por possuí-las.[140]

Ainda assim, esse período de sedentarismo no qual nascem os primeiros grandes grupos (como as nações particulares), no qual se inauguram os entreolhares e a estima, em que surgem sentimentos até então desconhecidos (como o mérito e a beleza), e no qual o lazer faz também brotar o canto e a dança, foi uma época venturosa, da qual a humanidade saiu por um "funesto acaso que, para a utilidade comum, jamais deveria ter ocorrido".[141] O justo meio não é um estado quimérico ou edênico e

---

140 OC, III, *Segundo Discurso*, p. 168.

141 OC, III, *Segundo Discurso*, p. 171.

Trabalho e ócio

não se encontra fora da história; trata-se de um período simples, feliz e moderado, no qual o movimento entre trabalho e lazer desempenha funções essenciais na dinâmica que caracteriza esta etapa. É neste contexto que podemos situar a afirmação de Pierre Hadot, quando este argumenta que, para Rousseau, "a felicidade não se acha em um bem-estar exagerado, mas na vida simples e próxima da natureza".[142]

O canto e a dança, medrando nos momentos de ócio que ocupam o lapso temporal entre os períodos de trabalho, propiciam uma conjuntura que possibilita o despertar de sentimentos como a vaidade e o desprezo, que se desenvolvem em um cenário no qual a diferença de talentos e capacidades são observadas, e as diferenças entre os homens passam, portanto, a ser percebidas e sentidas pelos indivíduos, fazendo "nascer a consciência da diferença individual".[143] Este episódio é, se pensarmos em um sentido próximo ao de semelhança, *um espelho* da narrativa que descreve a circunstância na qual nasce a divisão do trabalho, descrita, no *Segundo Discurso*, poucos parágrafos adiante. Exploraremos a divisão do trabalho e seus efeitos no capítulo subsequente. Entretanto, não hesitemos, neste momento, em citar integralmente o trecho que revela o cenário no qual ocorrem as festas:

> À medida que as ideias e os sentimentos se sucedem, que o espírito e o coração se exercitam, o gênero humano continua a domesticar-se, as ligações se estendem e os laços se apertam. Acostumam-se a reunir-se diante das cabanas ou em torno de uma grande árvore: *o canto e a dança, verdadeiros filhos do amor e do lazer, tornam-se a diversão, ou melhor, a ocupação dos homens e mulheres ociosos e*

---

142 HADOT, Pierre. *O Véu de Ísis: ensaio sobre a história da ideia de natureza*. Tradução de Mariana Sérvulo. São Paulo: Loyola, 2006, p. 169.

143 OC, III, *Notas sobre o Segundo Discurso*, nota 4 da página 169, p. 1344. A nota continua o argumento, ao observar que "assim surgiu o desejo orgulhoso de ser preferido, a comparação que somente nos torna atentos aos outros para superá-los ou rejeitá-los".

agrupados. Cada um começou a olhar os outros e, por sua vez, a desejar ser olhado, e a estima pública teve um preço. Aquele que cantava ou dançava melhor; o mais belo, o mais forte, o mais hábil ou o mais eloquente tornou-se o mais considerado, e este foi o primeiro passo em direção à desigualdade e, ao mesmo tempo, em direção ao vício: destas primeiras preferências nasceram, de um lado, a vaidade e o desprezo e, de outro, a vergonha e o desejo; a fermentação causada por estes novos fermentos produziu, enfim, compostos funestos à felicidade e à inocência.[144]

A imagem do canto e da dança será retomada de forma mais detalhada em outro texto de Rousseau.[145] As nuances entre os variados tipos de trabalhos, realizados de acordo com aquilo que as diversas espécies de exigências naturais e fatores externos demandam, será explorada mais detidamente em alguns capítulos do *Ensaio Sobre a Origem das Línguas*. Nesta obra, em especial nos capítulos IX e X, são apresentadas reflexões sobre certos aspectos da conformação antropológica e social tendo em vista as múltiplas configurações climáticas e geográficas nas quais os homens se encontram. Finalmente, será o *Ensaio* o texto no qual poderemos observar de forma mais longa e detida de que maneira a importância do trabalho como resposta às diferentes condições do meio natural também se faz sentir na formação dos povos, criando condições materiais e espaços possíveis de convivência, tornando-se um elemento essencial no composto que forma a gênese antropológica e social de Rousseau.

---

144 OC, III, *Segundo Discurso*. p. 169-170.

145 OC, III, *Notas sobre o Segundo Discurso*, nota 4 da página 169, p. 1344.

A oposição entre os climas: o trabalho e as disposições geográficas (ou uma antropologia do Norte e do Sul)[146]

> "A esterilidade das terras torna os homens industriosos, sóbrios, persistentes no trabalho, corajosos, próprios para a guerra; é preciso que obtenham o que a terra nega. A fertilidade de um país proporciona, com o conforto, a indolência e certo amor à conservação da vida".
>
> Montesquieu, *O Espírito das Leis*, Livro XVIII, Capítulo IV.[147]

O *Ensaio Sobre a Origem das Línguas* nos situa em um cenário distinto daquele primeiro estado de natureza descrito no *Segundo Discurso*: com os indivíduos já saídos da ociosidade paradisíaca, conhecedores de uma técnica iniciada e empenhados em uma labuta manual e primitiva, o texto já parte do momento no qual os primeiros grupos começam a surgir e as famílias arriscam suas primeiras formações. Neste sentido, estabelecido o salto "de épocas" no interior de cada um dos textos, Starobinski tece a seguinte ponderação:

> Contrariamente ao *Discurso*, o *Ensaio* não remonta até a imagem hipotética do homem do primeiro estado de natureza, ainda solitário, *privado de todas as faculdades que ele adquirirá pelo trabalho e pela reflexão*, reduzido somente à virtualidade de uma liberdade e de uma perfectibilidade que ele exercerá, sob a provocação das circunstâncias, no curso de sua história ulterior. O *Ensaio*, situando mais tarde os 'primeiros tempos',

---

146 O item deste capítulo foi o tema de um artigo, modificado e retrabalhado, publicado na revista Trans/Form/Ação, vol. 41, n. 1, Jan./Mar. 2018

147 MONTESQUIEU, Charles-Louis de la Secondat, Baron de. *O Espírito das Leis*. Trad. Cristina Murachco. São Paulo: Martins Fontes, 2005, p. 295.

parte do reconhecimento recíproco dos indivíduos que começam a se agrupar.[148]

Nesta leitura, o trabalho precede (e é condição) do desenvolvimento das capacidades do homem. A história do desenvolvimento das faculdades humanas, bem como a história da razão, ocorre em paralelo com a história do trabalho: analisamos como a experiência fornece aos sentidos diversos objetos, fazendo com que a percepção, operando nas sutilezas e nuances das diferenças que distinguem um objeto do outro, pouco a pouco estabeleça comparações e crie uma rede de ligação entre os objetos conhecidos e desconhecidos. Assim, "aquele que viu somente um objeto não tem comparações a fazer (...) Mas, à medida que um objeto novo nos impressiona queremos conhecê-lo e procuramos relação entre ele e os que já conhecemos".[149] E, deste modo, será a partir do desenvolvimento gradual da comparação de ideias que nascerá a reflexão: "a reflexão nasce das ideias comparadas, e é a pluralidade de ideias que leva a compará-las".[150]

Ocorridas as primeiras catástrofes naturais, o quadro estático de isolamento e inércia do primeiro estado de natureza se rompe, dando início a uma fase de oposição do trabalho frente às adversidades naturais; os acidentes da natureza são um elemento fundamental que estabelece a ocasião propícia para os primeiros encontros, as iniciais causas de aproximação entre os homens:

> As associações de homens são, em grande parte, obra dos acidentes da natureza — os dilúvios particulares, os mares extravasados, as erupções dos vulcões, os grandes tremores de terra, os incêndios despertados pelo raio e que destroem as florestas, tudo que atemorizou e dispersou os selvagens de uma

---

148 STAROBINSKI, Jean. OC, V, *Introductions. Essai sur l'origine des langues*. Paris: Gallimard, 1995. p. CLXXIII (grifo nosso).

149 OC, V, *Ensaio Sobre a Origem das Línguas*, Cap. IX, p. 396.

150 OC, V, *Ensaio Sobre a Origem das Línguas*, Cap. IX, p. 396.

Trabalho e ócio

região, depois reuniu-os para reparar em conjunto as perdas comuns.[151]

As adversidades da natureza ocasionam, portanto, a proximidade entre os indivíduos que, para repararem as perdas através do trabalho comum, associam-se, ainda que de maneira efêmera e fugaz, em pequenos grupos. À medida que progressivamente passa a estabelecer relação entre objetos, a comparação conduz o homem a observar não apenas as coisas ou os animais, mas também os outros homens. O homem gradualmente passa a enxergar-se no outro, a reconhecer-se no outro, isto é, a perceber seu semelhante como seu igual. Somente após essa transição, e uma vez o trabalho e a técnica tendo estabelecido determinadas condições materiais, é que as famílias poderão iniciar sua formação.

Desta forma, iniciado o movimento histórico do estado de natureza, no qual o ócio, frente às necessidades, deverá dar lugar à atividade, surgirão então novos modos de vida que se desenvolverão gradualmente: "a indústria humana se estende com as necessidades que a fizeram nascer".[152] Para explicar este desenvolvimento, Rousseau recorre a uma divisão tripartite devedora de uma tradição,[153] que é então evocada no *Ensaio* para

---

151 OC, V, *Ensaio Sobre a Origem das Línguas*, Cap. IX, p. 402.

152 OC, V, *Ensaio Sobre a Origem das Línguas*, Cap. IX, p. 399.

153 A divisão tradicional remonta aos pensadores e historiadores da antiguidade, como nos lembra Victor Goldschmidt, sempre em referência às reflexões de Lucien Febvre. Em seu livro *La Terre et l'évolution humaine*, o Capítulo III ("As Noções do Gênero de Vida. Os povos caçadores e pescadores"), traz a classificação dos três estados possíveis: "Sabe-se que os autores antigos possuíam, acerca da classificação dos povos, ideias muito claras – além disso, tão plausíveis que as gerações sucessivas devotamente as transmitiram, sem quase nada modificá-las, até estes últimos anos. Para os historiadores e os teóricos políticos da antiguidade, a humanidade havia passado por três sucessivas fases. Inicialmente, ela havia vivido da caça e da pesca. Posteriormente, do pastoreio [*élevage*]. Depois, da agricultura. Sucessão cronológica regular e normal: não era natural e verossímil que a caça e a pesca houvessem precedido a vida pastoral, e que esta havia precedido a vida agrícola? Todos os povos haviam, então, nesta ordem, atravessado estes três estados, com a mesma simplicidade e a mesma facilidade que todos os indivíduos

144   Thiago Vargas

explicar as diferenças entre as formas de subsistência e, em ligação direta a estas, a distância de cada período em relação ao estado social.[154]

O primeiro gênero de vida é classificado, em relação à subsistência, como o da caça e da pesca e, em relação ao estado social, como o estado dos selvagens. Este primeiro estágio "emprega o corpo para a força, a alma para a coragem, a astúcia, enrijece o homem e o torna feroz".[155] Tornam-se caçadores os mais diligentes e ativos, de consti-

---

atravessam, igualmente em ordem, a juventude, a idade madura e, depois, a velhice" (FEBVRE, Lucien. *La Terre et l'évolution humaine*. Paris: Albin Michel, 1949, p. 291). Poderíamos fornecer como exemplo, dentre esses autores da antiguidade, a seguinte passagem da obra *Política*, de Aristóteles: "(...) há grandes diferenças nos modos de vida dos homens. Os mais indolentes são pastores (já que a alimentação que os animais domésticos lhes fornecem é obtida sem fadiga ou esforço; mas os rebanhos necessariamente tendo que se deslocar de lugar por conta do pasto, os próprios homens são obrigados a acompanhá-los, como se cultivassem alguma espécie de terra dotada de vida). Outros homens vivem da caça, e cada homem vive de diferentes ou determinados gêneros de caça: alguns, por exemplo, vivem de banditismo [*brigandage*]; outros de pesca – são aqueles que habitam as margens dos lagos, dos pântanos, dos rios ou de mares repletos de peixe e onde a pesca é possível. Outros, ainda, alimentam-se de pássaros ou animais selvagens. Mas, de maneira geral, a espécie humana vive sobretudo da terra e da cultura de seus produtos. É esta, portanto, a enumeração completa dos diferentes modos de vida, aquelas ao menos cuja atividade produtiva é autônoma, e que, para obter sua alimentação, não necessitam nem das trocas nem do comércio: tal é o gênero de vida do pastor, do agricultor, do salteador [*brigand*], do pescador, do caçador" (ARISTÓTELES. *La Politique*. Tome I. Traduction par J. Tricot. Paris: J. Vrin, 1962, p. 51-52. Política, I, 8, 1256a30 à 1256b).

154   Rousseau utiliza os seguintes termos: em relação às necessidades de subsistência, "são três as maneiras de viver possíveis para o homem" (OC, V, *Ensaio Sobre a Origem das Línguas*, p. 399), e escreve em seguida, "à divisão precedente se relacionam os três estados do homem considerado em relação à sociedade" (OC, V, *Ensaio Sobre a Origem das Línguas*, p. 400). A esta relação adiciona-se, ainda, aquela referente às diferenças na escrita: "estas três maneiras de escrever correspondem com muita exatidão aos três diversos estados sob os quais se podem considerar os homens reunidos em nações. A pintura dos objetos convém aos povos selvagens; os signos das palavras e das proposições aos povos bárbaros; e o alfabeto aos povos policiados" (OC, V, *Ensaio Sobre a Origem das Línguas*, p. 385).

155   OC, V, *Ensaio Sobre a Origem das Línguas*, Cap. IX, p. 399.

TRABALHO E ÓCIO

tuição física mais forte; assim, "aqueles que sempre andavam à frente somente podiam viver de frutos e da caça: tornaram-se caçadores, violentos, sanguinários; depois, com o decorrer dos tempos, guerreiros, conquistadores, usurpadores".[156] Embora reunidos em grupos, as relações não eram seguras e nem duradouras. "Nada conhecendo, tudo temiam: atacavam para se defender"[157] e não possuíam, finalmente, nenhuma "ideia de fraternidade comum".[158]

Por sua vez, o segundo gênero é denominado como estado dos bárbaros, e é caracterizado pela arte pastoral, "mãe[159] do repouso e das paixões ociosas",[160] a que melhor basta a si mesma. É composta por um maior contingente de pessoas que no primeiro estágio, no qual o indivíduo, "menos ativo e mais passivo, desde que pode parou, reuniu o gado, cercou-o e tornou dócil a voz do homem. Para alimentá-lo, aprendeu a guardá-lo e a multiplicá-lo".[161] Após a intensa agitação e nomadismo que caracterizam as primeiras horas da saída do estado de natureza da ociosidade paradisíaca, marcada pela incessante luta contra os obstáculos, a inquietação e a atividade contínuas dão lugar ao repouso e à sedentarização, que farão emergir novos sentimentos. Mais propícia à aproximação dos homens e fermentadora de paixões que formam fagulhas de um sentimento gregário, esta maneira de viver despertou paixões ociosas, inaugurando um período de sedentarismo e divisão entre tempo de trabalho e tempo de lazer, que acabam por estimular relações mais profundas e estáveis.

Finalmente, o terceiro modo de se viver é o do homem civilizado e agricultor [*laboureur*], isto é, o período da agricultura. Trata-se de uma atividade que demora a nascer, pois deve necessariamente "conter todas

---

156 OC, V, *Ensaio Sobre a Origem das Línguas*, Cap. IX, p. 399.

157 OC, V, *Ensaio Sobre a Origem das Línguas*, Cap. IX, p. 395.

158 OC, V, *Ensaio Sobre a Origem das Línguas*, Cap. IX, p. 395.

159 Rousseau utiliza a palavra *père* para se referir a *l'art pastoral*.

160 OC, V, *Ensaio Sobre a Origem das Línguas*, Cap. IX, p. 400.

161 OC, V, *Ensaio Sobre a Origem das Línguas*, Cap. IX, p. 399.

as artes",[162] isto é pressupõe também o conhecimento técnico sobre o manejo e fundição de metais. É, portanto, um elemento cultural avançado. Introduzindo os germes que "levam à propriedade, ao governo, às leis e, gradualmente, à miséria e aos crimes, que são inseparáveis, pela nossa espécie, da ciência do bem e o mal",[163] rompe com estado precedente de juventude do mundo, instaura a divisão do trabalho (e, assim, introduz uma nova relação com o homem e sua atividade, que não mais será baseada na autonomia, felicidade e autossuficiência) e conduz, por fim, o homem à sua degeneração: ao pacto proposto pelo rico e que deverá fundar a sociedade.

Goldschmidt argumenta que no *Segundo Discurso* Rousseau abandona a tripartição "livresca"[164] utilizada no *Ensaio* para designar os três modos possíveis de se viver do homem, para permanecer, então, com uma bipartição fundamental,[165] na qual o primeiro e o segundo estágio (o da caça e o da arte pastoral, respectivamente) se fundem em um só, se pondo em oposição à agricultura. Ainda, a própria terminologia utilizada por Rousseau indica um abandono desta tradicional tripartição: entre "bárbaros" e "selvagens", Rousseau, no *Discurso*, conserva apenas o segundo, referindo-se ao homem no estado de natureza e opondo-o ao homem em sociedade.[166]

Importa-nos aqui ressaltar que, não obstante se encontrem aglutinados no *Segundo Discurso*, ambos os estágios da evolução humana

---

162 OC, V, *Ensaio Sobre a Origem das Línguas*, Cap. IX, p. 400.

163 OC, V, *Ensaio Sobre a Origem das Línguas*, Cap. IX, p. 400.

164 O termo é utilizado eufemisticamente por Goldschmidt. Transcrevemos o trecho no original: "Dans l'*Essai* en effet, cette division des trois âges présente quelque chose de livresque, pour ne pas dire scolaire" (GOLDSCHMIDT, p. 418).

165 GOLDSCHMIDT, p. 419.

166 GOLDSCHMIDT, p. 419. Dentre todos os elementos trazidos para ressaltar certas similitudes e diferenças entre o *Segundo Discurso* e o *Ensaio*, Goldschmidt propõe que os três estágios da evolução humana são fundamentais para situar a data de escrita dos dois textos. Para Goldschmidt, o *Ensaio* é anterior ao *Segundo Discurso*: "A comparação entre os dois escritos faz surgir, sobre o ponto em questão [a tripartição dos modos de vida], mais divergências que semelhanças. Ela junta até mesmo, ao nosso ver, um índice suplementar e decisivo em favor da anterioridade do *Ensaio* em relação ao *Discurso*" (GOLDSCHMIDT, p. 148).

TRABALHO E ÓCIO

se fazem presentes no texto e comportam o surgimento da técnica e do trabalho e, tanto o primeiro quanto o segundo (este que, segundo Goldschmidt, é o resultado natural do primeiro),[167] estão de acordo com a natureza e expressam uma relação de ordem antropológica que se liga à felicidade.[168] O trabalho seria de qualquer forma presente, assim, em um estado pré-social, e, mais ainda, atuaria de maneira marcante e decisiva no estado de juventude do mundo.

* * *

No processo de determinação das qualidades e outras condicionantes que caracterizarão Emílio, o preceptor, buscando condições modelares de educação e a localização ideal de proveniência de seu pupilo, estabelece a seguinte polarização: "no Norte os homens consomem muito em um solo ingrato; no merídio consomem pouco em um solo fértil. Nasce disto uma nova diferença que torna uns *laboriosos* e os outros *contemplativos*".[169] Uma passagem no *Segundo Discurso*, utilizando *indústria* como sinônimo de *labor ou trabalho*, também remete a esta diferença: "observaria que, em geral, os povos do Norte são mais industriosos que aqueles do merídio, por menos poderem livrar-se de sê-lo".[170] É no *Ensaio Sobre a Origem das Línguas*, entretanto, que Rousseau, tomando como referência esta ideia apresentada em *Emílio* e no *Segundo Discurso*, desenvolve os desdobramentos desta mesma polarização. Desta forma, o *Ensaio* distingue dois extremos geográficos onde as diferenças nas maneiras de se viver e de responder às exigências climáticas formarão os fundamentos nos quais as línguas irão adquirir determinada forma[171]

---

167 GOLDSCHMIDT, p. 419.

168 GOLDSCHMIDT, p. 419.

169 OC, IV, *Emílio*, Livro I, p. 267 (grifo nosso); ed. bras., p. 32.

170 OC, III, *Segundo Discurso*, p. 143-144.

171 Para não nos desviarmos do escopo de nossa proposta, não será objeto de nossa atenção a análise pormenorizada ou o destrinchar da teoria linguística e musical que Rousseau apresenta no *Ensaio*, embora por vezes esbarraremos em ques-

e nos quais as necessidades e as paixões constituirão um composto de influência na evolução e na formação das línguas. O trabalho, a resposta humana à avareza natural e um contorno aos obstáculos do meio, desempenhará o papel essencial de fornecer condições materiais necessárias para a habitação de um terreno que se demonstra pouco acolhedor. Entretanto, a importância do trabalho e de sua organização se faz sentir diretamente na formação dos indivíduos e dos povos, ou seja, trata-se de composto ativo na gênese antropológica e social. Premidos pela necessidade, os homens reúnem-se pelos primeiros trabalhos comuns: o labor cria os alicerces necessários que possibilitam os primeiros relacionamentos e que, posteriormente, formarão a base da sociedade iniciada. Já a formação de uma língua particular refletirá tanto as condições climáticas e geográficas na qual se moldou, como também as condições materiais que a forjaram: em lugares onde a agitação laboriosa é muito necessária, a língua torna-se articulada e monótona;[172] por sua vez, regiões onde predominam paixões ociosas e certa indolência é possível, a língua constitui-se com muitos acentos e energia.[173]

A diversidade geográfica estabelece em cada região determinadas conformações climáticas e de solo. Tendo em vista as imensas diferenças geográficas e entre climas que separam os dois polos, cada qual com suas influências externas características que acabam por forçar a coexistência, exige-se dos homens respostas diversas frente à situação na qual se encontram, e assim, diferentes tipos de trabalhos e atividades se estabe-

---

tões concernentes ao tema, limitando-nos, quando necessário, apenas a algumas pontuações. O assunto merece estudos próprios, e podemos destacadamente apontar duas grandes linhas de leitura do *Ensaio*: a de Bento Prado Júnior, com seu *A Retórica de Rousseau* (São Paulo: Cosac Naify, 2008), e aquela de Jacques Derrida, abordada em *De la Grammatologie* (Paris: Minuit, 1967).

172 Ou ainda uma língua "arrastada", morosa.

173 "Ora, em uma língua acentuada, são os sons, os acentos, as inflexões de toda espécie que compõem a maior energia da linguagem, e tornam uma frase, comum em outro contexto, própria somente ao lugar onde se encontra" (OC, V, *Ensaio Sobre a Origem das Línguas*, Cap. V, p. 388).

TRABALHO E ÓCIO

lecem entre grupos que se situam em localidades distintas;[174] variadas *indústrias e labutas* acabam por estabelecer diferentes modos de vida. À necessidade que impõe a aproximação forçada, segue-se necessariamente a urgência do trabalho, fio de ligação dos primeiros agrupamentos, urdindo os contatos iniciais por meio de atividades coletivas que têm por fim compensar as dificuldades naturais. Nos termos de Derrida, "a sociedade somente se cria para reparar os acidentes da natureza (...) Segue-se uma admirável descrição do trabalho do homem, cuja 'mão' retém a degradação da natureza e 'atrasa este progresso'".[175]

A polarização entre Norte e Sul explicará as diferenças e as origens das línguas: são as estações e as diferenças da terra que darão ritmo a este "movimento de cultura"[176] que é a formação das línguas. O local de origem da língua, caracterizado por determinadas conformações da natureza que o distinguem (solo, clima, posição geográfica, estações) dá uma explicação da diferença e da própria origem:

> A principal causa que as distingue é local, vem dos climas onde elas nascem e da maneira pela qual elas [as línguas] se formam; é a esta causa que é preciso remontar para conceber a

---

174 Cf. *Capítulo II*, item *Fazer instrumental e trabalho primitivo: a gênese da história e o despertar das faculdades a partir da gênese do trabalho.* Arrolamos novamente a passagem, ressaltando o trecho que fundamenta o parágrafo que segue a esta nota: "À medida que o gênero humano aumentou, as labutas [*peines*] se multiplicaram com os homens. A diferença dos terrenos, dos climas, das estações, pode forçá-los a estabelecê-la nas maneiras de viver. Anos estéreis, invernos longos e rudes, verões escaldantes que tudo consomem, exigiram deles uma nova indústria [*industrie*]" (OC, III, *Segundo Discurso*, p. 165).

175 DERRIDA, Jacques. *De la Grammatologie.* Paris: Minuit, 1967, p. 367-368; ed. bras., p. 316.

176 É preciso ressalvarmos, entretanto, que a língua não é, de acordo com Derrida, um "simples elemento da cultura", mas sim elemento que precede a própria formação da sociedade: é elemento, portanto, da "instituição em geral" e constrói a estrutura social. Surgindo antes da sociedade, ela é pré-cultural e suas causas são, deste modo, naturais (DERRIDA, Jacques. *De la Grammatologie.* Paris: Minuit, 1967, p. 310-313; ed. bras., p. 265-268).

diferença geral e característica que notamos entre as línguas do Meridiano e do Norte.[177]

São causas naturais, portanto, que explicam a gênese da primeira instituição social, a *fala*:

> O uso e a necessidade fazem cada pessoa aprender a língua de seu país; mas o que faz que esta língua seja a de seu país e não de um outro? Para explicar isto, é preciso remontar a alguma razão pertinente ao local, e que seja anterior aos próprios costumes: a fala, sendo a primeira instituição social, só deve sua forma a causas naturais.[178]

As línguas do Norte estruturam-se utilizando primordialmente os moldes fornecidos pela necessidade: "a primeira palavra não foi *amai-me* [aimez-moi], mas *ajudai-me* [aidez-moi]".[179] Ante os rigores do clima, torna-se embaraçosa a satisfação dos desejos, e o trabalho incessante, imprescindível para a sobrevivência, acabará por abafar as paixões. É no seio da carência de produções naturais que nascem as línguas setentrionais. Entretanto, é a agitação laboriosa, resposta à necessidade, que aproximará os indivíduos: os homens superam as primeiras dificuldades graças a uma atividade coletiva, isto é, forçados pela necessidade se agrupam e realizam um trabalho coletivo que se opõe aos rigores da natureza. Ainda seguindo esta divisão entre o amor e o auxílio, entre a paixão e a necessidade, as formações das línguas do Sul inclinam-se em direção ao primeiro extremo: são línguas que em sua gênese possuem como composto dominante as paixões.[180]

---

177 OC, V, *Ensaio Sobre a Origem das Línguas*, Cap. VIII, p. 394.

178 OC, V, *Ensaio Sobre a Origem das Línguas*, Cap. I, p. 375.

179 OC, V, *Ensaio Sobre a Origem das Línguas*, Cap. IX, p. 408.

180 "Em uma palavra, nos climas doces, nos terrenos férteis, foi preciso toda vivacidade das paixões agradáveis para começar fazer falar os habitantes" (OC, V, *Ensaio Sobre a Origem das Línguas*, Cap. IX, p. 407).

TRABALHO E ÓCIO

A primeira aproximação pelo trabalho que ocorre no Norte, resposta aos apelos da necessidade, também vale para os lugares quentes, como nas regiões áridas, nas quais os homens reúnem sua força e o trabalho de suas mãos para cavar poços e utilizá-los de maneira partilhada: essa atividade comum, fruto de um trabalho e uma reunião necessária para a superação de obstáculos da natureza, é que terá sido, diz Rousseau, a condição de possibilidade de formação das sociedades:[181]

> Nas regiões áridas foi preciso cooperação para furar poços e para abrir canais a fim de dessedentar os animais. Nelas veem-se homens associados desde tempos quase imemoriais, pois ou a região continuaria deserta ou então *o trabalho humano a tornaria habitável*.[182]

Nos países meridionais, onde o clima é quente, as primeiras atividades humanas concentram-se na dominação, controle e extração da água, trabalhos necessários e que tornam uma região estéril em local habitável: "Quanto aos países áridos", diz Rousseau, "somente são habitáveis pelos sangradouros e pelos canais que os homens tiraram dos rios".[183] É preciso que, através do trabalho humano, os homens interfiram no curso dos rios, construam poços e, modificando as disposições naturais, criem novos afluxos e dutos, deslocando novos braços de rios e dos mares, capazes de irrigar a terra. Esta atividade essencial de desvio e de transformação da natureza somente pode ser feita pelo trabalho: "antes do *trabalho humano*, as fontes, mal distribuídas, espalhavam-se mais desigualmente, fertilizavam menos a terra e saciavam mais dificilmente os habitantes".[184]

---

181 OC, V, *Ensaio Sobre a Origem das Línguas*, Cap. IX, p. 405. A habitação nos países de solo infértil só é possível mediante a irrigação da terra e, portanto, não havendo nenhum sistema ou desvio que permita uma fruição dos recursos hidráulicos, torna-se impossível o povoamento e a ocupação da região, como veremos mais adiante.

182 OC, V, *Ensaio Sobre a Origem das Línguas*, Cap. IX, p. 403 (grifo nosso).

183 OC, V, *Ensaio Sobre a Origem das Línguas*, Cap. IX, p. 405.

184 OC, V, *Ensaio Sobre a Origem das Línguas*, Cap. IX, p. 405 (grifo nosso).

Rousseau recorre à história, ao exemplo de alguns países que podem servir como modelos concretos que reforçam esta argumentação:

> A Pérsia inteira quase só subsiste por este artifício [os canais]; a China formiga de gente com a ajuda de seus numerosos canais; sem estes, os Países Baixos seriam inundados pelos rios, como, sem os diques, o seriam pelo mar; *o Egito, o mais fértil país da terra, só é habitável pelo trabalho humano.*[185]

É somente o trabalho que, contrapondo-se a um meio ambiente pouco acolhedor, é capaz de transformar as condições do meio, tornando um clima hostil em um lugar próprio à habitação e à vida: só o trabalho e a técnica permitem ao homem a adaptação aos mais diversos ambientes, podendo, assim, suprir aquilo que lhe falta e compensar o que o corpo não pode realizar – e, deste modo, o meio ambiente já não é um empecilho intransponível.[186] É em torno do trabalho comum, resposta frente à necessidade que agrupa e une os homens, que são construídas as bases materiais para o nascimento das sociedades e das línguas nos países quentes: "Nos lugares áridos, onde somente os poços forneciam água, foi preciso reunir-se para cavá-los, ou pelo menos entrar em acordo sobre seu uso. Esta deve ter sido a origem das sociedades e das línguas dos países quentes".[187]

Os poços e os locais de água, artifícios construídos através da atividade transformadora orquestrada sob a batuta do trabalho humano, formam, portanto, os primeiros espaços onde os contatos se travam duradouramente, onde os entreolhares se prolongam e nos quais "se formam

---

185 OC, V, *Ensaio Sobre a Origem das Línguas*, Cap. IX, p. 405 (grifo nosso).

186 O argumento é posto da seguinte forma por Denis Faïck: "a natureza aceita a sobrevivência do *homo faber*, que dominou o acordo com o mundo graças ao artefato que universaliza seu biótipo (...) o trabalho amplia o território do homem, que não precisa mais ficar restrito a um só ambiente como os animais, mas tem agora a capacidade de ser nômade" (FAÏCK, Denis. *Le Travail. Anthropologie et Politique. Essai sur Rousseau*. Genève: Droz, 2009. p. 67).

187 OC, V, *Ensaio Sobre a Origem das Línguas*, Cap. IX, p. 405.

Trabalho e ócio

os primeiros laços das famílias".[188] A companhia do semelhante passa a se tornar prazerosa e desejada, a ferocidade se arrefece e o selvagem aos poucos se apaga para dar lugar ao bárbaro.[189] O trabalho, deste modo, cria as condições materiais necessárias para o encontro e, assim, para o surgimento de novos sentimentos, estabelecendo o terreno e o tempo preciso para o exercício da arte pastoril, propiciando o cultivo de paixões ociosas e de um tempo de repouso.

Mas no Sul "a natureza faz tanto pelos habitantes que eles quase nada têm a fazer",[190] possibilitando longos períodos nos quais é possível o intervalo entre as labutas. O tempo de sedentarização, isto é, os períodos fora do tempo de trabalho, permitem o espaço partilhado nos quais os olhares se cruzam, formam um solo comum no qual os encontros se tornam frequentes e agradáveis, provocando o desabrochar de novas paixões e do amor. O trabalho e a técnica, criando o espaço e as condições essenciais para a *festa* em torno da água, permitem a fruição tranquila do tempo que propicia os encontros, duração que desperta o amor e que tece as primeiras costuras formadoras de um povo: "tal foi, enfim, o verdadeiro berço dos povos – do puro cristal das fontes saíram as primeiras chamas do amor".[191] Trata-se de uma relação com o tempo que é vislumbrada e ilustrada nos escritos autobiográficos:

> Jean-Jacques é indolente, preguiçoso como todos os contemplativos: mas esta preguiça está somente em sua cabeça. Ele não pensa senão com esforço, ele se fatiga a pensar (...) Entretanto, ele é vivo, laborioso à sua maneira. Ele não pode sofrer uma ociosidade absoluta: é preciso que suas mãos, seus pés, seus dedos se mexam, que seu corpo esteja em exercício

---

188 OC, V, *Ensaio Sobre a Origem das Línguas*, Cap. IX, p. 405.

189 "O coração emocionou-se com esses novos objetos, uma atração desconhecida o tornava menos selvagens, ele sentia o prazer de não estar só" (OC, V, *Ensaio Sobre a Origem das Línguas*, Cap. IX, p. 406).

190 OC, V, *Ensaio Sobre a Origem das Línguas*, Cap. X, p. 408.

191 OC, V, *Ensaio Sobre a Origem das Línguas*, Cap. IX, p. 406.

e que sua cabeça permaneça em repouso. Daí vem sua paixão pela caminhada; ele está em movimento sem ser obrigado a pensar. Em seus devaneios não se é ativo (...) No mais, detesta a coerção tanto quanto ama a ocupação. O trabalho não lhe custa nada desde que possa fazê-lo em seu tempo, e não no dos outros. Conduz sem esforço o jugo da necessidade das coisas, mas não o da vontade dos homens. Gostará mais de fazer uma tarefa dobrada tomando seu tempo que uma simples em um momento prescrito.[192]

E, mais adiante, Rousseau relata uma nova experiência com o tempo: tendo se desfeito de seu relógio, não ser esmagado pela pressão dos ponteiros, que, coercitivamente, também contam o tempo de produção:

Um dos momentos mais doces de sua vida foi quando, renunciando a todo projeto de fortuna para viver no dia-a-dia, ele se desfez de seu relógio. 'Graças aos céus', gritou ele em um acesso de alegria, 'nunca mais precisarei saber que horas são'![193]

Estas passagens nos auxiliam a ilustrar a concepção de tempo também presente neste período de transição que ocorre nas regiões do Sul: "nesta época feliz, onde nada marcava as horas, nada os obrigava a contá-las: o tempo não tinha outra medida que não o divertimento e o tédio".[194] Sem exercerem suas ocupações mediante um tempo imposto pelo outro, o trabalho torna-se fonte de contentamento e prazer, atividade capaz de prover autossuficiência e ser exercida com autonomia.

Este trabalho presente no estado de natureza, entretanto, não pressupõe divisão (somente com a invenção da metalurgia e a agricultura, como veremos no capítulo subsequente, ocorrerá a divisão), nem uma atividade penosa e imposta pelo outro; tampouco pressupõe alienação

---

192 OC, I, *Rousseau, Juge de Jean-Jacques, Deuxième Dialogue*, p. 845.

193 OC, I, *Rousseau, Juge de Jean-Jacques, Deuxième Dialogue*, p. 845-846.

194 OC, V, *Ensaio Sobre a Origem das Línguas*, Cap. IX, p. 405.

Trabalho e ócio

ou subordinação. A organização das tarefas realiza-se de maneira espontânea, marcada ao mesmo tempo pela autonomia do indivíduo e pelo caráter coletivo das obras. Não é necessário nenhum tipo de previdência ou cálculo interessado, que não compõem necessariamente a essência do trabalho.[195] Cada qual realiza seu labor à sua própria hora, sem exercer um esforço desagradável e nem mesmo com necessidade de qualquer espécie de acordo: em um clima ameno e de natureza mais amigável, as necessidades eram menos urgentes e:

> Podiam levar alguns homens a contribuírem para trabalhos comuns: um começava o tanque da fonte e, em seguida, o outro terminava, frequentemente sem ter tido menor necessidade do acordo e algumas vezes mesmo sem terem se visto.[196]

É a hostilidade da natureza e os diferentes graus de dificuldades que se apresentam pelo meio ambiente que irão determinar a quantidade, isto é, o tempo, e a espécie de trabalho necessário para que as condições exteriores se tornem mais adequadas à sobrevivência. O tempo de trabalho exigido no Norte, por exemplo, é maior que no do Sul.[197] No Norte, as intempéries mostram-se mais cruéis e somente com muito trabalho as dificuldades impostas pelo meio se dobram e se modificam através do labor humano. Diante do implacável frio, é preciso demonstrar um grande

---

195 A previdência, acessório que se agrega ao trabalho posteriormente, ocorrerá apenas no momento do surgimento da agricultura e da metalurgia, como pretendemos explorar ao abordarmos a divisão do trabalho. Neste estado, o homem permanece ainda com sua prudência maquinal, isto é, alguma noção acerca do futuro, mas ainda muito restrita.

196 OC, V, *Ensaio Sobre a Origem das Línguas*, Cap. IX, p. 407.

197 "Os climas doces, os países vigorosos e férteis, foram os primeiros a serem povoados e os últimos onde as nações se formaram, pois os homens ali podiam mais facilmente dispensar uns aos outros, e as necessidades que fazem nascer a sociedade fizeram neles se sentir mais tarde" (OC, V, *Ensaio Sobre a Origem das Línguas*, Cap. IX, p. 400). Como também pudemos ler em *Emílio*, os homens do Norte são mais laboriosos (pois o clima assim exige), enquanto os povos do Sul são mais contemplativos.

vigor físico e um trabalho quase incessante para que a natureza se transforme e a vida seja possível: a debilidade e a inação significam a morte.[198] A fim de adaptar-se para sobreviver, e já posta em ação a perfectibilidade, os homens passam a maior parte do tempo a construir e reconstruir artifícios, a trabalhar dia após dia contra os mesmos obstáculos, pois o inverno, intercalado apenas por um efêmero período de calor, sempre retorna para exigir novas forças dos braços. Desta maneira,

> Nestes horríveis climas onde tudo é morto durante nove meses do ano, onde o sol somente aquece o ar durante poucas semanas para mostrar aos habitantes de quais bens estão privados e para prolongar sua miséria; nestes lugares *onde a terra nada dá senão a custa de muito trabalho e onde a fonte da vida parece estar mais nos braços que no coração, os homens, sem cessar ocupados em prover sua subsistência, dificilmente pensavam em laços mais doces.*[199]

A fonte da vida parece estar mais nos braços: a sobrevivência só é possível com a labuta, e a vida pulsa através da atividade laboriosa. Esse trabalho constante – esse labor quase ininterrupto contra a violência do meio – é uma marca distintiva na formação dos povos do Norte, tornando-os um povo eminentemente laborioso,[200] fator que imprime uma feição indelével nos indivíduos e nos agrupamentos nascentes destes locais, deixando traços permanentes na história das nações que acabarão por se constituir em tais regiões. Será o trabalho o ponto de gravidade que

---

198 Rousseau escreve que "ainda que os homens se acostumem às intempéries do ar, ao frio, à doença, mesmo à fome, há, entretanto, um ponto onde a natureza sucumbe. Nas garras destas cruéis provocações, tudo aquilo que é débil perece; todo o resto ganha força, e não há meio termo entre o vigor e a morte" (OC, V, *Ensaio Sobre a Origem das Línguas*, Cap. X, p. 407).

199 OC, V, *Ensaio Sobre a Origem das Línguas*, Cap. X, p. 408 (grifo nosso).

200 Como vimos acima na passagem de *Emílio*, os povos do Norte caracterizam-se por serem laboriosos.

TRABALHO E ÓCIO

articula e permite a formação das sociedades do Norte, com indivíduos que se unem para combater as intempéries.[201] Assim,

> *A ociosidade que alimenta as paixões dá lugar ao trabalho, que as reprime.* Antes de pensar em viver feliz, era preciso pensar em viver. A necessidade mútua unindo os homens bem melhor que o sentimento teria feito, *a sociedade só se forma pela indústria*, o contínuo perigo de perecer não permitia que se limitasse à língua do gesto.[202]

As línguas do Norte são dotadas de uma clareza impositiva, pois desde logo é preciso fazer-se entender. As articulações tomam o lugar da energia e do acento verificado nas línguas do Sul,[203] e o desenvolvimento da linguagem setentrional, por sua vez, carrega indelevelmente a marca do frio invernal da natureza: "a língua torna-se mais exata, mais clara, porém mais arrastada, mais surda e mais fria".[204] O pedido de ajuda antecede o pedido de amor e o trabalho termina por reprimir as paixões: diferente das regiões meridionais, nas quais predominam as paixões "voluptuosas, que vêm do amor e da languidez"[205] (esta languidez que é fru-

---

201 Derrida nos lembra que "normalmente, a necessidade separa os homens no lugar de aproximá-los; no Norte, ela é a origem da sociedade" (DERRIDA, Jacques. *De la Grammatologie.* Paris: Minuit, 1967, p. 319; ed. bras., p. 274). As necessidades, todavia, são superadas pelo trabalho coletivo, que une os homens em prol de uma reparação comum.

202 OC, V, *Ensaio Sobre a Origem das Línguas*, Cap. X, p. 408 (grifo nosso).

203 Em comparação à formação das línguas do Norte às línguas do Sul, Rousseau escreve: "Nada havia para se fazer sentir, tudo havia para se fazer entender: não se tratava, portanto, de energia, mas de clareza. O acento, que o coração não fornecia, foi substituído pelas articulações fortes e sensíveis, e se houve na forma da linguagem qualquer impressão natural, esta impressão contribuiu ainda mais para a sua dureza" (OC, V, *Ensaio Sobre a Origem das Línguas*, Cap. X, p. 408).

204 OC, V, *Ensaio Sobre a Origem das Línguas*, Cap. V, p. 384.

205 OC, V, *Ensaio Sobre a Origem das Línguas*, Cap. X, p. 408.

to da indolência),[206] os homens do Norte, não eliminando suas paixões, entretanto, as possuem em outro tipo:

> Com efeito, os homens setentrionais não deixam de possuir paixões, mas as possuem de outra espécie (...) No Norte, onde os habitantes consomem tanto em um solo ingrato, os homens, submetidos a tantas necessidades, são fáceis de irritar; tudo o que se faz à sua volta inquieta-os: como eles só subsistem com labuta [*peine*], quanto mais são pobres, mais se apegam ao que têm; aproximá-los é atentar contra sua vida. Daí vem esse temperamento irascível, tão pronto para se tornar em furor contra tudo que os fere. Assim, suas vozes mais naturais são as da cólera e das ameaças, e estas vozes sempre se acompanham de articulações fortes que as tornam duras e barulhentas.[207]

O meio ambiente avaro do Norte impõe seu ritmo, fazendo com que a necessidade predomine sobre as paixões: enquanto nos climas meridionais, de natureza abundante e mais generosa (e, portanto, que exige menos tempo de trabalho e permite a dedicação de mais horas para o lazer e a inação), as necessidades nascem das paixões, nas regiões setentrionais tudo se inverte: encontram-se climas frios e compostos por uma natureza ameaçadora e mesquinha, recusando-se a entregar suas produções, e as paixões nascem das necessidades; as línguas, por sua vez, "filhas tristes da necessidade, ressentem-se de sua dura origem".[208]

Acuados pelos obstáculos que se impõem incessantemente e pelas revoluções que insistem em destruir repetidamente todo o trabalho anterior realizado, os homens são obrigados a se organizar coletivamente e de maneira constante para trabalhar: "O trabalho", escreve Starobinski, "implica uma duração que se organiza no contato com o obstáculo, a reflexão

---

206 DERRIDA, Jacques. *De la Grammatologie*. Paris: Minuit, 1967, p. 320; ed. bras.: p. 274.

207 OC, V, *Ensaio Sobre a Origem das Línguas*, Cap. X, p. 408.

208 OC, V, *Ensaio Sobre a Origem das Línguas*, Cap. X, p. 407.

TRABALHO E ÓCIO

é o agente dessa organização".[209] A mudança inicial não vem de dentro: é o constrangimento do *exterior*, realizado pelo meio, que força os indivíduos primeiramente a se agrupar e a estabelecer determinados acordos, forçando-os a recolher provisões comuns: "forçados a se abastecerem para o inverno, veem-se os habitantes no caso de se auxiliarem mutuamente, coagidos a estabelecer entre eles alguma espécie de convenção".[210]

Mas, assim como no Sul, é no espaço comum, criado mais uma vez pelas condições materiais oferecidas pelo trabalho, que os laços humanos se apertam. "Quando se tornam impossíveis as expedições e o rigor do frio os faz parar, *o tédio liga-os tanto quanto a necessidade*".[211] Mais uma vez, é fora do tempo de labor (mas, ainda assim, um tempo que é uma condição propiciada pelo próprio trabalho), em um local onde os encontros se tornam possíveis, que os relacionamentos e as paixões florescem. Contudo, a festa e os entreolhares não se dão em torno do poço ou da água, mas sim ao redor da fogueira, do *foyer*, um lar comum que conduz aos primeiros sentimentos de humanidade:

> Nem o estômago nem os intestinos do homem são feitos para digerir a carne crua; em geral, seu gosto não a suporta (...) Ao uso do fogo, necessário para cozinhá-las, junta-se o prazer que ele dá à vista e o calor agradável que dá ao corpo. O aspecto da chama, que faz os animais fugirem, atrai o homem. *Reúnem-se em torno de uma fogueira comum, aí se fazem festins, aí se dança; os doces laços do hábito aí insensivelmente aproximam o homem de seus semelhantes, e sobre esta fogueira rústica queima o fogo sagrado que leva ao fundo dos corações o primeiro sentimento de humanidade.*[212]

---

209 STAROBINSKI, Jean. OC, III, *Introductions. Discours sur "L'Origine de l'Inégalité"*, p. LX. Paris: Gallimard, 1964; ed. bras., p. 398.

210 OC, V, *Ensaio Sobre a Origem das Línguas*, Cap. X, p. 402.

211 OC, V, *Ensaio Sobre a Origem das Línguas*, Cap. X, p. 402 (grifo nosso).

212 OC, V, *Ensaio Sobre a Origem das Línguas*, Cap. IX, p. 403 (grifo nosso).

A reunião, desta forma, ocorre em um tempo forçado e não escolhido pelos indivíduos (diferente, por exemplo, do Sul, no qual os encontros acontecem de maneira mais espontânea): uma força externa impõe o tempo de contato e os coage à união. A duração dessa aproximação é também estabelecida pelo meio: os breves encontros do Norte, que engendram relações e sentimentos em torno do fogo e são temperados com o tédio, são bruscamente interrompidos pelo grito agudo da necessidade, incomodada pela hostilidade da natureza: "(...) reúnem-se no inverno em suas cavernas e, no verão, não mais se conhecem".[213] É necessário, após este retiro forçado para os abrigos rústicos, que novamente voltem aos trabalhos: a natureza permite pouco descanso, e as necessidades precisam, novamente, encontrar sua satisfação. O desenrolar das paixões têm sua continuidade quebrada pela necessidade da volta ao trabalho.

O trabalho não precisa aguardar o nascimento da sociedade, e tampouco o desenvolvimento da metalurgia e da agricultura, para obter sua certidão de existência e adquirir seu nome: a importância capital que ele desempenha na construção da gênese antropológica e social pensada por Rousseau, e sua fundamental atuação no estado de natureza, o credencia à condição de conceito filosófico fundamental.[214] O trabalho é, na verdade, condição de possibilidade da sociedade e da vida, fornecedor de condições materiais imprescindíveis para a sobrevivência e agente que liga e catalisa as primeiras aproximações humanas. Assim como a linguagem se dispõe como uma questão face à formação social, o trabalho se apresenta como instituição anterior ao estado civil e como atividade que arquiteta e organiza a estrutura social, encontrando-se, ainda, no meio termo do estado de natureza que precede a fundação da sociedade, e trata-se, da mesma forma, de atividade que encontra em seus funda-

---

213 OC, V, *Ensaio Sobre a Origem das Línguas*, Cap. IX, p. 402-403.

214 "O pensamento de Rousseau sobre o trabalho lhe confere um estatuto fundamental. Ele é, de fato, uma noção filosófica, antropológica, sociológica e econômica essencial, sem estar maculado do caráter negativo que parasita toda tentativa de pensá-lo como um bem" (FAÏCK, Denis. *Le Travail. Anthropologie et Politique. Essai sur Rousseau*. Genève: Droz, 2009, p. 270).

mentos causas naturais. Isto significa dizer que o trabalho não é somente elemento de cultura que surge após o contrato, mas sim de atividade de raízes naturais, isto é, atividade que, se não é propriamente uma *característica ou fato natural* que se encontra nas origens, é, entretanto, um *fato humano*, próprio da *natureza humana*.[215]

***

Para que as famílias e os laços de sociabilidade se tornem mais sólidos e consolidados, entretanto, é necessário nos deslocarmos do tempo despendido com o trabalho para o tempo livre ou de sedentarismo gasto nas interações sociais. Se as necessidades fizeram com que os homens se reunissem em torno de um labor coletivo, é no solo comum do tempo ocioso, fruído fora do tempo de trabalho, que as paixões fermentam e atam os corações humanos.

---

215 E o mesmo raciocínio vale para a instituição da família, como nos lembra Yves Vargas: a família não é um fato humano artificial, mas um fato da natureza humana e "isto não é contraditório, pois a natureza humana conhece diferentes acepções, diferentes etapas" (VARGAS, Yves. *Les promenades matérialistes de Jean-Jacques Rousseau*. Pantin: Les Temps de Cerises, 2005, p. 21).

Capítulo III

A Perdição do Trabalho

No telhado de colmo abrigava a liberdade;

Sobre o mármore e o ouro habitam a servidão

Sêneca, *Cartas a Lucílio*, Epístola XC

A grande revolução: metalurgia, agricultura e a divisão do trabalho

O nascimento da metalurgia e da agricultura é alçado por Rousseau ao estatuto de gênese crucial a ser examinada pelo filósofo que pretenda se debruçar sobre o desenvolvimento da humanidade, sendo este evento qualificado, no *Segundo Discurso*, como "grande revolução".[1] O aparecimento conjunto destas artes desenvolveu de maneira significativa e sensível a desigualdade, a ponto de ambas as práticas serem responsabilizadas pela perda do gênero humano: "para o poeta, foram o ouro e a prata, mas, para o filósofo, foram o ferro e o trigo que civilizaram os homens e perderam o gênero humano".[2] Foi necessário, mais uma vez, que a mudança viesse do exterior, pois os indivíduos teriam permanecido os mesmos não fosse a alteração das circunstâncias do meio: os fenômenos naturais possibilitam a transfor-

---

1   OC, III, *Segundo Discurso*, p. 171.

2   OC, III, *Segundo Discurso*, p. 171.

mação do destino dos homens, que a partir deste ponto serão conduzidos de maneira definitiva em direção à civilização.

Se há muito os homens já se encontravam familiarizados com os princípios da agricultura,[3] apreendidos pela observação das realizações da natureza, foi a falta de ferramentas e instrumentos técnicos, a "falta de previdência para a necessidade futura"[4] ou a "falta de meios para impedir os outros de se apropriarem do fruto de seu trabalho"[5] que obstaram o desenvolvimento da prática da lavoura. Em relação ao momento de surgimento da metalurgia, torna-se tarefa árdua situá-lo, tendo mesmo a própria natureza ocultado em seus arcanos os conhecimentos acerca desta arte, como Rousseau demonstra na seguinte passagem:

> É muito difícil conjecturar como os homens chegaram a conhecer e empregar o ferro (...) de maneira que podemos dizer que a Natureza tomou as precauções para nos esconder este segredo fatal. Somente resta a circunstância extraordinária de algum Vulcão que, vomitando matérias metálicas em fusão, teria fornecido aos observadores a ideia de imitar esta operação da Natureza; ainda é necessário lhes supor muita coragem e previdência para empreender um trabalho muito custoso e enxergar tão longe as vantagens que dele poderiam retirar; o que convém somente aos espíritos já mais exercitados do que estes deveriam ser.[6]

---

3   No *Segundo Discurso*, Rousseau escreve que "quanto à agricultura, seu princípio foi conhecido antes que a prática fosse estabelecida" (OC, III, *Segundo Discurso*, p. 172). A agricultura poderá ser verdadeiramente exercida com o surgimento da metalurgia e da previdência. Tal ideia é expressa no *Ensaio Sobre a Origem das Línguas* e no *Segundo Discurso*, conforme podemos ler na seguinte passagem: "A invenção das outras artes foi então necessária para forçar o Gênero Humano a se aplicar à arte da agricultura" (OC, III, *Segundo Discurso*, p. 173). Dedicamos um exame à noção de previdência nos parágrafos seguintes deste capítulo.

4   OC, III, *Segundo Discurso*, p. 172.

5   OC, III, *Segundo Discurso*, p. 172.

6   OC, III, *Segundo Discurso*, p. 172.

TRABALHO E ÓCIO

O surgimento conjunto da metalurgia e da agricultura instaura um rompimento na harmonia até então estabelecida no estado de natureza[7]; antes vivendo numa economia de subsistência, os homens asseguravam, pelo seu próprio trabalho moderado ou por uma cooperação mutuamente vantajosa e que não transgredia a ordem da autossuficiência, os produtos necessários para uma vida satisfeita e harmoniosa. A metalurgia e a agricultura violam a ordem das necessidades, acompanhadas pelo surgimento de um regime de *divisão de trabalho e de produção em escala*, gerando excedentes e engendrando outras finalidades que escapam à dinâmica de subsistência e de autossuficiência. Rousseau descreve um novo quadro de estado de natureza no qual os homens, passando de uma cooperação mutuamente vantajosa realizada no âmbito da juventude do mundo, precipitam-se para uma situação de dependência mútua[8] e subordinação, afastando os indivíduos de um trabalho moderado, independente e autônomo, ao introduzir-se uma primeira forma de divisão do trabalho:

---

7 Starobinski ressalta, tendo em vista a descrição do período das famílias e das sociedades iniciadas, que não obstante houvesse trabalho e técnica neste momento do estado de natureza, havia uma harmonia, um equilíbrio, que será rompido com o advento da metalurgia, da agricultura e da divisão do trabalho: "embora a festa em que desabrocha a linguagem intervenha por ocasião da suspensão do trabalho, a palavra que aí se inventa corresponde estreitamente a uma situação tecnológica equilibrada. Antes do aparecimento da metalurgia e da agricultura, os homens possuem um equipamento sumário, que não exige ainda nenhuma divisão do trabalho. Eles certamente utilizam instrumentos, mas não estão ainda 'alienados' pelas consequências da atividade instrumental: não são ainda escravos de seus *meios*" (STAROBINSKI, Jean. *Jean-Jacques Rousseau: la transparance et l'obstacle*. Paris: Gallimard, 1971, p. 374; ed. bras., p. 428).

8 Para Olgária Matos, a divisão do trabalho inaugura um registro profundo da dependência mútua entre os homens, que passarão a depender do trabalho e dos objetos produzidos pelo outro: "a divisão do trabalho, que faz nascer uma dependência mútua entre os indivíduos, terminará sendo vivida enquanto *dependência dos objetos*" (MATOS, Olgária. *Rousseau – uma Arqueologia da Desigualdade*. São Paulo: MG, 1978. p. 85).

> Desde que se necessitou de homens para fundir e forjar o ferro, necessitou-se de outros homens para alimentar aqueles. Quanto mais o número de operários [*ouvriers*] se multiplicava, menos mãos foram empregadas para fornecer a subsistência comum, sem que houvesse menos bocas para consumi-las; e, como uns necessitaram de alimentos em troca de seu ferro, os outros encontraram, enfim, o segredo de empregar o ferro na multiplicação dos alimentos. Daí nasceram, de um lado, a lavoura e agricultura e, de outro, a arte de trabalhar os metais e de multiplicar seus usos.[9]

Este novo cenário impulsiona as desigualdades naturais, até então pouco sentidas, mas que doravante resultarão em uma diferença que engendrará a exploração de um homem pelo outro. É também nesse contexto que Roger D. Master argumenta que "a desigualdade natural (...) subitamente age como causa eficiente da desigualdade moral ou política".[10] Cria-se um quadro no qual os diferentes tipos de trabalho, exercidos por homens com talentos distintos, estabelecem grandes diferenças entre os indivíduos, determinando sua condição de vida, subjugando-os uns aos outros e afastando-os, ainda neste momento, de um modelo de trabalho ligado à autossuficiência. Um imensurável abismo abre-se entre os homens, estabelecendo-se profundas distinções na esfera dos talentos naturais: uns são mais industriosos ou engenhosos que outros, alguns são mais indolentes e trabalham menos, enquanto outros são mais ativos. Se no episódio do canto e da dança os dons naturais de cada indivíduo desempenhavam importante função na dinâmica que descrevia o gesto da obtenção da estima, também no episódio da divisão do trabalho as diferenças naturais, unidas à desigualdade de combinação, exercerão fun-

---

9   OC, III, *Segundo Discurso*, p. 173.

10   MASTERS, Roger D. *La Philosophie Politique de Rousseau*. Trad. do inglês por Gérard Colonna d'Istria e Jean-Pierre Guillot. Lyon: ENS Éditions, 2002. p. 220.

Trabalho e ócio

damental papel no campo da "consideração",[11] fazendo nascer uma primeira consciência da diferença entre os mais diversos tipos de trabalho:

> O mais forte realiza mais trabalhos, o mais esperto tirava melhor partido do seu, o mais engenhoso encontrava meios para abreviar o trabalho, o lavrador tinha mais necessidade de ferro ou o ferreiro mais necessidade de trigo, e, trabalhando igualmente, um ganhava muito enquanto o outro labutava para viver. É assim que a desigualdade natural se desdobra insensivelmente com a desigualdade de combinação e que as diferenças dos homens, desenvolvidas pelas diferenças de circunstâncias, se tornam mais sensíveis (...).[12]

Germina-se com a cultura de terras a noção de previdência e de futuro, concepções antes inexistentes ou pouco desenvolvidas. Foi necessário que os homens alçassem ao longe suas preocupações para que a prática pudesse se estabelecer de maneira definitiva: a agricultura só pode ser consolidada quando do surgimento da metalurgia[13] e no momento em que

---

11 Como pudemos examinar no capítulo anterior, as alterações que ocorrem no episódio do canto e da dança são dispostas e examinadas de maneira semelhante às mudanças analisadas no episódio da divisão do trabalho. Em relação à estima e à consideração, vimos que as habilidades naturais mais apreciadas são tidas em mais alta conta, e este quadro desencadeia o movimento para a desigualdade: o mais talentoso "tornou-se o mais considerado, e este foi o primeiro passou em direção à desigualdade" (OC, III, *Segundo Discurso*, p. 169).

12 OC, III, *Segundo Discurso*, p. 174.

13 Louis Althusser confere maior destaque ao papel da metalurgia para o advento da divisão do trabalho: "a metalurgia introduz a divisão do trabalho e subverte a natureza das relações humanas. Existe alienação, não tanto pelo dinheiro quanto pelas lutas relativas ao ferro e ao trigo, pois a agricultura depende da metalurgia (...) [como] efeitos dos progressos da metalurgia: instauração e divisão do trabalho. Aparecimento de metalurgistas, ferreiros, que são sustentados por aqueles que lavram a terra, fornecendo ferramentas aos camponeses. Processo infinito de relações de dependência recíproca". (ALTHUSSER, Louis. *Rousseau e seus predecessores. Filosofia Política nos séculos XVII e XVIII* in *Política e História. De Maquiavel a Marx*. Trad. Ivone Benedetti. São Paulo: Martins Fontes, 2007, p. 357).

a ideia de tempo já tenha se tornado mais complexa, à medida que o homem se torna mais capaz de estender seu olhar sobre um futuro distante. É somente com a previdência e com o advento da metalurgia, portanto, que a agricultura poderá ser verdadeiramente exercida: "a agricultura é uma arte que demanda instrumentos; semear para colher é uma precaução que demanda previdência".[14] Com esta mudança na percepção do tempo, Gabrielle Radica nota que "a agricultura não pode ser praticada sem supor uma ideia de tempo futuro no agricultor, aparentemente capaz, contrariamente aos Caraíbas, de antecipar o futuro por ao menos um ano".[15]

Se no primeiro estado de natureza a relação dos homens com a duração travava-se apenas com o presente, é a partir deste ponto o momento no qual o indivíduo passa a formar uma percepção mais sólida e consistente do tempo futuro. Lançado para fora da preocupação com a existência atual, a previdência introduz a perda da tranquilidade. Starobinski assim descreve esta passagem:

> O despertar do homem para a consciência do tempo coincide com (...) a continuidade do trabalho destinado a acumular a subsistência. O homem entra na preocupação da previdência. O futuro, que até então não lhe aparecera, inquieta-o por seus riscos velados.[16]

Fonte de males, a previdência introduz o homem em um mundo de apreensões futuras que lhe retiram o possível gozo da fruição do tempo presente: "infeliz previdência, que torna um ser atualmente miserável, sobre a esperança, bem ou mal fundada, de torná-lo feliz

---

14 OC, V, *Ensaio Sobre a Origem Das Línguas*, Cap. IX, p. 397. A mesma ideia é expressa no *Segundo Discurso*, adicionando que a agricultura demanda *trabalho e previdência*: "Que diremos nós da agricultura, arte que demanda tanto *trabalho e previdência*" (OC, III, *Segundo Discurso*, p. 144).

15 RADICA, Gabrielle. *L'histoire de la raison: anthropologie, morale et politique chez Rousseau*. Paris: Honoré Champion, 2008. p. 111.

16 STAROBINSKI, Jean. *Jean-Jacques Rousseau: la transparance et l'obstacle*. Paris: Gallimard, 1971, p. 372; ed. bras., p. 426.

um dia!".[17] Inquietados permanentemente com o porvir, os indivíduos trabalham tendo em vista adquirir bens futuros, sem ao menos gozar daqueles que possuem e, desta maneira, distanciam-se da felicidade, tornando-se avaros e desconfiados. O desassossego que acompanha a previdência também é ilustrado por Rousseau em um trecho de seu *Rousseau, Juiz de Jean-Jacques*.[18]

Com a divisão do trabalho, derivada, por sua vez, da prática da agricultura e da metalurgia, os homens abandonam uma economia de subsistência para adentrar em uma economia política.[19] Surgem, neste mesmo período, categorias de trabalhadores, dado que passa a ser um elemento de distinção entre os indivíduos: "desde que se necessitou de homens para fundir e forjar o ferro, necessitou-se de outros para alimentá-los".[20]

---

17 OC, IV, *Emílio*, Livro II, p. 303; ed. bras., p. 73.

18 Vejamos a passagem na íntegra, que estampa vivamente os efeitos do desassossego ocasionado pela previdência: "Ele é ativo, ardente, laborioso, infatigável; ele é indolente, preguiçoso, sem vigor (...) em uma palavra, ele passa de uma extremidade à outra com uma incrível rapidez, sem mesmo notar tal passagem, sem lembrar-se do que era no instante anterior e, para ligar esses efeitos diversos à suas causas primitivas, ele é relaxado e lânguido enquanto somente a razão o provocar; ele se inflama tão logo seja animado por qualquer paixão. Me dirias que é assim que são todos os homens. Penso bem ao contrário, e vós mesmo não pensarias assim se eu houvesse posto a palavra interesse no lugar da palavra razão, que no fundo significa aqui a mesma coisa: pois o que é a razão prática senão o sacrifício de um bem presente e passageiro aos meios de proporcionar-se, um dia, de maiores ou mais sólidos, e o que é o interesse senão o aumento e a extensão contínua destes mesmos meios? O homem interessado fantasia menos gozar do que multiplicar para si mesmo o instrumento de fruições. Ele não possui propriamente mais paixões que o avaro, ou ele as supera e trabalha unicamente por um excesso de previdência para pôr-se em condição de satisfazer a seu contento aquelas que podem lhe advir algum dia" (OC, I, *Dialogues*, p. 816).

19 Recordamos aqui que também poderíamos anacronicamente denominar este momento de *economia de produção*. Cf. *Capítulo II – A Gênese do Trabalho*, item *"O Justo Meio": trabalho autônomo e moderado, tédio e sedentarização na juventude do mundo*.

20 OC, III, *Segundo Discurso*, p. 173.

170 Thiago Vargas

* * *

Uma nota de Starobinski, apresentada no volume III das *Obras Completas* de Rousseau, tece a seguinte consideração sobre o estado de natureza, sintetizando os desenvolvimentos que sucedem até chegarmos, na narrativa do *Segundo Discurso*, ao estágio das *sociedades iniciadas*: "o solo ainda não era dividido e *o trabalho ainda não era maldito*".[21] Diante desta asserção, poderíamos nos indagar acerca das vicissitudes que transformam o solo comum em diversas propriedades privadas e que modificam o trabalho, antes considerado como atividade essencial, útil e ligada à autossuficiência, em um ofício penoso e detestável, a ponto de torná-lo *maldito*.

Dentre os diversos elementos heterogêneos que contribuem para a mudança, o advento da divisão do trabalho é apresentado como dado crucial nas alterações responsáveis pela degeneração. Os mecanismos que explicam os funcionamentos desta nova forma de organização e o fundamento que rege as instituições segundo este novo princípio são expressos de forma clara e precisa em uma passagem de *Emílio*:

> Suponhamos dez homens, cada qual tendo dez espécies de necessidades. É preciso que cada um, pelo que lhe é necessário, aplique-se a dez espécies de trabalho; todavia, dada a diferença de gênio e de talento, um será menos bem-sucedido em algum de seus trabalhos, e outro em um outro. Aptos a diversos trabalhos, todos realizarão os mesmos, e serão mal servidos. Formemos uma sociedade com esses dez homens, e que cada um se aplique para si mesmo e para os nove outros ao gênero de ocupação que melhor lhe convém; cada um aproveitará dos talentos dos outros como se ele próprio possuísse todos; cada um aperfeiçoará o seu por um contínuo exercício, e acabará ocorrendo que todos os dez, perfeitamen-

---

21 STAROBINSKI, Jean. OC, III, *Segundo Discurso*, Anotações do Segundo Discurso, nota 4 da página 171, p. 1346 (grifo nosso).

TRABALHO E ÓCIO 171

te bem providos, ainda terão excedentes para os outros. Eis o princípio aparente de todas nossas instituições. Não faz parte de meu tema examinar aqui suas consequências; é o que fiz em um outro escrito.[22]

A descrição da divisão social do trabalho é exposta como um *princípio aparente*, uma idealização: sob o véu da aparência, subjaz a realidade e o engodo. Trata-se de um princípio, portanto, que não corresponde ao que a ordem social de fato apresenta: a divisão do trabalho não estabelecerá um equilíbrio nas relações de trabalho, mas, ao contrário, gerará uma situação de desigualdade e exploração, isto é, muitos trabalham excessivamente, enquanto alguns poucos indivíduos, permanecendo ociosos, apropriam-se e beneficiam-se da labuta e da produção alheia. O *Discurso Sobre a Desigualdade* é o *outro escrito* no qual as consequências são desenvolvidas. A passagem de um trabalho moderado e realizado em um estado autárquico para um trabalho dividido e maldito é exposta em um longo e importante parágrafo, composto por duas partes antitéticas. Vejamos a primeira, que retrata de forma concisa a dinâmica que compõe o estado de natureza até então descrito:

> Enquanto os homens se contentaram com as suas cabanas rústicas, enquanto se limitaram a coser suas roupas de peles com espinhos ou espinhas de peixe, a enfeitar-se com plumas e conchas, a pintar o corpo de diversas cores, a aperfeiçoar ou

---

22 OC, IV, *Emílio*, Livro III, p. 466-467; Ed. bras.: p. 258. Ao descrever este *princípio aparente*, Rousseau faz alusão quase direta ao texto *A República*, de Platão: o Livro II (369d-372c) apresenta a divisão social do trabalho na cidade. De acordo com Sócrates, com a multiplicação das profissões cada indivíduo deve realizar um trabalho tendo em vista sua aptidão natural para exercê-lo: "tudo cresce e se torna mais belo e fácil, quando cada um, de acordo com sua natureza e no momento certo, deixando de lado os outros, faz um único trabalho" (PLATÃO. *A República*. Trad. Anna Lia Amaral de Almeida Prado. Introd. e rev. téc. por Roberto Bolzani Filho. São Paulo: Martins Fontes, 2006, p. 64 [369c-d]). Já em relação ao *outro escrito*, nossa análise a seguir revelará que se trata do *Segundo Discurso*.

embelezar seus arcos e flechas, a talhar com pedras cortantes algumas canoas de pescadores ou alguns grosseiros instrumentos de música; em uma palavra, *enquanto se aplicaram exclusivamente a obras que um só homem podia realizar, e a artes que não necessitavam o concurso de muitas mãos, viveram tão livres, sãos, bons e felizes*, tanto quanto podiam ser por sua natureza, e continuaram a gozar entre si as doçuras de um relacionamento [*commerce*] independente.[23]

O caráter de autossuficiência e felicidade que definia o trabalho moderado exercido no período de juventude do mundo é eliminado pela divisão do trabalho, transpondo o homem da ordem da atividade autárquica, individual e independente,[24] para uma ordem na qual submete seu tempo e sua produção aos desígnios do outro, isto é, insere-o nos quadros de uma dependência profunda. A atividade laboral não mais será realizada no tempo natural regulado pelo indivíduo ou pela comunidade familiar, e não mais terá em vista suprir necessidades básicas individuais ou da família.[25] Trata-se, a partir de então, de realizar um trabalho que se sujeita ao tempo e aos desejos de uma determinada parcela da coletividade, em uma atividade contínua[26] e cuja organização (material e temporal)

---

23 OC, III, *Segundo Discurso*, p. 171 (grifo nosso).

24 Starobinski nota que "o ideal de Rousseau é o trabalho independente, do tipo artesanal. Toda divisão de tarefas, toda subordinação lhe é odiosa" (STAROBINSKI, Jean. OC, III, *Segundo Discurso*, Anotações do Segundo Discurso, nota 2 da página 173, p. 1347).

25 Segundo Rousseau, no período da juventude do mundo os relacionamentos existentes entre os indivíduos não representavam propriamente uma dependência, mas sim um *apego recíproco*, e os laços familiares urdiam-se sob a égide da liberdade: "cada família tornou-se uma pequena sociedade, ainda melhor unida por serem o apego recíproco e a liberdade os seus únicos vínculos" (OC, III, *Segundo Discurso*, p. 168).

26 Um dos efeitos que acompanham a divisão do trabalho será a instauração de um regime de *trabalho contínuo*. Muitos passam a trabalhar para o sustento de poucos, o trabalho torna-se necessário e o tempo dedicado à labuta amplia-se: criam-se categorias de trabalhadores incessantes e de ricos ociosos, que se ali-

TRABALHO E ÓCIO

não cabe mais ao indivíduo escolher. Gabrielle Radica identifica neste ponto o surgimento de duas espécies de dependência: "a que submete o trabalhador ao empregador, e reciprocamente; a que submete os homens em geral a modos de produção sobre os quais eles não participam".[27] Ao analisar esta passagem do *Segundo Discurso*, Marc Fabien escreve que "a divisão do trabalho é uma etapa importante da evolução humana, pois ela conduz à sujeição total do indivíduo à sociedade".[28] Imposto e caracterizado por um forte elemento de heteronomia antes não existente, o trabalho *torna-se necessário, contínuo e dividido*, ensejando o início de uma exploração do trabalhador. Os efeitos que se seguem à divisão do trabalho conduzirão definitivamente os homens às portas do cenário do estado de guerra. É na continuação do parágrafo anteriormente citado que podemos observar a mudança ocorrida e alguns de seus funestos desdobramentos:

> Desde o instante que um homem teve necessidade do socorro do outro, *desde que percebeu que era útil a um só ter provisões para dois, a igualdade desapareceu*, introduziu-se a propriedade, tornou-se necessário o trabalho, e as vastas florestas transformaram-se em campos risonhos que cumpria regar com o suor dos homens, e nos quais logo se viu a escravidão e a miséria germinarem e crescerem com as searas.[29]

---

mentam à custa do trabalho alheio. Recordemos que este cenário afasta os indivíduos do estado de juventude do mundo e do trabalho moderado, e, como consequência, gera uma frustração derivada da própria atividade laboral, pois, como escreve Rousseau, os homens possuem um "ódio mortal pelo trabalho contínuo" (OC, III, *Segundo Discurso*, p. 145).

27 RADICA, Gabrielle. *L'histoire de la raison. Anthropologie, politique et moral chez Rousseau*. Paris: Honoré Champion, 2008, p. 126.

28 FABIEN, Marc. *Rousseau et le mal social. Réfutation d'une lecture manichéenne du Discours sur l'origine de l'inégalité* in *Annales de la Société Jean-Jacques Rousseau*, volume XLIII, p. 59-106. Genève: Droz, 2001, p. 87.

29 OC, III, *Segundo Discurso*, p. 171 (grifo nosso).

A consequência que conduz ao desaparecimento da igualdade deriva de um gesto da consciência: este movimento ocorre quando o homem *percebeu* ser útil viver à custa do trabalho de outros homens. Trata-se de um desdobramento proposital e que será levado ao seu limite pelo *rico*, figura que poderá se manter ociosa enquanto faz com que outros trabalhem em sua propriedade, produzindo um excedente que pertencerá ao proprietário: cem homens trabalham para garantir a subsistência de duzentos e, enquanto alguns laboram e se esforçam a duras penas, outros podem permanecer ociosos. Em carta resposta a uma objeção ao *Discurso Sobre as Ciências e as Artes*, Rousseau já argumentava que:

> Somente a um povo cego e estúpido cabe admirar pessoas que passam sua vida, não a defender sua liberdade, mas a roubar-se e a trair-se mutuamente para satisfazer sua languidez ou sua ambição, e que ousam alimentar sua ociosidade com o suor, sangue e trabalhos de um milhão de infelizes.[30]

Neste mesmo sentido, em *Emílio* lemos a passagem na qual um conjunto de homens se entrega à labuta e aos esforços penosos, trabalhando duramente para sustentar uma parcela ociosa de indivíduos que mantêm suas provisões, confortos e riquezas à custa do suor e faina alheios:

> Ainda que um homem trabalhando sozinho ganhe somente a subsistência de um homem, cem homens trabalhando em harmonia ganharão a subsistência de duzentos. *Desta forma, quando uma parte dos homens descansa, é preciso que o concurso dos braços dos que trabalham supra a ociosidade dos que nada estão fazendo.*[31]

---

30   OC, III, *Última Resposta de Jean-Jacques Rousseau de Genebra*, p. 82.

31   OC, IV, *Emílio*, Livro III, p. 456; ed. bras., p. 246. (grifo nosso).

Trabalho e ócio

O rico[32] alimenta-se na ociosidade, explorando o trabalho alheio:

---

32 Referimo-nos ao rico descrito no *Segundo Discurso*, isto é, ao agente da desigualdade, proprietário usurpador e fundador da sociedade civil. A figura do rico (ou antes, segundo Yves Vargas, *as figuras* do rico) é importante e complexa noção presente na obra de Rousseau. Sobre o assunto, recomendamos a leitura do capítulo correspondente ao tema no livro de Yves Vargas (Cf. *Les Figures du Riche* in *Les Promenades Matérialistes de Jean-Jacques Rousseau*). Tendo em vista os desdobramentos possíveis acerca do tema, poderíamos aqui realizar um breve recorte sobre a questão e ressaltar que não se trata de condenar o rico (ou a riqueza) em si, mas de examinar e avaliar o papel de uma determinada categoria moral, política e econômica. Em outras palavras, o rico não é uma noção meramente qualificada por suas características econômicas; possui um papel político e moral essencial na economia interna da filosofia de Rousseau: será o sujeito ativo da desigualdade; tece seu discurso e será o propositor do pacto e fundador da sociedade civil; alimentará, finalmente, um ócio pernicioso à custa do esforço alheio. Em sociedade, é aquele que acumula riquezas (fornecemos aqui um exemplo da acumulação monetária reprovada por Rousseau: "o dinheiro é a semente do dinheiro, e por vezes é mais difícil ganhar os recursos iniciais do que o segundo milhão" [OC, III, *Discurso Sobre a Economia Política*, p. 272]), mas, pior, ele vive no luxo (o luxo, sempre acompanhado pelo ócio, é um "signo certo de riqueza" [OC, III, *Discurso Sobre as Ciências e as Artes*, p. 19]), que fomenta uma ociosidade nociva ao corpo social. Também sabemos que "se não houvesse luxo, não haveria pobres. Ele [o luxo] ocupa os cidadãos ociosos" e, conforme Rousseau adiciona em nota, realizando uma crítica mordaz, "o dinheiro que circula entre as mãos dos ricos e dos artistas para fornecer suas superfluidades está perdido para a subsistência do lavrador (...) é necessário pó para nossas perucas: eis porque tantos pobres não têm pão" (OC, III, *Última Resposta de Jean-Jacques Rousseau de Genebra*, p. 79). Além disso, o cidadão ocioso, seja rico ou pobre, rouba da sociedade: "aquele que come na ociosidade o que não ganhou por si mesmo, rouba-o; e um homem que vive de rendas [*rentier*] que o Estado paga para nada fazer, nada difere, ao meu ver, de um bandido que vive à custa dos passantes (...) rico ou pobre, forte ou fraco, todo cidadão ocioso é um patife" (OC, IV, *Emílio*, Livro III, p. 470; ed. bras., 262). Por outro lado, figuras do rico presentes em *Emílio* e na *Nova Heloísa* apresentam outras facetas desta noção. Ora, apesar de reprovar o sistema econômico de acumulação monetária e o modelo social engendrado pelo primeiro proprietário, Rousseau argumenta que convém educar bem o rico, e, imaginando o indivíduo ideal para passar por um processo de formação, podemos nos indagar: por quais motivos ele escolhe Emílio, um rapaz rico e com boas condições materiais? Eis a passagem que justifica a escolha: "O pobre não necessita de educação; a de sua condição é obrigatória; ele não poderia ter outra. Pelo contrário, a educação que o rico recebe por sua condição

possuindo a propriedade, faz com que os outros trabalhem para si, enquanto pode permanecer sem nada fazer, afinal, "tudo é mal feito entre eles [os ricos], exceto aquilo que eles mesmos fazem, e eles quase nunca fazem alguma coisa".[33] Se foi a partir do discurso e da retórica que conseguiu impor seu projeto, concluído com o pacto, conforme lemos no *Segundo Discurso*, é também enunciando simples ordens ou *movendo a língua* que, permanecendo em seu *faire niente*, consegue ganhar seu dinheiro e adquirir suas posses, seus bens, seu dinheiro: "é agradável agir

---

é a que menos lhe convém, seja para ele mesmo, seja para a sociedade. Além disso, a educação natural deve tornar um homem próprio a todas as condições humanas (...) Escolhamos, pois, um rico: ao menos, estaremos certos de ter feito um homem a mais, ao passo que um pobre pode tornar-se homem por si mesmo" (OC, IV, *Emílio*, Livro I, p. 267; ed. bras., p. 32-33). Entretanto, a educação proposta deve fazer com que o pupilo independa da contingência social na qual se encontre: não se trata, portanto, de uma educação aristocrática, mas sim de garantir a Emílio "a sua defesa contra a sociedade corrupta à qual ele será necessariamente devolvido. Ou seja, trata-se de adequar a educação ao homem e não 'àquilo que não é ele', ou seja, a um 'état', uma condição social que por definição é mutável (...) ensinar Emílio a *conservar sua vida* é sim torná-lo indiferente à sua sorte social, onde o grande se torna pequeno; o rico, pobre; o monarca, súdito" (PRADO JR., Bento. *Rousseau: filosofia política e revolução* in *A Retórica de Rousseau*. Organização e apresentação Luiz Fernando Franklin de Matos. Tradução: Cristina Prado. Revisão técnica: Thomaz Kawauche. São Paulo: Cosac Naify, 2008. p. 423). Finalmente, poderíamos conjecturar a figura de um rico que pode desenvolver "um papel dinâmico e positivo no devir humano" (VARGAS, Yves. *Les promenades Matérialistes de Jean-Jacques Rousseau*. Pantin: Les Temps des Cerises, 2005, p. 101): um rico como o próprio Rousseau imagina ser ao final do Livro IV ("se eu fosse rico", vislumbra Rousseau reiteradamente em OC, IV, *Emílio*, Livro IV, p. 682 e 685; Ed. bras.: p. 503 e 506), que poderá contribuir com a sociedade e Estado, dispondo-lhes de um cidadão exemplar, que, ainda que opulento, não se entrega ao luxo, ao ócio e nem aos prazeres: "o homem de gosto e verdadeiramente voluptuoso não tem o que fazer com a riqueza; basta-lhe ser livre e senhor de si (...) homens que tendes cofres, procurai algum outro emprego para vossa opulência, pois para o prazer ela de nada serve" (OC, IV, *Emílio*, Livro IV, p. 691; ed. bras., p. 513).

33 OC, IV, *Emílio*, Livro I, p. 273; ed. bras., p. 39.

TRABALHO E ÓCIO

pelas mãos do outro, e só ter a necessidade de mover a língua para fazer mover o universo".[34]

As necessidades dos indivíduos aumentam à medida que sua situação se modifica.[35] O homem começa a especializar-se em seu trabalho, a comunidade torna-se mais dividida, segmentada em categorias de trabalhadores, e os bens supérfluos passam a ser progressivamente estimados, apertando ainda mais os entrelaçamentos que, em um ciclo vicioso, aprofundam a própria divisão do labor, pois, como lemos em *Emílio*, "a introdução do supérfluo torna indispensável a divisão e a distribuição do trabalho".[36] Starobinski descreve esta mudança nos seguintes termos: "os homens, produzindo além de suas necessidades reais, disputam a posse do supérfluo: eles não querem mais simplesmente usufruir, mas possuir; não querem somente os bens atuais, mas os signos abstratos dos bens possíveis ou das posses futuras".[37] A produção de excedentes, gerando uma quantidade considerável de produtos supérfluos, servirá para satisfazer um novo quadro de necessidades, pervertendo o arranjo inicial dos desejos: inaugura-se um desequilíbrio profundo nas três ordens de necessidades, invertendo sua ordem natural.[38] As necessidades de luxo e

---

34   OC, IV, *Emílio*, Livro I, p. 289; ed. bras., p. 57.

35   Conforme escreve Rousseau em *Emílio*: "as necessidades mudam conforme a situação dos homens" (OC, IV, *Emílio*, Livro III, p. 483; ed. bras., p. 277).

36   OC, IV, *Emílio*, Livro III, p. 456; Ed. bras.: p. 246.

37   STAROBINSKI, Jean. OC, III, *Introductions. Discours sur "L'Origine de l'Inégalité"*, p. LXIII. Paris: Gallimard, 1964; ed. bras., p. 401.

38   Analisando o *Ensaio Sobre a Origem das Línguas* e o *Segundo Discurso*, Derrida cita uma passagem do livro III do *Contrato Social*, no qual examina a teoria do excedente de produção do trabalho em comparação aos climas e as formas ("tipologias") de governo. Em seguida, examinando a inversão da ordem de necessidades à luz do progresso humano (lembrando que o progresso, para Rousseau, representa uma trajetória linear de decadência. Cf. *Capítulo I*, item *Por quê trabalhar?*), escreve Derrida que "a necessidade segunda ou secundária [luxo de sensualidade] suplanta de cada vez, pela urgência e força, a necessidade primeira. Já há uma perversão das necessidades, uma inversão de sua ordem natural" (DERRIDA, Jacques. *De la Grammatologie*. Paris: Minuit, 1967. p. 315; ed. bras., p. 270).

estima recrudescem com o advento da propriedade e da divisão do trabalho, culminando no momento no qual:

> De livre e independente que antes era o homem, ei-lo, por uma multidão de novas necessidades, sujeito, por assim dizer, a toda natureza, e sobretudo a seus semelhantes, de quem em um sentido se torna escravo, mesmo em se tornando seu senhor; rico, tem necessidade de seus serviços; pobre, tem necessidade de seu socorro.[39]

Desvelando a desigualdade: o surgimento contemporâneo da ideia de propriedade e do trabalho dividido

Ao iniciar a *Segunda Parte* do *Discurso sobre a Origem da Desigualdade*, após a conclusão aporética da *Primeira Parte*, o leitor surpreende-se logo nas primeiras linhas ao defrontar-se com um anátema dirigido contra o *primeiro proprietário*. Trata-se de uma das mais célebres passagens da história da filosofia; não hesitemos em citá-la longamente:

> O primeiro que, tendo cercado um terreno, atreveu-se a dizer *'isto é meu'*, e encontrou pessoas muito simples para nele acreditar, foi o verdadeiro fundador da sociedade civil. Quantos crimes, guerras, mortes, misérias e horrores não teria poupado ao gênero humano aquele que, arrancando as estacas ou enchendo o fosso, houvesse gritado aos seus semelhantes: *'Evitai escutar esse impostor; estareis perdidos se esquecerdes que os frutos são de todos e que a terra não é de ninguém'*. Mas, ao que tudo indica, as coisas então já haviam chegado a ponto de não mais poder permanecer como eram, pois esta ideia de propriedade, dependendo de muitas outras ideias anteriores que só poderiam ter

---

39   OC, III, *Segundo Discurso*, p. 174-175.

Trabalho e ócio

nascido sucessivamente, não se formara repentinamente no espírito humano.[40]

Passado o espanto, causado pelo deliberado salto realizado em relação à parte precedente, pode-se afirmar que o primeiro parágrafo antecipa o momento crítico da Segunda Parte: a fundação da propriedade fundiária.[41] Desde logo, Rousseau caracteriza aquele que realiza o cercamento de um terreno como um verdadeiro *impostor* que se apropria dos frutos e das terras comuns a todos: tomando para si aquilo que não lhe pertence por direito, atribui-se ainda a prerrogativa de excluir todos os outros indivíduos do usufruto, gozo e posse de sua pretensa propriedade (e, posteriormente, fará de sua vontade individual uma lei *erga omnes*, válida para todos). O discurso do impostor, urdido no momento em que as relações se tornavam cada vez mais desiguais (entre os *pretensos proprietários* e os não-proprietários), é também fruto de uma convenção forjada pelo consentimento mútuo: *"encontrou pessoas muito simples para nele acreditar"*; isto é, aqueles que não possuíam propriedade, persuadidos pelo imperativo *"isto é meu"*, e não tendo realizado nenhuma ação em relação ao cerco estabelecido em torno do terreno, ainda que fossem prejudicados, terminam por aceitar a delimitação.

Não se tratando de afirmação ociosa, e apesar da impactante revelação contida no primeiro parágrafo da Segunda Parte, o *Discurso Sobre a Origem da Desigualdade* demonstra que a propriedade não surge de maneira repentina. A formulação de tal ideia (e também o surgimento

---

40 OC, III, *Segundo Discurso*, p. 164.

41 Segundo as notas de Bruno Bernardi e Blaise Bachofen sobre o *Segundo Discurso*, o parágrafo inicial da Segunda Parte é uma "passagem-chave do *Discurso Sobre a Desigualdade*: ele indica, por antecipação, a tese central da Parte II. Rousseau não descreve ali a instituição da propriedade em geral (ele mencionará muitas etapas anteriores na formação da ideia de propriedade). Trata-se da apropriação de terra e, portanto, da propriedade fundiária" (BERNARDI, Bruno. BACHOFEN, Blaise. *Notas no 'Discours sur l'origine et les fondements de l'inégalité parmi les hommes'*. In: ROUSSEAU, Jean-Jacques. *Discours sur l'origine et les fondements de l'inégalité parmi les hommes*. Paris: Flammarion, 2008. p. 242, nota 116).

180 Thiago Vargas

de tal direito, inscrito posteriormente em uma ordem jurídica positiva-da pelo pacto) pelo homem foi precedida por uma série de eventos e mudanças: foi necessário que novas paixões surgissem, que a razão se tornasse ativa, que os homens estivessem reunidos, que o interesse pró-prio se encontrasse presente entre eles, enfim, em própria síntese escrita por Rousseau, "foi preciso fazer-se muitos progressos, adquirir-se muita indústria e luzes, transmiti-las e as aumentá-las de época em época, antes de chegar a este último termo do estado de natureza".[42] A pretensão ao direito de propriedade privada surge em um momento muito posterior do estado de natureza, e, em conjunto com a partilha de terras, ameaça um "direito natural mais antigo"[43], isto é, a capacidade que os indivíduos possuem de prover sua subsistência de maneira autossuficiente, derivado do fato dos homens possuírem a terra em comum. Uma série de vicissi-tudes e transformações ocorrem, portanto, antes de chegar-se à situação fundadora da propriedade.[44]

As primeiras espécies de propriedade não possuíam o mesmo es-tatuto (conceitual e jurídico) como aquele presente em uma propriedade real, mas existiam como uma espécie de posse: não constituíam um direi-to, mas existiam de fato. No capítulo precedente, vimos que as "espécies de propriedade" se traduzem nas primeiras habitações e cabanas rústicas construídas pelas famílias.[45] Não há ainda a ideia completa de proprieda-

---

42 OC, III, *Segundo Discurso*, p. 164.

43 MASTERS, Roger D. *La Philosophie Politique de Rousseau*. Trad. do inglês por Gérard Colonna d'Istria e Jean-Pierre Guillot. Lyon: ENS Éditions, 2002. p. 222.

44 Dentre tais transformações, Mikhaïl Xifaras destaca os efeitos causados pela di-visão do trabalho: "a invenção da delimitação das terras simboliza o termo de um longo processo marcado pela generalização da dependência recíproca que criaram os progressos da divisão do trabalho e pela extrema petulância do amor próprio" (XIFARAS, Mikhaïl. *La Destination Politique de la propriété chez Jean-Jacques Rousseau* in *Les Études Philosophiques*. N.º 66. Paris: PUF, 2003/3-1. p. 331-370. p. 335).

45 Recordamos aqui um já citado argumento de Victor Goldschmidt, segundo o qual as espécies de propriedade representam "uma certa antecipação inconscien-te do direito do primeiro ocupante e do direito nascente da 'mão de obra'". A este

TRABALHO E ÓCIO

de, e os homens ainda eram felizes vivendo em suas cabanas e usufruindo dos objetos que possuíam.

A ideia inicial de propriedade não implica um direito, no sentido jurídico que se possa posteriormente atribuir a ela. A *espécie de propriedade*, um fato que surge com a primeira revolução, encontra-se de acordo com as leis naturais e permite o estabelecimento de famílias antes nômades em uma determinada porção de solo. Ainda que neste momento seja inaugurado um período de breves combates, os homens permanecem distantes de um quadro de estado de guerra: diante das disputas por tais terrenos, no qual o forte prepondera sobre o mais fraco, este último julga:

> (...) mais rápido e mais seguro imitá-los [os mais fortes] do que tentar desalojá-los; e, quanto àqueles que já possuíam cabanas, cada qual pouco deve ter buscado apropriar-se daquela do vizinho, não tanto por ela não lhe pertencer, mas por lhe ser inútil e por não poder dela apoderar-se sem expor-se a um combate violento com a família que a ocupava.[46]

Neste cenário, as contendas pela propriedade encontram-se no plano dos fatos, não gerando direitos.[47] Trata-se de uma época de querelas fugazes e que não produzem efeitos capazes de abalar o estado de paz reinante.

A construção das habitações, por sua vez, gera uma posse (que, ainda neste ponto, não gerará nenhum direito de propriedade real) não somente sobre o próprio terreno ocupado pela família, mas também sobre a própria construção, erigida pelo trabalho[48] humano. Conforme acompanhamos no

---

respeito, visitar o Capítulo II, seção *"O justo meio": trabalho autônomo e moderado, tédio e sedentarização na juventude do mundo* e Cf. GOLDSCHMIDT, p. 495.

46 OC, III, *Segundo Discurso*, p. 167.

47 GOLDSCHMIDT, p. 509.

48 A construção de cabanas é realizada por um trabalho. Neste sentido também argumentam, por exemplo, comentadores como Gabrielle Radica (RADICA, Gabrielle. *L'histoire de la raison*. Paris: Honoré Champion, 2008. p. 120), Jean Starobinski (STAROBINSKI, Jean. OC, III, *Introductions. Discours sur « L'Origine de l'Inégalité »*, Paris: Gallimard, 1964 e *Sept Essais sur Rousseau, II – Le Discours*

182   Thiago Vargas

capítulo anterior, em época antecedente ao surgimento da propriedade já podemos utilizar propriamente o termo *trabalho* (*travail*), palavra empregada por Rousseau para explicar as atividades exercidas pelos homens neste período de construção das cabanas. Vejamos de que forma o trabalho opera como elemento fundamental para a compreensão da noção de propriedade.

* * *

Dois grandes estudiosos do pensamento político de Rousseau, Victor Goldschmidt[49] e Robert Derathé,[50] não deixam de reiteradamente ressaltar a influência de John Locke sobre a formação da filosofia política rousseauniana. Não se restringindo a meras análises comparativas, ambos comentadores nos ajudam a situar a maneira pela qual Rousseau refletiu sobre os conceitos pensados por Locke, e aquilo que nesta reflexão é original ou inspirado, fazendo emergir os pontos que aproximam e afastam Rousseau de seu interlocutor. Sobre a influência de Locke, basta uma consulta direta a textos como *Emílio* ou o *Segundo Discurso* para que o leitor logo constate e valide tal certeza: o "sábio Locke"[51] é citado em diversos dos escritos de Rousseau, que frequentemente estabelece um

---

    sur L'origine et les Fondements de l'inégalité in *La Transparence et l'obstacle*) e Goldschmidt (GOLDSCHMIDT, p. 510).

49   Cf. *La Déduction du droit de propriété chez Rousseau* in GOLDSCHMIDT, p. 526 e ss.

50   Derathé, em capítulo dedicado às leituras políticas de Rousseau, argumenta que a leitura do *Ensaio Sobre o Governo Civil* "exerceu sobre a orientação de seu pensamento político [de Rousseau] grande impressão. Rousseau se inspira em Locke no *Discurso Sobre a Origem da Desigualdade* para fazer a crítica ao direito de escravidão, e no *Discurso Sobre a Economia Política* para refutar Filmer e sua teoria da origem do poder real derivado do poder paterno" (DERATHÉ, Robert. *Jean-Jacques Rousseau et la Science Politique de son Temps*. Paris: J. Vrin, 2009. p. 114; ed. bras., 178-179).

51   Como, por exemplo, no *Segundo Discurso* (OC, III, *Segundo Discurso*, p. 170 ("o sábio Locke"); p. 182); no *Emílio* (OC, IV, *Emílio*, Prefácio, p. 241; p. 271 ("o sábio Locke"); p. 317, dentre outras).

Trabalho e ócio

diálogo com o filósofo inglês.[52] Se certamente Locke deixou impressões notáveis na construção do pensamento rousseauniano, interessa-nos neste momento debruçarmo-nos mais especificamente sobre o legado de ideias relativas aos conceitos de propriedade e ao conceito de trabalho (e a indissociabilidade de tais formulações conceituais), e pontuarmos em que medida Rousseau se apropria e se afasta dos conceitos lockeanos.

Derathé é peremptório ao afirmar que "é de Locke que Rousseau empresta a ideia que a propriedade é fundada sobre o trabalho".[53] Diante desta afirmação, poderíamos desde logo acrescentar que, para Rousseau, a propriedade é fundada sobre *certa categoria de trabalho*. Consequentemente, seríamos em seguida conduzidos à seguinte reflexão: se a filosofia política de Locke também define o trabalho em categorias ou se há, no pensamento lockeano, uma categoria geral de trabalho. Para uma distinção mais clara sobre as diferenças da noção de trabalho e propriedade entre um filósofo e outro, um exame acerca da inspiração – ou o empréstimo – da noção de propriedade derivada do trabalho de Locke por Rousseau deve, portanto, conduzir-nos a uma comparação do *Segundo Discurso* com a leitura do *Segundo Tratado Sobre o Governo* (1689), obra na qual o filósofo inglês desenvolve os conceitos que no momento nos interessam.

O estado de natureza de John Locke erige suas bases sobre dois princípios fundamentais: os homens originalmente encontram-se em

---

52 Caso, por exemplo, da longa a nota XII do *Segundo Discurso*, na qual Rousseau apresenta uma consideração de Locke acerca da sociedade entre homens e mulheres e depois busca objetá-la ponto a ponto (OC, III, *Segundo Discurso*, Nota XII, p. 214-218).

53 Apesar da importante afirmação, para Derathé, entretanto, a mais importante contribuição do pensamento de Locke para formação da filosofia de Rousseau teria sido a repetição da fórmula lockeana de que "os homens somente renunciaram sua liberdade natural e formaram as sociedades civis com o único fim de assegurar 'a preservação mútua de suas vidas, de suas liberdades e de seus bens'. Ora, Rousseau faz sua esta fórmula, a qual reproduz quase palavra por palavra no *Discurso Sobre a Desigualdade* e na *Economia Política*" (DERATHÉ, Robert. *Jean-Jacques Rousseau et la Science Politique de son Temps*. Paris: J. Vrin, 2009, p. 114-115; ed. bras., p. 179).

uma condição de *liberdade* e de *igualdade*. Em primeiro lugar, os indivíduos são livres para "dispor de sua pessoa ou posses",[54] tendo sua liberdade delimitada pela lei natural, que a todos obriga e cuja razão prescreve que "sendo todos iguais e independentes, ninguém deveria prejudicar a outrem em sua vida, saúde, liberdade ou posses".[55] O segundo princípio estabelece que todos os homens se encontram em uma situação de igualdade, ocupando a mesma posição na espécie e sendo por igual submetidos à superioridade do Criador (os homens são "artefatos" ou "propriedades" do Senhor, como argumenta Locke no *Primeiro* e no *Segundo Tratado*).[56]

Ainda no estado de natureza de Locke, os homens dispõem de tudo aquilo que Deus a eles forneceu; a natureza foi dada à humanidade em comum para que os homens pudessem usufruir de seus produtos e utilizá-la em suas vantagens, visando sua própria conveniência e bem-estar: "a Terra, e tudo quanto nela há, é dada aos homens para o sustento e o conforto de sua existência".[57] Diante deste quadro, no início do capítulo IV do *Segundo Tratado*, dedicado à questão da propriedade, Locke anuncia que sua pretensão e objetivos consistirão, neste ponto,

---

54 LOCKE, John. *Second Treatise* in *Two Treatises of Government*. Edição, introdução e notas de Peter Laslett. Student Edition. 14ª reimpressão. Cambridge: Cambridge University Press, 1988. Cap. II, §6, p. 271; ed. bras., p. 384.

55 LOCKE, John. *Second Treatise* in *Two Treatises of Government*. Edição, introdução e notas de Peter Laslett. Student Edition. 14ª reimpressão. Cambridge: Cambridge University Press, 1988. Cap. II, §6, p. 271; ed. bras., p. 384.

56 Locke argumenta neste sentido em diversas passagens, como, por exemplo, no §6 do *Segundo Tratado*: "Pois sendo todos os homens artefato [*Workmanship*] de um Onipotente e infinitamente sábio Criador (...)" (LOCKE, John. *Second Treatise* in *Two Treatises of Government*. Edição, introdução e notas de Peter Laslett. Student Edition. 14ª reimpressão. Cambridge: Cambridge University Press, 1988. Cap. II, §6, p. 271; ed. bras., p. 384.). Na edição crítica brasileira utilizada, uma nota remete o leitor às diversas referências de Locke no mesmo sentido (nota 1, p. 384).

57 LOCKE, John. *Second Treatise* in *Two Treatises of Government*. Edição, introdução e notas de Peter Laslett. Student Edition. 14ª reimpressão. Cambridge: Cambridge University Press, 1988. Cap. V, §26. p. 286; ed. bras., p. 407.

TRABALHO E ÓCIO

185

em demonstrar como podem os homens possuir propriedade no próprio estado de natureza, antes mesmo do estabelecimento de um pacto de associação.[58] Isto significa dizer, portanto, que o direito à propriedade precede o advento da sociedade civil, fundada para assegurar o gozo e exercício dos direitos naturais.[59]

Ora, embora os produtos da natureza sejam comuns a todos os homens, eles só passam a ter alguma utilidade no momento em que algum agente deles se apropria. O comum deixa de possuir alguma utilidade se não for propriedade de algum homem,[60] e deverá, portanto, haver um meio de apropriação das coisas para que sejam benéficas ou úteis para os indivíduos.

O homem possui propriedade sobre sua pessoa, e o trabalho que o agente realiza não pertence senão ao próprio agente, e sendo proprietário de suas ações e trabalho, o homem já tem em si mesmo "o grande fun-

---

58 Eis anunciados, nos termos de Locke, os objetivos do capítulo sobre a propriedade: "(...) esforçar-me-ei por mostrar de que maneira os homens podem vir a ter uma *propriedade* em diversas partes daquilo que Deus deu em comum à humanidade, e isso sem nenhum pacto expresso [*any express Compact*] por parte de todos os membros da comunidade [*of all the Commoners*]" (LOCKE, John. *Second Treatise* in *Two Treatises of Government*. Edição, introdução e notas de Peter Laslett. Student Edition. 14ª reimpressão. Cambridge: Cambridge University Press, 1988. Cap. V, § 25, p. 286; ed. bras., p. 406).

59 Locke afirma mais adiante, no capítulo XI, que: "a preservação da propriedade sendo o fim do governo e a razão por que os homens entram em sociedade, isso necessariamente supõe e exige que o povo deva *ter propriedade*, sem o que será necessário supor que todos percam, ao entrar em sociedade, aquilo que constituía a finalidade pela qual nela ingressaram, um absurdo muito grosseiro para ser sustentado por alguém" (LOCKE, John. *Second Treatise* in *Two Treatises of Government*. Edição, introdução e notas de Peter Laslett. Student Edition. 14ª reimpressão. Cambridge: Cambridge University Press, 1988. Cap. XI, §138, p. 360; ed. bras., p. 509).

60 Conforme argumenta Locke no §28, ao afirmar que "vê-se nas terras *comuns* [*Commons*], que assim permanecem por conta de um pacto, que é o ato de tomar [*taking*] qualquer parte daquilo que é comum, e retirá-la do estado em que a deixa a natureza, que dá início à propriedade; sem isso, o comum não tem nenhuma utilidade" (LOCKE, John. *Second Treatise* in *Two Treatises of Government*. Edição, introdução e notas de Peter Laslett. Student Edition. 14ª reimpressão. Cambridge: Cambridge University Press, 1988. Cap. V, §28, p. 288-289; ed. bras., p. 410).

damento da propriedade".[61] Desta forma, ao realizar um trabalho, o indivíduo, além de retirar as coisas do estado comum, adiciona algo de si à natureza, isto é, a mão de obra acrescenta algo do indivíduo nas coisas da natureza, fazendo com que o objeto se torne direito particular e propriedade daquele que trabalhou para obtê-lo. O trabalho é a atividade que mescla uma parte própria de um indivíduo particular a uma produção natural: "qualquer coisa que ele então retire do estado com que a natureza a dispôs e deixou, mistura-a ele com o seu trabalho e acrescenta-lhe algo que é seu, assim, transformando-a em sua *propriedade*".[62] O *trabalho* retira algo do estado comum (e, portanto, pertencente a todo gênero humano) e exclui o direito comum dos outros homens àquele mesmo produto.

Raymond Polin argumenta que Locke desenvolve um elemento particular[63] ao seu estado de natureza: em seus *Dois Tratados* nota-se que mesmo num estado no qual a natureza é abundante e fértil, sendo os frutos comuns a todos, o homem trabalha: "supondo-se que o *mundo* foi dado aos filhos dos homens *em comum*, vê-se como o trabalho podia conferir aos homens títulos a diversas partes dele, para seus usos particulares".[64] Locke atribui a denominação de trabalho ao simples es-

---

61 LOCKE, John. *Second Treatise* in *Two Treatises of Government*. Edição, introdução e notas de Peter Laslett. Student Edition. 14ª reimpressão. Cambridge: Cambridge University Press, 1988. Cap. V, §44, p. 298; ed. bras., p. 424.

62 LOCKE, John. *Second Treatise* in *Two Treatises of Government*. Edição, introdução e notas de Peter Laslett. Student Edition. 14ª reimpressão. Cambridge: Cambridge University Press, 1988. Cap. V, §27, 288; ed. bras., p. 409.

63 POLIN, Raymond. *La Politique Morale de John Locke*. Paris: PUF, 1960. p. 262. A respeito do tema, Cf. *Capítulo I - A Preguiça e o Estado de Natureza*, item *A ociosidade paradisíaca: a fruição da indolência natural no primeiro estado de natureza*.

64 LOCKE, John. *Second Treatise* in *Two Treatises of Government*. Edição, introdução e notas de Peter Laslett. Student Edition. 14ª reimpressão. Cambridge: Cambridge University Press, 1988. Cap. V, §39. p. 296; ed. bras., p. 420.

TRABALHO E ÓCIO

187

forço do agente,[65] como, por exemplo, a atividade de coleta.[66] O trabalho não é atividade realizada pelo homem em oposição à natureza, mas sim em pleno acordo com esta: é uma atividade natural intimamente ligada ao direito natural de propriedade.

Mas, vivendo num estado de abundância no qual a prodigalidade da natureza fornece a todo momento seus frutos, Locke passa a analisar a questão do ponto de vista da apropriação de um terreno. Ora, a propriedade da terra é explicada mediante o mesmo processo de apropriação dos produtos da natureza, ou seja, pelo trabalho. Delimitação do bem comum ao particular, o trabalho é uma forma de dominação sobre a terra, operando em benefício do homem, e o cultivador adiciona algo de si mesmo não somente ao produto sobre o qual dedicou seu trabalho, mas acrescenta também algo ao próprio terreno no qual cultiva, possuindo, desta forma, direito de propriedade sobre as produções e sobre a própria terra. O argumento de Locke é expresso com clareza:

> A *extensão de terra* que um homem pode lavrar, plantar, melhorar e cultivar e os produtos dela que é capaz de usar constituem sua *propriedade* (...) Aquele que, em obediência a esse comando de Deus [trabalhar e dominar a terra], dominou, lavrou e semeou qualquer parte dela, acrescentou-lhe, desse modo, algo que era de sua *propriedade*, ao que os demais não

---

65 Diferente de Locke, Rousseau não atribui a tal atividade o estatuto de trabalho. No *Segundo Discurso* a atividade de coleta no primeiro estado de natureza é caracterizada como um mero *esforço instintivo*, conforme pudemos observar no Capítulo I de nosso estudo.

66 Locke exemplifica a atividade que conceitua como trabalho ao referir-se à coleta de frutos ou de água: "E alguém dirá que ele não tinha direito algum a essas bolotas ou maçãs, de que assim se apropriou" ou "Embora a água que corre da fonte seja de todos, quem poderia duvidar que a que está no jarro é daquele que a retirou?" (LOCKE, John. *Second Treatise* in *Two Treatises of Government*. Edição, introdução e notas de Peter Laslett. Student Edition. 14ª reimpressão. Cambridge: Cambridge University Press, 1988. Cap. V, §§28-29. p. 288-289; ed. bras., p. 410-411).

tinham qualquer título, nem poderiam tomar-lhe sem causar--lhe injúria.[67]

Locke pressupõe, fortalecendo a legitimação da aquisição da propriedade de um terreno pelo trabalho, que, nesse contexto do estado de natureza, os bens comuns e as terras encontravam-se em abundância, havendo lugares suficientes para que todos pudessem trabalhar e prover sua subsistência.

Outro importante argumento para legitimar o direito à propriedade da terra é apresentado: apesar de delimitar um bem comum, dando um direito de propriedade ao indivíduo, o trabalho desenvolve a produtividade da terra. A mão de obra é capaz de multiplicar as produções naturais: o cultivo opera numa escala de produção capaz de oferecer produtos em quantidade superior àquele que o próprio ritmo da natureza forneceria, aumentando, portanto, o bem-estar e o conforto dos indivíduos:

> (...) aquele que se apropria de terra mediante seu próprio trabalho não diminui, mas aumenta as reservas comuns da humanidade; pois as provisões que servem ao sustento da vida humana produzidas por um acre de terra cercada e cultivada são (para dizer muito moderadamente) dez vezes maiores que as que rendem um acre de terra em comum inculta de igual riqueza.[68]

O trabalho, finalmente, determina qualitativamente a importância e serventia de um terreno ou objeto, pois confere valor às coisas que, antes ofertadas espontaneamente pela natureza, não possuíam nenhuma utilidade:

---

67 LOCKE, John. *Second Treatise* in *Two Treatises of Government*. Edição, introdução e notas de Peter Laslett. Student Edition. 14ª reimpressão. Cambridge: Cambridge University Press, 1988. Cap. V, §32, p. 290-291; Ed. bras.: p. 412-413. Locke ainda conclui no §35 que "vê-se que controlar ou cultivar a terra e o ter domínio [*Dominion*] sobre ela estão estreitamente ligados. Um garante título ao outro. De modo que Deus, ao ordenar o cultivo, deu com isso autorização para a *apropriação*".

68 LOCKE, John. *Second Treatise* in *Two Treatises of Government*. Edição, introdução e notas de Peter Laslett. Student Edition. 14ª reimpressão. Cambridge: Cambridge University Press, 1988. Cap. V, §37, p. 294; ed. bras., p. 418.

TRABALHO E ÓCIO

"é o trabalho, portanto, que confere a maior parte do valor à terra, sem o que ela pouco valeria: é a ele que devemos a maior parte de seus produtos úteis".[69]

A terra inculta possui, ante um terreno lavrado, dupla desvantagem: não obtém o valor que a ela é agregado pelo trabalho e produz em quantidade menor do que poderia produzir, sendo menos benéfica aos homens. Locke argumenta, neste sentido, que os povos da América, embora tenham à sua disposição terrenos abundantes e muito fecundos, não cultivam sua terra e, desta forma, são pobres em conforto e utilidades para a vida, e que, portanto, "o rei de um extenso e fértil território de lá alimenta-se, veste-se e mora pior que um trabalhador diarista [*day Labourer*] na Inglaterra".[70]

A propriedade é uma lei original da natureza, adquirida e legitimada pelo trabalho, e o governo tem como finalidade assegurá-la. Ao realizar o pacto de associação que funda a sociedade, o indivíduo busca garantir sua propriedade, como assim escreve Locke: "portanto, o fim maior e principal para os homens unirem-se em sociedades políticas [*Commonwealths*] e submeterem-se a um governo é *a conservação de sua propriedade*".[71]

***

Deparando-se com um trecho fundamental da explicação da origem da propriedade no *Segundo Discurso*, uma leitura apressada logo ficaria inclinada a concluir que Rousseau apenas reitera aquilo que Locke havia argumentado no *Segundo Tratado*. Eis a passagem: "essa origem é tanto mais natural quanto é impossível conceber a ideia de propriedade

---

69 LOCKE, John. *Second Treatise* in *Two Treatises of Government*. Edição, introdução e notas de Peter Laslett. Student Edition. 14ª reimpressão. Cambridge: Cambridge University Press, 1988, Cap. V, §43, p. 298; ed. bras., p. 423.

70 LOCKE, John. *Second Treatise* in *Two Treatises of Government*. Edição, introdução e notas de Peter Laslett. Student Edition. 14ª reimpressão. Cambridge: Cambridge University Press, 1988, Cap. V, §41, p. 297; ed. bras., p. 421.

71 LOCKE, John. *Second Treatise* in *Two Treatises of Government*. Edição, introdução e notas de Peter Laslett. Student Edition. 14ª reimpressão. Cambridge: Cambridge University Press, 1988, Cap. IX, §124, p. 350-251; ed. bras., p. 495.

nascendo de algo que não a mão de obra; pois, não se vê o que, para apropriar-se das coisas que não fez, o homem pode nisso introduzir algo além de seu trabalho".[72] De fato, Rousseau retoma um elemento essencial da tese de Locke, isto é, de que a propriedade tem como fundamento basilar de legitimação *o trabalho humano*. Entretanto, se Rousseau indubitavelmente recebeu influências do pensamento político de filósofo inglês, forjando a ideia de propriedade de maneira indissociável à noção de trabalho, pontos fundamentais de ruptura e discordância com Locke operarão exatamente nesta questão. Diante de tais divergências, as consequências e reflexões que cada filósofo oferece para o tema da propriedade e do trabalho não poderiam ser mais diversas.

Um inicial e determinante dado refere-se ao momento no qual Locke e Rousseau identificam e situam o surgimento do trabalho. Elemento ausente do puro estado de natureza do *Discurso Sobre a Desigualdade*, o trabalho inexiste em um ambiente de abundância e generosidade da natureza, e somente encontra sua gênese quando o meio natural se torna hostil, conduzindo o homem a opor-se aos obstáculos através de um trabalho primitivo. Locke, por sua vez, localiza o trabalho em todas as fases de seu estado de natureza (no *Segundo Tratado Sobre o Governo* o homem é apresentado, portanto, como ser originariamente trabalhador) e entende o esforço físico da coleta como trabalho, ainda que esta atividade seja exercida no quadro de estado de natureza de abundância dos recursos naturais. Rousseau desloca o tempo da gênese histórica do trabalho, introduzindo-o em um segundo momento do estado de natureza e observando os sucessivos desenvolvimentos desta atividade propriamente humana. Neste sentido, de acordo com a antropologia formulada por Rousseau o homem *não é originariamente trabalhador*: é necessário que, saindo do puro estado de natureza, realize uma indústria (*industrie*),[73] isto é, uma atividade manual criadora ou

---

72 OC, III, *Segundo Discurso*, p. 173.

73 No capítulo precedente, vimos que Goldschmidt argumenta neste sentido (GOLDSCHMIDT, p. 526).

Trabalho e ócio

imitativa da natureza, na qual a carência seja preenchida não somente pelo esforço físico ou instintivo, mas por uma atividade laboral, nascida por estímulos da perfectibilidade e sendo expressão ativa da liberdade. De acordo com o *Segundo Discurso*, a coleta de um fruto disposto na natureza, portanto, não representava uma tomada de posse e não era caracterizada como uma apropriação privada de um fruto natural, mas sim um simples movimento instintivo, realizado tanto pelos animais quanto pelos homens. Rousseau distingue qualitativamente as diferentes espécies de trabalho e labores exercidos, tendo em vista os distintos quadros do estado de natureza histórico que se sucedem. Tampouco poderíamos utilizar o termo *propriedade* nos primórdios do estado de natureza de Rousseau, ideia complexa que, para se formar, requer a conjunção de elementos como o trabalho (quando do surgimento do cercamento do terreno, será um labor realizado no regime de divisão do trabalho), a posse contínua e a previdência, e que somente se constitui como direito reconhecido após o pacto.

Na economia interna do pensamento político de Locke não é significativa, do ponto de vista do processo de aquisição da propriedade, a distinção entre o trabalho de coleta de frutos e o trabalho de cultivo da terra, pois ambos, pertencentes a uma categoria geral, garantem o direito privativo de propriedade. Bernardi e Bachofen argumentam que C. B. Macpherson "mostrou que Locke se esforça precisamente em ocultar esta diferença qualitativa entre apropriação dos frutos e apropriação fundiária, a fim de dar a esta última a legitimidade de um direito natural".[74] Acompanhamos ao longo de nosso exame que Rousseau distingue categorias de trabalho que são construídas e descritas tendo em vista os dados estruturais e antropológicos que compõem cada uma das diversas etapas do estado de natureza. Em suma, para Rousseau, o trabalho que engendra a propriedade não é de mesma

---

74 BERNARDI, Bruno. BACHOFEN, Blaise. *Notas no 'Discours sur l'origine et les fondements de l'inégalité parmi les hommes'*. In: ROUSSEAU, Jean-Jacques. *Discours sur l'origine et les fondements de l'inégalité parmi les hommes*. Paris: Flammarion, 2008, p. 243-244, nota 117.

essência ou natureza do trabalho moderado na juventude do mundo, nem mesmo dos primeiros trabalhos primitivos. Os esforços físicos executados para a coleta das produções naturais (e, sob certos aspectos, as espécies mais simples de trabalho) não são, como escreve Mikhaïl Xifaras:

> Constitutivos de uma apropriação no sentido jurídico do termo (...) pois a expressão designa um modo de aquisição da propriedade, e este uso não conduz ao reconhecimento de nenhum direito privativo, exclusivo ou inclusivo. Estes frutos 'são de todos', permanecem à livre disposição de cada um, a fim de que cada um dos homens deles *usufruísse*.[75]

Se por um lado o esforço de coleta e os trabalhos primitivos e moderados harmonizavam-se com a dinâmica da natureza, em um equilíbrio no qual a subsistência é garantida por meio do labor, por outro, a apropriação de um terreno não se encontra entre as necessidades naturais: antes do pacto, a posse é mantida pela força (como demonstrado no *Contrato Social*[76], que também argumenta como a força não se configura como direito) e a propriedade é uma instituição "contrária ao direito natural".[77] A terra, como anunciara o inexistente objetor ao impostor que cercou o terreno, "não é de ninguém",[78] ou, antes, é de todos: a propriedade não se constitui como um direito natural. Segundo Bruno Bernardi e Blaise Bachofen, tra-

---

75 XIFARAS, Mikhaïl. *La Destination Politique de la propriété chez Jean-Jacques Rousseau* in *Les Études Philosophiques*. N.º 66. Paris: PUF, 2003/3-1. p. 331-370. p. 337.

76 Realizando um exame conciso sobre as perdas e ganhos dos indivíduos com a conclusão do pacto, Rousseau escreve que "para não se enganar com essas compensações, é necessário bem distinguir (...) a posse, que é somente efeito da força ou do direito do primeiro ocupante, da propriedade, que somente pode ser fundada sobre um título positivo" (OC, III, *Contrato Social*, Livro I, Cap. VIII, p. 364-365). Sobre a refutação da força como direito, Cf. OC, III, *Contrato Social*, Livro I, Cap. III.

77 OC, III, *Segundo Discurso*, p. 177.

78 OC, III, *Segundo Discurso*, p. 165.

TRABALHO E ÓCIO

ta-se de uma tese revolucionária apresentada no *Segundo Discurso*, sendo elaborada como crítica à filosofia de Locke.[79]

À medida que avançamos na Segunda Parte do *Discurso Sobre a Desigualdade*, lemos que o trabalho atravessa diversas transformações e finalmente é apresentado como a atividade humana que fornece ao trabalhador direito aos produtos frutos de sua labuta; não se estende naturalmente desta atividade o direito à determinada porção de terra (ou, no limite, e somente após muitos desenvolvimentos, faculta-lhe uma posse sobre o solo apenas durante o tempo necessário para a colheita). Se para Locke o trabalho justifica a apropriação privativa de um bem (excluindo-o do uso comum e gerando propriedade para o agente que trabalhou para obtê-lo), Rousseau argumenta que não basta somente o trabalho para que o direito à propriedade do solo se consolide: a labuta confere apenas direito aos produtos resultantes do trabalho, e não gera direito de propriedade na porção de terra na qual se trabalha. É neste sentido que Rousseau argumenta, ao afirmar que "é somente o trabalho que, dando ao cultivador o direito sobre o produto da terra que lavrou, dá-lhe, por consequência, o direito sobre a superfície [*fond*], pelo menos até a colheita".[80]

Os homens não teriam, portanto, a propriedade do solo: certamente poderiam nele realizar seu cultivo e seu trabalho, mas teriam tão somente um direito aos frutos resultantes de sua mão de obra e uma posse enquanto perdurasse esse labor. O elemento fundamental e o passo posterior para que a simples posse se torne um direito do primeiro ocupante (e disto então derivará, em um momento ainda mais posterior – a fundação do estado civil –, um direito de propriedade), é necessário que ao trabalho se adicione uma *posse contínua*: o homem trabalha periodicamente em certa porção de terra, "e assim, de ano em ano,

---

79 BERNARDI, Bruno. BACHOFEN, Blaise. *Notas no 'Discours sur l'origine et les fondements de l'inégalité parmi les hommes'*. In: ROUSSEAU, Jean-Jacques. *Discours sur l'origine et les fondements de l'inégalité parmi les hommes*. Paris: Flammarion, 2008. p. 243, nota 117.

80 OC, III, *Segundo Discurso*, p. 173.

194 Thiago Vargas

aquilo que vinha a ser uma posse contínua se transforma facilmente em propriedade".[81] Para que a posse contínua se configure, foi necessário um desenvolvimento anterior da consciência do tempo, consubstanciada na noção de previdência.[82]

O trabalho *per se* não será capaz de gerar um direito em determinada ocupação de terra, uma vez que fornece apenas um direito sobre o fruto produzido: um homem labora em um pedaço de terra e colhe seus frutos, podendo dispor destes últimos. Deixando o solo ocioso, o indivíduo perderia os elementos – o trabalho e a posse contínua com cultivo – que o legitimavam a continuar utilizando a terra.[83]

Este pretenso direito sobre o solo é fundado sobre bases debilitadas, e trata-se propriamente daquilo que Rousseau denomina de "um direito precário e abusivo".[84] Em uma vertiginosa passagem da narrativa do *Segundo Discurso*, Rousseau demonstra como as terras são continuamente ocupadas até ao "ponto de cobrirem todo o solo"[85] e, assim, pouco a pouco avizinharem-se umas às outras. Neste período, não havia mais terras para cultivo que não pudessem ser reivindicadas como propriedade de algum indivíduo.

A partir do momento da divisão do trabalho, as desigualdades naturais são intensificadas pelas desigualdades de combinação. Com as diferenças de talentos tornadas sensíveis, Rousseau destaca duas disposições humanas, a *fraqueza* e a *indolência*, como impeditivos para que

---

81 OC, III, *Segundo Discurso*, p. 173.

82 Sobre a noção previdência, conferir o *Capítulo III, A Grande Revolução: metalurgia, agricultura e a divisão do trabalho.*

83 Rousseau argumenta que o trabalho e o cultivo são indispensáveis para a posse da terra: "Em geral, para autorizar sobre um terreno qualquer o direito do primeiro ocupante, são necessárias as seguintes condições (...) que dele [do terreno] se tome posse, não por uma cerimônia vã, *mas pelo trabalho e pelo cultivo*, únicos signos de propriedade que, na ausência de títulos jurídicos, devem ser respeitados pelos outros" (OC, III, *Contrato Social*, Livro I, Cap. IX, p. 366. Grifo nosso).

84 OC, III, *Segundo Discurso*, p. 176.

85 OC, III, *Segundo Discurso*, p. 175.

TRABALHO E ÓCIO

determinados indivíduos, então em maior número, pudessem possuir uma parcela do solo, fazendo com que doravante se deparassem diante de uma situação na qual toda porção de terra já se encontrava reivindicada como propriedade de alguém: "ora, quando as heranças cresceram em número e extensão ao ponto de cobrir o solo inteiro e de tocarem-se umas às outras, umas somente puderam crescer a expensas das outras, *e os supranumerários que, por sua vez, a fraqueza ou a indolência haviam impedido de adquiri-las (...)*"[86] tornaram-se pobres. O rico, neste período caracterizado como o detentor de terras e rebanhos[87] (isto é, o detentor de posses), é portanto uma inovação, uma novidade antes não existente nas etapas anteriores do estado de natureza e que emerge a partir dos desdobramentos das desigualdades de talento e de combinação; por sua vez, o pobre não é propriamente uma invenção, mas sim uma figura construída pela negação da nova figura que surge: "tornados pobres sem nada terem perdido, pois, tudo mudando ao seu redor, somente eles não haviam mudado, foram obrigados a receber ou a usurpar sua subsistência da mão dos ricos (...)".[88] Neste sentido, Yves Vargas escreve que "a pobreza não é um evento real, ela nunca aconteceu, somente a riqueza é um evento".[89]

---

86 OC, III, *Segundo Discurso*, p. 175 (grifo nosso).

87 Rousseau argumenta que antes da invenção de signos que representassem a riqueza, tais sinais "não podiam consistir senão em terras e rebanhos, os únicos bens reais que os homens podem possuir" (OC, III, *Segundo Discurso*, p. 175).

88 OC, III, *Segundo Discurso*, p. 175. Podemos ainda recordar que Rousseau, em um de seus *Fragmentos Políticos* (*O Luxo, O Comércio e as Artes*), aponta para a relação necessária existente entre as noções de *pobre* e *rico*: "somente há pobres porque há ricos" (OC, III, *Fragmentos Políticos* [*O Luxo, O Comércio e as Artes*], p. 521).

89 VARGAS, Yves. *Les Promenades matérialistes de Jean-Jacques Rousseau*. Pantin: Les Temps des Cerises, 2005. p. 104. Os pobres somente tornam-se uma categoria quando o rico, sua categoria contrária, emerge. Podemos também recordar o seguinte trecho de *Emílio*, que retrata o momento que por hora tratamos no *Segundo Discurso*: "quando os pobres permitiram que houvesse ricos, os ricos prometeram alimentar aqueles que não tivessem do que viver, nem por seus bens, nem por seu trabalho" (OC, IV, *Emílio*, Livro II, p. 339; ed. bras., p. 114).

Thiago Vargas

Em suma, quando a abundância de terras chega ao fim e os terrenos começaram a tornar-se vizinhos, havendo ainda a exploração do dono da propriedade às expensas dos outros, e havendo ainda um grande número de homens sem nenhuma espécie de propriedade, os pobres encontravam-se na seguinte contingência: recorrer à violência para sobreviver ou a trabalhar para receber sua subsistência das mãos do rico, e, assim, "começaram a nascer, conforme as diversas características de uns e de outros, a dominação e a servidão, ou a violência e a rapina".[90] Inicia-se, portanto, um período no qual os indivíduos são subjugados uns pelos outros, em especial pelo proprietário – isto é, há uma exploração da mão-de-obra (à qual Rousseau se refere como servidão e dominação) – ou, ainda, os não-proprietários vislumbram a tomada de determinado terreno por meio da violência.

Considerado o progresso até então descrito, o quadro que compõe e estrutura o estado de guerra poderá ser engendrado.[91] Julgando equivalente o direito de propriedade ao direito da força ou da necessidade,[92] um funesto período observa seu início: "elevava-se entre o direito do mais forte

---

90   OC, III, *Segundo Discurso*, p. 175.

91   Filósofos contratualistas como Locke, Hobbes e Pufendorf, admitem que, em determinado momento, haja um estado de guerra no qual é necessário que os homens criem um artifício jurídico para que possam sobreviver – trata-se de uma exigência vital. Para Hobbes, o estado de natureza traduz-se como próprio estado de guerra de todos contra todos. Já Locke e Pufendorf, por exemplo, sustentam que o estado de natureza é um estado de paz e de ajuda comum, mas, para conceberem a origem da sociedade civil necessitam antes criar um conflito, um estado de guerra. Rousseau resolve este problema, segundo Derathé, por meio de um *desvio* [détour], isto é, com as etapas ou fase do estado natural: "Vê-se por qual *desvio* Rousseau acaba voltando à posição inicial de Hobbes, e afirma, por sua vez, a guerra generalizada de todos contra todos. Esse desvio o impede de cair nas contradições de Pufendorf e de Locke" (DERATHÉ, Robert. *Jean-Jacques Rousseau et la Science Politique de son Temps*. Paris: J. Vrin, 2009. p. 176. Grifo nosso; ed. bras., p. 264-265).

92   Não se trata propriamente de direitos, mas sim de uma presunção: "feito de suas forças ou de suas necessidades uma espécie de direito ao bem alheio, equivalente, segundo eles, ao da propriedade (...)" (OC, III, *Segundo Discurso*, p. 176).

Trabalho e ócio

e o direito do primeiro ocupante um conflito perpétuo que só terminava por combates e assassínios. A sociedade nascente deu lugar a um terrível estado de guerra".[93] Foi necessário que o homem tivesse se tornado minimamente sociável e que a pretensão ao direito de propriedade houvesse surgido para que, finalmente, o estado de guerra tenha se iniciado.[94]

O rico passa a temer seu outro, o pobre; e é temendo um estado no qual o direito do primeiro ocupante ainda não se tornou um direito de propriedade que pudesse ser garantido e preservado por instituições e por uma ordem jurídica que o rico irá propor seu pacto, através de um discurso especioso que engendrará, finalmente, a sociedade civil.[95] O *Discurso Sobre a Economia Política* apresenta de forma concisa a seguinte versão do discurso do rico:

> Tendes necessidade de mim, pois sou rico e sois pobre; façamos, então, um acordo entre nós: permitirei que tenhais a honra de me servir, com a condição de que dar-me-eis o pouco que vos resta, pela labuta [*peine*] que terei em vos comandar.[96]

93 OC, III, *Segundo Discurso*, p. 176

94 Derathé argumenta que "o estado de guerra não pode ter lugar entre particulares antes do estabelecimento da propriedade e da constituição das sociedades civis" (DERATHÉ, Robert. *Jean-Jacques Rousseau et la Science Politique de son Temps*. Paris: J. Vrin, 2009. p. 136; Ed. bras.: p. 207). Ademais, Derathé pontua a precedência de certa sociabilidade antes do advento do estado de guerra: "são as primeiras relações sociais que estão na origem do estado de guerra, sem o qual os homens não se encontrariam na necessidade de se unirem por convenções, nem jamais teriam pensado em assim proceder. Portanto, é, na realidade, o desenvolvimento da sociabilidade que tornou necessário os estabelecimentos políticos" (DERATHÉ, Robert. *Jean-Jacques Rousseau et la Science Politique de son Temps*. Paris: J. Vrin, 2009. p. 177; ed. bras., p. 266).

95 É somente neste cenário do estado de natureza que o pacto proposto pelo rico poderá ser concluído. Nos termos de Gabrielle Radica, "é deste estado de fato onde as desigualdades são constituídas, e não de um estado de igualdade como Locke quer que o estado de natureza seja, que procederá o primeiro contrato social, ou o contrato dos ricos" (RADICA, Gabrielle. *L'histoire de la raison*. Paris: Honoré Champion, 2008, p. 127).

96 OC, III, *Discurso Sobre a Economia Política*, p. 273.

A propriedade só poderá tornar-se um direito oponível contra terceiros no momento em que os homens realizarem uma convenção, ou seja, no instante no qual, mediante um pacto, a propriedade venha a ser positivada e integrada como direito, institucionalizado, validado e garantido. O rico será a figura responsável por construir a retórica necessária para a conclusão do pacto.

Com estas considerações, podemos vislumbrar como as consequências das divergências acerca da origem acerca do direito de propriedade terminarão, portanto, por afastar decididamente as conclusões de Rousseau sobre a função e surgimento do Soberano daquelas consideradas por Locke. Enquanto para Rousseau é preciso limitar o exercício do direito de propriedade (já que a dominação de bens e fortunas geram progressos na desigualdade, pois o rico explora o pobre, e, assim, o mais fraco é explorado pelo mais forte – um fica dominado pelo outro, o que Rousseau quer evitar), para Locke é inconcebível que o Estado venha a limitar o gozo de tal direito, e, pelo contrário, deve esforçar-se no sentido de garantir o seu livre exercício.[97]

A genealogia da propriedade demonstra um vício presente em sua origem, e que deve ser denunciado: ela deriva de uma situação de usurpação que se cristaliza e se consubstancia com o pacto proposto no *Segundo Discurso*. Finalmente, resta uma questão a ser refletida. Se os fundamentos que erigiram a propriedade derivam de uma apropriação indevida, ou melhor, configuram uma ilegitimidade, um direito de propriedade "diferente daquele que resulta da lei natural"[98]

---

97 Este pensamento é formulado por Derathé, quando escreve que "o crescimento das fortunas e os progressos da desigualdade, que são sua consequência, conduzem inevitavelmente à exploração do pobre pelo rico, à submissão do fraco ao forte. Rousseau foi o primeiro a perceber que a propriedade privada, enquanto não for mantida em limites estreitos, pode tornar-se uma ameaça para a liberdade (...) Para Locke, ao contrário, a propriedade é um direito absoluto, cuja infração é um sacrilégio. Fixar seus limites é portanto incogitável e o Estado deve limitar-se a assegurar seu livre exercício" (DERATHÉ, Robert. *Rousseau et la Science politique de son temps*. Paris: J. Vrin, 2009. p. 119; ed. bras., p. 184-185).

98 OC, III, *Segundo Discurso*, p. 174.

TRABALHO E ÓCIO

e que somente será justificado (e, mais além, positivado após o pacto) pelas arengas do primeiro proprietário, isto não significa que esta importante instituição deva ser descartada ou abolida dos ordenamentos jurídicos possíveis. Malgrado os males ocasionados pelo surgimento da propriedade, isso não impede, entretanto, que ela possa vir a ser destinada a outros usos e princípios, conforme podemos ler no *Contrato Social*[99] e no verbete sobre *Economia Política.*[100]

---

99 As possíveis diferenças de tratamento sobre a noção de propriedade no *Segundo Discurso* e no *Contrato Social* mereceriam um estudo em separado. Importa ressaltarmos que o conceito de propriedade será tratado sob diferentes ângulos de acordo com o escrito no qual é utilizado, sem que, entretanto, implique em contradições. Algumas notas da edição das Obras Completas de Rousseau apontam neste sentido, e buscam de forma sintética expor o problema, sem, contudo, esgotar sua análise, conforme podemos ler na seguinte observação: "Se é certo, por um lado, que o *Contrato Social* apresenta uma concepção da propriedade mais elaborada que as indicações sumárias do *Discurso Sobre a Desigualdade* ou da *Economia Política*, não é certo, por outro lado, que houve no pensamento do autor uma mudança tão completa, como afirma Vaughan, nem que Rousseau tenha chegado a uma forma de coletivismo depois de ter professado uma teoria individualista que se aproxima daquela de Locke. Rousseau jamais admitiu, como Locke e Pufendorf, que a propriedade fosse um direito natural. Aquilo que, em relação aos escritos anteriores, é novo no *Contrato Social*, é a afirmação que o direito de soberania se estende dos sujeitos aos seus bens, como havia estabelecido Hobbes" (OC, III, *Notas sobre o Contrato Social*, nota 2, p. 1450-1451). Realizando uma análise da noção de propriedade no *Contrato Social*, Xifaras argumenta que, após concluída a cláusula de alienação total, que estabelece em retorno um direito real de propriedade sobre os bens (que antes do pacto configuravam meras posses precárias), o soberano possui um *domínio de jurisdição (jurisdictio)* ou um *imperium* sobre a propriedade, e não um domínio real. Cf. XIFARAS, Mikhaïl. *La Destination Politique de la propriété chez Jean-Jacques Rousseau in Les Études Philosophiques*. N. º 66. Paris: PUF, 2003/3-1. p. 331-370.

100 Conforme a assertiva de Rousseau, "é certo que o direito de propriedade é o mais sagrado de todos os direitos dos cidadãos, e mais importante, sob alguns pontos de vista, que a própria liberdade" (OC, III, *Discurso Sobre a Economia Política*, p. 262-263). Sobre as dificuldades de análise acerca da compatibilidade entre a noção de propriedade apresentada no *Segundo Discurso* e aquela exposta no *Discurso Sobre a Economia Política*, Goldschmidt dedica um grande número de páginas sobre o assunto, tendo em vista dirimir uma pretensa contradição doutrinária entre os dois escritos e buscando harmonizar o pensamento de Rousseau sobre o tema da pro-

priedade utilizando a ideia de justiça como noção capaz de conciliar e explicar as abordagens de cada um dos textos. A este respeito, Cf. GOLDSCHMIDT, Victor. *Anthropologie et Politique. Les principes du système de Rousseau.* Paris: J. Vrin, 1983. Cap. IV – *La Société Agraire, III. L'Origine des premières règles de justice.*

Capítulo IV

(Um Ensaio sobre o Trabalho)

Emílio: uma educação para o trabalho (ou *como evitar o ócio*)

> Eu jamais tinha manejado uma ferramenta na vida, e no entanto com o tempo, graças a muito esforço, aplicação e expediente, descobri finalmente que não havia nada que me faltasse e eu não pudesse fazer, especialmente tendo as ferramentas certas
>
> (...)
>
> Eu ainda era um artesão muito precário, embora o tempo e a necessidade me tenham transformado pouco depois em um mecânico natural completo, como acredito que teria acontecido com qualquer outro
>
> (...)
>
> Isso já atesta que eu não viva ocioso, e que não poupava esforços para produzir o que me parecesse necessário para minha subsistência e conforto.
>
> Daniel Defoe, *Robinson Crusoé*.[1]

A primeira edição de *Emílio*, publicada em 1762, trazia estampada em seu frontispício a imagem de Tétis, ninfa marítima que compunha uma das cinquenta nereidas, segurando pelo calcanhar seu filho Aquiles e mergulhando-o por inteiro no rio Estige, garantindo, desta forma, a

---

1   DEFOE, Daniel. *Robinson Crusoé*. Trad. de Sérgio Flaksman. São Paulo: Penguin Classics Companhia das Letras, 2011, p. 123; 128 e 223, respectivamente.

invulnerabilidade de sua cria – salvo, como é bem sabido pelas narrações míticas, a fraqueza que se localiza na região não tocada pela água. Em uma das versões do mito, a ninfa, buscando purificar os resquícios de humanidade existente em seus filhos e tentando torná-los imortais (afinal, o pai das crianças e marido da nereida era o mortal Peleu), os expõe, um a um, ao fogo: mergulhando-os em chamas, são consumidos pelas incandescentes labaredas. O sétimo, Aquiles, logo seria destinado à mesma fatalidade; é, entretanto, salvo pelo pai e, em seguida, purificado nas águas do rio Estige pelas mesmas mãos de Tétis, mãe agora consagrada à criação e preservação de seu filho.

A famosa cena, que compõe uma das mais célebres passagens da mitologia grega, não foi gratuitamente evocada na capa de *Emílio*. Assim exorta Rousseau em certa passagem do Livro I:

> Tétis, para tornar seu filho invulnerável, mergulhou-o, diz a fábula, nas águas do Estige. Esta alegoria é bela e clara. As mães cruéis de que estou falando agem de modo diferente: de tanto mergulhar os filhos na languidez[2], preparam-nos para o sofrimento, abrem-lhes os poros para males de toda espécie, de que não deixarão de ser presa quando adultos.[3]

Ora, de que maneira, portanto, interpretar o mito sob a ótica de Rousseau? Eis a explicação que o preceptor nos fornece: "Exercitai-as [as crianças], pois, para os golpes que um dia terão de suportar, dos climas, dos elementos, para a fome, para a sede, para a fadiga; mergulhai-as na água do Estige".[4] Longe da imagem protetora que poderíamos vislumbrar ao imaginar Tétis banhando seu filho nas geladas águas do rio infernal, a cena deve, por outro lado, inspirar a ideia de fortalecimento do corpo, de corresponder às exigências dos climas e da natureza, de luta pelo vigor físico, de exposição às intempéries para o fortalecimento da constitui-

---

2   O termo original é *molesse*.

3   OC, IV, *Emílio*, Livro I, p. 259; ed. bras., p. 23.

4   OC, IV, *Emílio*, Livro I, p. 260; ed. bras., p. 24.

Trabalho e ócio

ção corporal. As crianças devem ser desde logo educadas e iniciadas no movimento e no exercício, sem tempo para a preguiça. É desta maneira que Aquiles, ensinado pelo centauro Quiron a caçar, a movimentar-se, a exercer atividades manuais, receberá uma boa educação e fortalecerá corpo e mente. O mesmo se passará com Emílio.

A criação de um homem não constitui apenas a tarefa de conservação do corpo, mas sim a de fazê-lo agir, pensar, desenvolver suas faculdades, a mover-se, e não mantê-lo na inação. É preciso fazê-lo ativo para a vida: "viver não é respirar, mas agir".[5] Do ponto de vista da saúde do corpo, a ociosidade e a preguiça representam a "degenerescência física da espécie e do indivíduo".[6] Uma das preocupações iniciais do preceptor é, portanto, evitar que um corpo débil e fragilizado comprometa a "educação da alma".[7] O ócio deve ser evitado, como Rousseau já argumentara no *Primeiro Discurso*: "Sei que é preciso ocupar as crianças e que a ociosidade é para elas o perigo que mais se deve temer".[8] O aluno deverá sempre manter-se em movimento, realizar exercícios que ponham o corpo em ação. É preciso nunca o deixar afundar-se na indolência ou na inação, que pode provocar até mesmo a deformação da constituição física. Rousseau dá como exemplo os mil aparatos e "precauções extravagantes"[9] às quais são submetidas as crianças, e que só fazem impedir o movimento, prejudicando o desenvolvimento dos membros e da circulação: tais precauções têm sua origem na própria preguiça daqueles que cuidam da criança, pois, seguindo a lei do mínimo esforço, preferem submeter o jovem a ataduras e aparelhos que o paralisem, uma vez que tal artifício abreviaria ou os pouparia do próprio

---

5   OC, IV, *Emílio*, Livro I, p. 253; ed. bras., p. 16.

6   VARGAS, Yves. *Promenades Matérialistes de Jean-Jacques Rousseau*. Pantin: Temps des Cerises, 2005. p. 196.

7   OC, IV, *Emílio*, Livro I, p. 268; ed. bras., p. 34.

8   OC, III, *Discurso Sobre as Ciências e as Artes*, Segunda Parte, p. 24.

9   OC, IV, *Emílio*, Livro I, p. 254; ed. bras., p. 18.

trabalho de cuidar.[10] Todas as prescrições que a princípio pareceriam contribuir para a boa saúde, terminam por degenerar o corpo:

> A criança recém-nascida precisa esticar e mover os membros para tirá-los do entorpecimento em que, unidos como em um novelo, permaneceram por longo tempo. Os esticamos, é verdade, mas os impedimos de se moverem; chegamos até a prender-lhe a cabeça a testeiras. Parece que tememos que ela pareça estar viva (...) os lugares em que se enfaixam as crianças estão cheios de corcundas, de mancos, de cambaios, de raquíticos, de pessoas deformadas de toda espécie. Temendo que os corpos se deformem com os movimentos livres, apressam-se em deformá-los pondo-os entre prensas. De bom grado os tornariam paralíticos para impedi-los de se estropiarem.[11]

O excesso de ociosidade também torna os indivíduos sujeitos a doenças,[12] e, para afastá-las ou curá-las, logo os homens optam por buscar consultórios médicos para seus males: a inação franqueia os caminhos para a ampliação desta que é, aos olhos de Rousseau, uma funesta

---

10 É a lei do mínimo esforço que rege a conduta de tais pessoas, que procuram furtar-se da obrigação de cuidar da criança. É mais fácil amarrá-la e fazê-la parar do que buscar orientá-la em sua liberdade: "Desde que as mães, desprezando seu primeiro dever, não mais quiseram alimentar seus filhos, foi preciso confiá-los a mulheres mercenárias que, vendo-se assim mães de filhos alheios, por quem a natureza nada lhes dizia, só procuraram furtar-se ao incômodo. Teria sido preciso zelar continuamente por uma criança em liberdade; mas, quando ela está bem amarrada, jogam-na a um canto sem se preocuparem com seus gritos" (OC, IV, *Emílio*, Livro I, p. 255; ed. bras., p. 19).

11 OC, IV, *Emílio*, Livro I, p. 254; ed. bras., p. 17.

12 E a causa de nossos males advém de nossas próprias ações: "A respeito das doenças, não repetirei em nada as vãs e falsas declamações que a maior parte das pessoas com saúde fazem contra a Medicina (...) o excesso de ociosidade de uns, o excesso de trabalho de outros (...) aí estão as funestas garantias de que a maior parte de nossos males são de nossa própria obra" (OC, III, *Segundo Discurso*, p. 138).

ciência e uma "arte mentirosa".[13] Neste cenário, Rousseau inicia seu severo ataque contra certo tipo de medicina praticada em grandes cidades como Paris, posicionando sua artilharia com pontaria para o flanco das questões morais (afinal, a ofensiva não é contra a medicina em si, mas sim contra determinado tipo de arte médica que sabe apenas instigar vícios e servir uma sociedade de costumes já muito corrompidos: "a ciência que instrui e a medicina que cura são muito boas, sem dúvida; mas a ciência que ilude e a medicina que mata são más");[14] não descartando a utilidade da medicina para alguns homens em particular, trata-se, entretanto, de uma arte "funesta para o gênero humano";[15] refúgio de ricos ociosos, torna-se uma *diversão* que acaba por deslocar o tempo útil à vida comum, fazendo com que pessoas "desocupadas"[16] gastem suas horas de lassidão em visitas a consultórios médicos.

Entretanto, Rousseau prescreverá sua própria receita para que a saúde do corpo seja observada, e o primeiro dos remédios, que será também a primeira das prevenções, será a recomendação ao trabalho: "a temperança e o trabalho são os dois verdadeiros médicos do homem: o trabalho aguça seu apetite e a temperança impede que abuse dele".[17] Prescrito como remédio para os males (ou melhor, assumindo propriamente o papel de médico), o trabalho funciona como fonte de vida ("os exemplos das mais longas vidas são quase todos tirados de homens que mais fizeram exercícios e mais suportam a fadiga e o trabalho")[18], sanidade e equilíbrio (um trabalho saudável conduz naturalmente a um bom uso da razão: que o aluno "trabalhe, aja, corra e grite, esteja sempre em movimento; que seja homem pelo vigor, e logo o será pela razão")[19], isto é, exerce uma função

---

13   OC, IV, *Emílio*, Livro II, p. 306; ed. bras., p. 77.

14   OC, IV, *Emílio*, Livro I, p. 270; ed. bras., p. 35.

15   OC, IV, *Emílio*, Livro I, p. 270; ed. bras., p. 35.

16   OC, IV, *Emílio*, Livro I, p. 269; ed. bras., p. 35.

17   OC, IV, *Emílio*, Livro I, p. 271; ed. bras., p. 37.

18   OC, IV, *Emílio*, Livro I, p. 272; ed. bras., p. 38.

19   OC, IV, *Emílio*, Livro II, p. 359; ed. bras., p. 137.

medicinal muito mais proveitosa do que qualquer um dos gabinetes médicos parisienses poderia oferecer.

Para afastar Emílio de tais situações, será preciso iniciá-lo ao mundo do trabalho e dos ofícios. Se até aqui tratamos do trabalho do ponto de vista dos impactos da constituição física e da saúde corporal (e, podemos até mesmo afirmar, de um ponto de vista medicinal), isto não significa, entretanto, que sua importância se restrinja apenas a este recorte. Desta forma, passemos a partir de agora à análise dos efeitos intelectuais que o trabalho implica.

O trabalho opera de maneira indispensável na formação cognitiva do jovem, desenvolvendo suas habilidades corporais e mentais e fortalecendo seu temperamento. Nos termos de Denis Faïck, "o trabalho, enquanto relação com as coisas, enquanto relação com o mundo, se inscreve legitimamente na ordem cognitiva".[20] Neste sentido, Rousseau recomenda que este estágio do processo de educação, no qual Emílio será apresentado aos mais diversos trabalhos, tenha como principal objetivo a formação de suas disposições mentais: "Leitor, não vos detenhais para ver aqui o exercício do corpo e a habilidade das mãos de nosso aluno, mas (...) considerai a cabeça que lhe vamos formar".[21] Ora, a atividade intelectual é estreitamente ligada aos exercícios do corpo e ao trabalho das mãos: não se pode aprender a raciocinar bem quando mergulhado no mais completo *far niente*. É indispensável que a arte de bem pensar e raciocinar se ligue aos movimentos corporais, estando a inteligência ligada a uma atividade sensitiva: "Para aprender a pensar, é preciso exercitar nossos membros, nossos sentidos, nossos órgãos que são os instrumentos de nossa inteligência",[22] e somente um corpo sadio e habituado aos exercícios poderá fazer o melhor uso possível destes instrumentos.

---

20 FAÏCK, Denis. *Le Travail. Anthropologie et Politique. Essai sur Rousseau.* Genève: Droz, 2009, p. 133.

21 OC, IV, *Emílio*, Livro III, p. 460; ed. bras., p. 251.

22 OC, IV, *Emílio*, Livro II, p. 370; ed. bras., p. 149.

TRABALHO E ÓCIO

Finalmente, é "a boa conformação do corpo que torna fáceis e seguras as operações do espírito".[23]

O trabalho das mãos é, portanto, estreitamente ligado à formação das faculdades[24] intelectuais de Emílio: é pela atividade artesanal que se tornará um homem ativo e pensante. O trabalho permite o contato sensitivo com as coisas do mundo e estimulará o espírito do pupilo a desenvolver habilidades de inventividade e criatividade: a experiência concreta do trabalho, o plano sensível experimentado pelo labor das mãos, evita que o pupilo se entedie, fazendo-o participar ativamente de uma atividade criadora. A ação de ensiná-lo a trabalhar e de conhecer o funcionamento do máximo de instrumentos e ofícios possíveis o permitirá exercer o raciocínio de remontar dos efeitos às causas (como no caso do armário e da árvore), e também irá conduzi-lo a pensar por si próprio, sem admitir que, na cadeia de conhecimentos que pretende aprender, possa aceitar algo por mera suposição:

> Em tudo o que vir, em tudo o que fizer, ele desejará conhecer tudo, desejará saber a razão de tudo; de instrumento em instrumentos, quererá sempre remontar ao primeiro; nada admitirá por suposição; recusar-se-ia a aprender o que exigisse um conhecimento prévio que não tivesse; se vir fazerem uma mola, quererá saber como o aço foi extraído da mina; se vir montarem um armário, quererá saber como a árvore foi cortada; *se ele próprio trabalhar, para cada instrumento de que se servir não*

---

23 OC, IV, *Emílio*, Livro II, p. 370; ed. bras., p. 149.

24 Ainda que, em *Emílio*, o desenvolvimento do juízo segundo a marcha da natureza seja a questão central a ser exposta e investigada, o trabalho funciona como um instrumento fundamental para que a educação do jovem seja bem-sucedida. Um exemplo da importância do trabalho pode ser encontrado, por exemplo, na gênese da ideia de propriedade, que será formada através de uma atividade laboriosa, representada no episódio das favas com o jardineiro Robert. Emílio será educado para aprender os mais variados trabalhos, com diversos tipos de instrumentos, e, desta forma, será preparado para viver em qualquer situação ou sociedade.

deixará de dizer para si mesmo: se eu não tivesse esse instrumento, como me arranjaria para fazer um parecido ou dispensá-lo?[25]

O trabalho irá contrapor-se à preguiça natural, atributo e apanágio presente em todos os homens, e também conduzirá Emílio ao desenvolvimento da razão e de um balanceado gosto pela reflexão. Através do trabalho o pupilo poderá realizar meditações e operar raciocínios que fazem dele um filósofo: "se eu o ocupo em uma oficina, suas mãos trabalharão em proveito de seu espírito; tornar-se-á filósofo, crendo ser apenas um operário".[26] O raciocínio é desenvolvido mais adiante, na seguinte passagem:

> Se até aqui me fiz entender, deve-se compreender como, com o hábito do exercício do corpo e do trabalho manual, dou imperceptivelmente ao meu aluno o gosto pela reflexão e pela meditação, para contrabalançar a preguiça que resultaria de sua indiferença pelos juízos dos homens e da calma de suas paixões. É preciso que ele trabalhe como um camponês e pense como filósofo, para não ser tão vagabundo como um selvagem. O grande segredo da educação é fazer com que os exercícios do corpo e os do espírito sirvam sempre de descanso uns para os outros.[27]

Finalmente, o trabalho também servirá como instrumento do educador nas questões relativas aos ensinamentos sociais, morais e políticos que Emílio deve receber.[28]

---

25 OC, IV, *Emílio*, Livro III, p. 461; ed. bras., p. 251.

26 OC, IV, *Emílio*, Livro III, p. 443; ed. bras., p. 231.

27 OC, IV, *Emílio*, Livro III, p. 480; ed. bras., p. 274.

28 Emílio, por exemplo, aprenderá a noção de propriedade através da noção de trabalho, como lemos na conhecida passagem das favas e do jardineiro Robert. Será também ensinada a progressiva dependência mútua dos homens através da observação dos diferentes ofícios, isto é, a ideia de divisão do trabalho e da própria dependência do trabalhador em relação aos outros: "vossa maior preocupação deve ser afastar da mente de vosso aluno todas as noções das relações sociais que

Segundo Starobinski, em *Emílio* é desenvolvida uma "teoria utilitária do trabalho humano", na qual se "relaciona a utilidade do trabalho à *independência* que ele assegura ao homem".[29] Tal teoria, como assim a denomina Starobinski, parece-nos, entretanto, dividir-se em duas categorias fundamentais que se complementam: Rousseau estabelece que seu aluno deve observar uma dupla ordem pela qual deverá avaliar e julgar as artes e os trabalhos humanos.

A primeira é a ordem da utilidade,[30] pela qual Emílio deverá alçar ao topo de sua escala de valor os trabalhos mais úteis aos homens e à sociedade, isto é, as atividades mais imprescindíveis para a vida: assim, aos olhares de Emílio "o ferro deve ter um valor muito maior do que o ouro, e o vidro do que o diamante".[31] Os trabalhos realizados por sapateiros e pedreiros deverão, ao julgamento do pupilo, ser mais valorosos do que "um Lampereur, um Le Blanc e todos os joalheiros da Europa".[32] Enfim, a educação até então estabelecida estará inteiramente comprometida se Emílio "entrar com mais respeito na venda de um ourives do que na de um serralheiro".[33] A ordem de classificar os trabalhos segundo sua utilidade busca seguir a ordem estabelecida pelas três classes de necessidades, como as lemos nos *Fragmentos Políticos*, no fragmento *Sobre a Influência dos Climas Relativamente às Civilizações*.[34] Ao não conferir grande va-

---

não estão ao seu alcance; mas, quando o encadeamento dos conhecimentos vos forçar a lhe mostrar a mútua dependência dos homens, em vez de mostrá-la pelo lado moral, voltai primeiramente toda a sua atenção para a indústria e para as artes mecânicas, que tornam úteis umas às outras" (OC, IV, *Emílio*, Livro III, p. 456; ed. bras., p. 346).

29 STAROBINSKI, Jean. *Jean-Jacques Rousseau: la transparance et l'obstacle*. Paris: Gallimard, 1971. p. 273; ed. bras., p. 313.

30 OC, IV, *Emílio*, Livro III, p. 459; ed. bras., p. 249.

31 OC, IV, *Emílio*, Livro III, p. 459; ed. bras., p. 249.

32 OC, IV, *Emílio*, Livro III, p. 459; ed. bras., p. 249.

33 OC, IV, *Emílio*, Livro III, p. 457; ed. bras., p. 247.

34 Sobre as três classes de necessidades, verificar a *Capítulo I – A Preguiça e o Estado de Natureza*.

lor às artes luxuosas, como a joalheira ou o trabalho de um ourives, Rousseau pretende que Emílio seja ensinado a valorizar os trabalhos humanos segundo as necessidades que eles satisfazem, sendo os ofícios que preenchem as necessidades mais básicas aqueles que devem ser mais bem remunerados e valorizados. Se o trabalho dos homens deve ser julgado pelo aluno segundo critérios de utilidade, um bom julgamento também observará as relações com a segurança, bem-estar e conservação[35] que determinada labuta proporciona. Trata-se, neste caso, de manter Emílio no domínio da relação sensível, visando afastá-lo das arbitrariedades criadas pela *estima pública*. As artes de segunda e terceira necessidades são produtos da opinião e do desejo por superfluidades, e subvertem a verdadeira ordem utilitária dos trabalhos:

> Há uma estima pública ligada às diferentes artes na razão inversa de sua utilidade real. Essa estima mede-se diretamente pela sua própria inutilidade; e assim deve ser. As artes mais úteis são as que ganham menos, porque o número de trabalhadores é proporcional à necessidade dos homens e o trabalho necessário a todos forçosamente permanece tendo um preço que o pobre pode pagar.[36]

Nesse sistema, a valoração econômica da mão de obra também se liga a uma valoração moral e social dos diferentes ofícios, uma vez que aqueles que realizam um trabalho indispensável às necessidades básicas são mal remunerados e mais pobres, estabelecidos em uma categoria social e econômica que gera uma situação de desigualdade, e são, assim, desprezados pelos ricos: "só quero ter os bens que o povo pode invejar",[37]

---

35 Rousseau menciona estes quatro critérios, em passagem na qual escreve que "é pela relação sensível com sua utilidade, sua segurança, sua conservação, seu bem-estar, que ele deve apreciar todos os corpos da natureza e todos os trabalhos dos homens" (OC, IV, *Emílio*, Livro III, p. 458-459; ed. bras., p. 249).

36 OC, IV, *Emílio*, Livro III, p. 456-457; ed. bras., p. 246-247.

37 OC, IV, *Emílio*, Livro III, p. 457; ed. bras., p. 247.

Trabalho e ócio

como assim evoca uma citação a Petrônio. Na economia criticada por Rousseau, o valor do produto e o próprio valor da mão de obra encontram seus parâmetros estabelecidos pela opinião, isto é, o preço do artigo de comércio reside não na necessidade que ele representa para os homens, mas na opinião agregada ao objeto:

> Pelo contrário, essas pessoas importantes que são chamadas não de artesãos, mas de artistas, trabalhando unicamente para os ociosos e os ricos, põem um preço arbitrário em suas ninharias. E, como o mérito desses vãos trabalhos reside apenas na opinião, seu próprio preço faz parte desse mérito e são estimados proporcionalmente ao que custam. O interesse que despertam no rico não provém de seu uso, mas do fato de que o pobre não pode pagá-los.[38]

As ciências e as artes não suprem nossas necessidades vitais: assim, Emílio "daria toda a academia de ciências pelo menor confeiteiro da rua dos Lombardos".[39] Ora, o *Discurso Sobre as Ciências e as Artes* já havia exposto como as ciências são mesmo "perigosas pelos efeitos que elas produzem",[40] e como "nascem da ociosidade e, por sua vez, a alimentam; e a perda irreparável do tempo é o primeiro prejuízo que elas necessariamente causam à sociedade".[41] O *Primeiro Discurso* já apresentara um severo ataque contra o luxo, que tem sua origem na ociosidade e na vaidade dos homens,[42] e demonstrara como as ciências e artes sempre são acompanhadas do próprio luxo.

---

38 OC, IV, *Emílio*, Livro III, p. 457; ed. bras., p. 246-247.

39 OC, IV, *Emílio*, Livro III, p. 459; ed. bras., p. 249.

40 OC, III, *Discurso Sobre as Ciências e as Artes*, p. 18.

41 OC, III, *Discurso Sobre as Ciências e as Artes*, p. 18.

42 "É um grande mal o abuso do tempo. Outros males ainda piores seguem as Letras e as Artes. Tal é o luxo, nascido como eles da ociosidade e da vaidade dos homens" (OC, III, *Discurso Sobre as Ciências e as Artes*, p. 19).

A segunda ordem pela qual Emílio deverá julgar o valor dos trabalhos dos homens será fundada no critério de independência, pois através dele "consideramos as artes segundo as relações de necessidade que as ligam, colocando em primeiro lugar as mais independentes e em último as que dependem de um maior número de outras".[43] Em contraposição às tarefas especializadas e que dependem de uma cadeia de outras artes para serem realizadas, Rousseau faz uma apologia do trabalho simples e independente. Enquanto puder ser exercido em íntima relação com a independência individual de Emílio, o trabalho será não somente um *dever social*, mas uma fonte de contentamento e elemento garantidor da autonomia do trabalhador, não o deixando ao sabor da fortuna; assim, é preciso ensinar-lhe o maior número de ofícios manuais possível[44] e ensinar-lhe a utilizar a produzir muitos instrumentos: "não vedes que trabalhando para formá-lo exclusivamente para uma condição o tornais inútil para qualquer outra e, de acordo com a sorte, talvez tenhais trabalhado para torná-lo infeliz"?[45] Neste sentido, o paradigma será Robinson

---

43   OC, IV, *Emílio*, Livro III, p. 459; ed. bras., p. 249-250.

44   Com a ressalva de Rousseau de que "não é necessário exercer todas as profissões úteis para honrá-las todas; basta não considerar que alguma esteja abaixo de nós" (OC, IV, *Emílio*, Livro III, p. 477; ed. bras., p. 270).

45   OC, IV, *Emílio*, Livro III, p. 468; ed. bras., p. 260. E, como veremos posteriormente em *Emílio e Sophie*, é graças aos ensinamentos sobre os ofícios e trabalhos que Emílio poderá manter-se livre, independentemente da situação em que se encontra: "Sou tão livre quanto antes. Emílio escravo!, retomava eu, em que sentido? Que tenha perdido minha liberdade primitiva? Não nasci escravo da necessidade? Que novo jugo podem os homens me impor? O trabalho? Não trabalhava quando estava livre?" (OC, IV, *Émile et Sophie*, Carta II, p. 916-917). A atividade das mãos continua ligada às atividades intelectuais, mantendo Emílio em um estado de equilíbrio mental e de temperança nas paixões: "retomei meu trabalho, aguardando sossegadamente que minhas ideias bem se arranjassem em minha cabeça para me mostrar o que tinha de fazer, e, contudo, ao comparar meu estado àquele que o havia precedido, eu me encontrava na calma (...) Se não se é infeliz malgrado a fortuna, quando se sabe manter o coração em ordem, se é tranquilo ao menos a despeito da sorte" (OC, IV, *Émile et Sophie*, Carta I, p. 906) . Desta forma, ele encontra-se, mesmo em meio a turbulências, em paz: "Emílio em paz, Emílio ao trabalho" (OC, IV, *Émile et Sophie*, Carta I, p. 908). O trabalho

TRABALHO E ÓCIO

Crusoé, o único livro que, neste estágio da educação natural, Emílio terá acesso.[46] O personagem criado por Defoe, isolado em sua ilha, consegue por meio de suas habilidades e mediante muito trabalho, prover sua própria subsistência e sua conservação (até mesmo, segundo Rousseau, "uma espécie de bem-estar")[47]. O estado no qual encontra-se Robinson Crusoé servirá como o maior parâmetro de uma escala para medir a utilidade de uma atividade ou trabalho humano.[48]

No outro extremo do trabalho autossuficiente, encontra-se a divisão do trabalho, um dos agentes catalisadores da saída do estado de natu-

---

também garante a admiração dos outros: "(...) observavam-me ao trabalho com uma espécie de espanto; tudo que fazia dentro do atelier (e o fazia melhor que o mestre) exercia admiração; pareciam espiar todos meus movimentos, meus gestos" (OC, IV, *Émile et Sophie*, Carta I, p. 906).

46   Eis uma síntese da justificativa de Rousseau para a utilização da obra de Daniel Defoe: "Já que precisamos absolutamente de livros, existe um que oferece, a meu ver, o melhor tratado de educação natural. Será o primeiro livro que Emílio lerá; sozinho, constituirá por bastante tempo sua biblioteca inteira, e nela sempre ocupará um lugar de destaque. Será o texto a que todas as nossas conversas sobre as ciências naturais servirão apenas de comentários. Servirá de prova durante o nosso aprendizado sobre o estado de nosso juízo e, enquanto nosso gosto não se corromper, sua leitura sempre nos agradará. Qual é, então, esse livro maravilhoso? Será Aristóteles? Será Plínio? Buffon? Não, é *Robinson Crusoé*" (OC, IV, *Emílio*, Livro III, p. 454-455; ed. bras., p. 244.).

47   OC, IV, *Emílio*, Livro III, p. 455; ed. bras., p. 244.

48   Segundo as notas de Pierre Burgelin, Robinson Crusoé seria um "herói normativo, abstrato", que, sendo autossuficiente, é o modelo mais próximo possível do homem natural (BURGELIN, Pierre. *Notas sobre 'Émile'*. In: ROUSSEAU, Jean-Jacques. *Œuvres complètes de Jean-Jacques Rousseau. Bibliothèque de la Pléiade*, t. IV, p. 1430). Nos termos de Rousseau, o modelo de Crusoé serviria como parâmetro de utilidade e autossuficiência a ser alcançado por Emílio: "Eis como realizamos a ilha deserta que inicialmente me servia de comparação. Esse estado não é, concordo, o do homem social; provavelmente não é o de Emílio, mas é através desse mesmo estado que ele deve apreciar todos os outros. O meio mais seguro de nos elevarmos acima dos preconceitos e ordenarmos os juízos de acordo com as verdadeiras relações entre as coisas é colocarmo-nos no lugar de um homem isolado e julgarmos tudo como tal homem deve ele próprio julgar, com relação à sua própria utilidade" (OC, IV, *Emílio*, Livro III, p. 455; ed. bras., p. 245).

reza; pois, rompendo com a ordem individual,[49] acelera as desigualdades e disputas que caracterizam o estado de guerra, submetendo os indivíduos a uma atividade contínua e permanente, gerando relações de dependência e subordinação que criam o quadro propício para a exploração e para a desigualdade: "trabalhando igualmente, um ganhava muito, enquanto o outro vivia a duras penas".[50] Como lemos ao final da narrativa da Segunda Parte do *Discurso Sobre a Desigualdade*, as necessidades dos homens aumentam progressivamente e, no ponto em que se torna necessária a divisão do trabalho, subverte-se por completo o esquema tríptico da ordem natural dos desejos: bens relativos às necessidades da opinião e do luxo, isto é, objetos relativos à necessidade por superfluidades, sobrepõem-se às necessidades naturais e vitais ao homem. Além disso, um excedente de produção é criado à custa do esforço e trabalho de poucos, que permite que se sustente o ócio de alguns (os proprietários e os ricos):

> A prática das artes naturais, a que um só homem pode bastar, leva à pesquisa sobre as artes de indústria, que exigem o concurso de muitas pessoas. As primeiras podem ser praticadas por solitários, por selvagens, mas as outras só podem ter origem na sociedade, e a tornam necessária. Enquanto só conhecemos a necessidades físicas, cada homem basta a si mesmo; a introdução do supérfluo torna indispensável a divisão e a distribuição do trabalho, pois, embora um homem trabalhando sozinho ganhe apenas a subsistência de um homem, cem homens trabalhando em harmonia ganharão a subsistência de duzentos. Portanto, quando uma parte dos homens descansa, é preciso que o concurso dos braços dos que trabalham supra a ociosidade dos que nada estão fazendo.[51]

---

49   FAÏCK, Denis. *Le Travail. Anthropologie et Politique. Essai sur Rousseau*. Genève: Droz, 2009, p. 87.

50   OC, III, *Segundo Discurso*, p. 174.

51   OC, IV, *Emílio*, Livro III, p. 456; ed. bras., p. 246.

Trabalho e ócio

Finalmente, o tempo deixa de ser organizado pelo próprio indivíduo ou, no limite, regulado por uma comunidade autárquica fundada em uma economia de subsistência e que tem em vista a satisfação de necessidades básicas, e passa a ser um tempo imposto, regido pela economia política.[52] Eis o que Emílio, por seu lado, deve aprender: "a feliz criança goza o tempo sem ser sua escrava; aproveita-se dele e não sabe o seu valor".[53]

O pupilo deverá aprender a ser útil para a sociedade na qual escolherá viver e, assim, para que sua educação seja bem-sucedida, deverá abranger o ensino de tantos ofícios manuais quantos forem necessários. Mas não se trata de instruí-lo em uma atividade manual *qualquer*: a independência individual de Emílio será assegurada por ofícios que lhe permitam, assim como Robinson Crusoé em sua ilha, um fazer artesanal que preze pela liberdade e que não esteja submetido às regras da divisão do trabalho, que necessariamente engendra a dependência do outro; somente com estas habilidades o pupilo poderá, independentemente do meio social ou da situação em que se encontrar, ser livre. É preciso também afastá-lo de "profissões ociosas"[54] e "ofício insalubre",[55] pois é necessário que sua atividade esteja escorada por uma utilidade real das coisas[56] e que seu corpo se torne vigoroso e robusto.[57]

---

52 Ou, ainda, uma economia de produção. Novamente, sobre a utilização dos termos *economia política* e *economia de produção*, Cf. *Capítulo II*, item "*O justo meio": trabalho autônomo e moderado, tédio e sedentarização na juventude do mundo*.

53 OC, IV, *Emílio*, Livro III, p. 459; ed. bras., p. 249.

54 OC, IV, *Emílio*, Livro III, p. 473; ed. bras., p. 266.

55 OC, IV, *Emílio*, Livro III, p. 476; ed. bras., p. 269.

56 Segundo Rousseau, "eis o espírito que nos deve guiar na escolha da profissão de Emílio (...) e o único valor que reconhecerá nas coisas é sua utilidade real" (OC, IV, *Emílio*, Livro III, p. 474; ed. bras., p. 266).

57 É preciso tornar Emílio forte e evitar "toda profissão sedentária e caseira, que efemina e enlanguesce o corpo, não lhe agrada nem lhe convém" (OC, IV, *Emílio*, Livro III, p. 476; Ed. bras.: p. 269). Afinal, é preciso torná-lo corajoso, pois "todo homem fraco, delicado, temeroso, é condenado por ela [pela natureza] à vida sedentária" (OC, IV, *Emílio*, Livro III, p. 476; ed. bras., p. 269).

Desta forma, é preciso aproximá-lo do trabalho autossuficiente e autônomo apresentado no estado de *Juventude do Mundo*, como descrito no *Ensaio Sobre a Origem das Línguas* e no *Discurso Sobre a Origem da Desigualdade*: enquanto os homens se aplicaram "a obras que um só podia fazer, e de artes que não necessitavam do concurso de muitas mãos, eles viveram livres, sãos, bons e felizes".[58] Emílio deverá ser, portanto, artesão, pois este é o ofício que mais se aproxima da escala fundada no critério de independência: "*de todas as ocupações que podem fornecer o sustento ao homem, a que mais o aproxima do estado de natureza é o trabalho manual*; de todas as condições, a mais independente da sorte dos homens é a do artesão".[59]

Ao instigar Emílio à realização de ofícios relacionados ao artesanato, Rousseau ainda utiliza outro contundente argumento para sua opção: ele rejeita a submissão do pupilo a uma ordem de divisão social do trabalho que, explorando sua mão de obra e alienando-o em uma atividade repetitiva e mecânica, retira seus traços de humanidade, transformando-o em uma espécie de máquina. Devendo aprender a controlar de forma harmoniosa sua mente e corpo,[60] a ser independente e a não se reduzir a uma mera força de trabalho ou a um simples objeto, Emílio deverá afastar-se das "estúpidas profissões cujos operários, sem indústria e quase como autômatos, só aplicam as mãos em um mesmo trabalho (...) [nestas profissões] é uma máquina que conduz a outra".[61]

---

58 OC, III, *Segundo Discurso*, p. 171.

59 OC, IV, *Emílio*, Livro III, p. 470 (grifo nosso); ed. bras., p. 262.

60 O trabalho, como expusemos acima, é fonte de saúde corporal e cognitiva. Veremos em seguida que Emílio será afastado de todo trabalho que o aliene, exigindo uma repetição exaustiva de seus movimentos corporais e mentais. Em alguns parágrafos anteriores do Livro III de *Emílio*, Rousseau já antecipava os efeitos funestos que a utilização reiterada de máquinas e instrumentos causam ao corpo e ao espírito, afastando-os do exercício e da atividade: "quanto mais engenhosos são nossos instrumentos, mais nossos órgãos tornam-se grosseiros e desajeitados; por reunirmos máquinas ao nosso redor, não as encontramos em nós mesmos" (OC, IV, *Emílio*, Livro III, p. 442-443; ed. bras., p. 231).

61 OC, IV, *Emílio*, Livro III, p. 477; ed. bras., p. 271.

TRABALHO E ÓCIO

***

Estas considerações sobre as lições aprendidas por Emílio, ilustradas através da procura de um ofício e pelo exercício de atividades laborais, apresentam-se, portanto, como momentos essenciais para que o objetivo da educação, afinal, concretize-se. A noção de trabalho é instrumentalizada tendo em vista a formação do homem, pois, como argumenta o preceptor, "não somos somente aprendizes de trabalhadores, somos aprendizes de homens, e o aprendizado deste último ofício é mais penoso e mais longo do que o outro".[62] Feitas estas ressalvas, determinadas considerações sobre a noção de trabalho ainda servirão como fios condutores que guiarão Emílio em direção a um importante domínio de sua vida social: a economia política.

Os passos iniciais que preparam o terreno para a introdução ao pensamento socioeconômico encontram seus fundamentos no episódio das favas, etapa na qual os elementos que remontam à ideia da origem da propriedade foram apreendidos, no Livro II, através da noção de trabalho[63]: é pela cultura da terra realizada em uma porção de solo no qual Emílio "colocou seu tempo, seu trabalho, sua labuta e, enfim, sua pessoa; que há nesta terra alguma coisa dele mesmo que ele pode reclamar contra quem quer que seja",[64] para após descobrir que o terreno pertencia ao jardineiro Robert, que o princípio que constitui a propriedade fundiária será descoberto e ensinado. Em um primeiro momento, a teoria da propriedade de Locke é mobilizada pelo preceptor, que, instigando o aluno

---

62 OC, IV, *Emílio*, Livro III, p. 478; ed. bras., p. 272.

63 De forma sucinta, esclarecemos que o episódio das favas, examinado a seguir, encontra-se compreendido no Livro II do *Emílio* entre as páginas 329 e 333 das *Œuvres complètes*, e encerra o seguinte aprendizado: "a propriedade remonta naturalmente ao direito do primeiro ocupante pelo trabalho" (OC, IV, *Emílio*, Livro II, p. 332-333). Com a introdução ao estudo da economia política no Livro III, Emílio deve "conhecer do governo em geral apenas o que se relaciona com o direito de propriedade, de que já tem alguma ideia" (OC, IV, *Emílio*, Livro III, p. 461).

64 OC, IV, *Emílio*, Livro II, p. 331; ed. bras., p. 105.

ao cultivo das favas, faz perceber que ele mistura ao objeto de sua labuta algo de si próprio. O desdobramento da lição, entretanto, trará embaraços – ou, antes, uma crítica – à teoria lockeana dirigida ao pupilo: a descrição e os argumentos sobre a origem do direito de propriedade expostos no *Segundo Discurso* serão reformulados de forma a serem compreendidos pela criança. Em uma segunda etapa do desenvolvimento do episódio das favas, a ideia do direito de propriedade fundado unicamente sobre o trabalho (ou seja, o princípio de que o trabalho legitima a aquisição do direito de propriedade) é desde logo posta em segundo plano, dando lugar à noção do direito do primeiro ocupante: destruindo os melões de Malta plantados por Robert, verdadeiro proprietário do terreno, Emílio descobre que seu trabalho de cultivo havia sido realizado em uma porção de solo cuja propriedade não lhe pertencia por direito, pois Robert precedia a ocupação da terra. Finalmente, uma importante constatação é ensinada à criança: não há terreno sem ocupação, isto é, todo o solo já foi repartido entre proprietários.[65] Junto à divisão do trabalho, esta situação ensejará a necessidade das trocas, princípio exposto na fase que sucede a infância e precede a puberdade, descrita no Livro III.

O grande movimento que compõe esta lição carrega consigo um importante corolário, enunciado em uma fala de Robert: "ninguém toca no jardim do vizinho", pois é preciso respeitar "o trabalho dos outros,

---

65 Respondendo ao argumento do preceptor, ao afirmar que após terem destruído a plantação de Robert se atentariam para não mais trabalhar em terreno já ocupado, o jardineiro faz a seguinte exortação: "Oh, senhores! Podeis, então, ficar tranquilos: não há nenhuma terra baldia. Trabalho naquela que recebi de meu pai; cada um, por sua vez, faz o mesmo, e todas as terras que vedes estão ocupadas há muito tempo" (OC, IV, *Emílio*, Livro II, p. 332). O espaço temporal a que se refere a sentença "*há muito tempo*", deste limite das ocupações, remonta ao período localizado às portas do estado de guerra descrito no *Discurso Sobre a Origem da Desigualdade*, conforme podemos ler em passagem já citada na em nota do Capítulo III. Não hesitemos em revisitar o trecho mencionado: "quando as heranças cresceram em número e extensão ao ponto de cobrir o solo inteiro e de tocarem-se umas às outras, umas somente puderam crescer a expensas das outras (...)" (OC, III, *Segundo Discurso*, p. 175).

TRABALHO E ÓCIO

a fim de que o seu fique em segurança".[66] Observada a ordem natural do aprendizado e os princípios da educação negativa, neste momento de formação o pupilo ainda não será inscrito na dimensão econômica e social de sua atividade, e tampouco poderá ter ideias sobre a divisão e especialização do trabalho: "daí até o direito de propriedade e as trocas não é mais que um passo, depois do qual devemos logo nos deter".[67]

É no Livro III que a noção de trabalho – e, mais especificamente, a divisão social do trabalho – será mobilizada como concepção essencial que conduzirá aos estudos da economia política.

Estabelecidos os fundamentos da ideia de propriedade, Emílio aprende menos sobre as restrições do que sobre as funções que o exercício deste direito implica: o direito de propriedade é acompanhado por deveres, notadamente marcados por aspectos sociais e políticos.[68] No Livro III, as análises sobre a função do trabalho e da propriedade privada serão acompanhadas aos correlativos deveres de dimensão social, denominados por Rousseau de "dívida social".[69] A dívida social não pode ser paga com bens ou propriedades adquiridos ou transmitidos por herança, pois seu saldo deve ser pago pelo trabalho individual realizado por cada um dos membros da sociedade. É o trabalho de cada membro, observada a medida de sua dívida segundo sua condição social,[70] que legitima o

---

66 OC, IV, *Emílio*, Livro II, p. 332; ed. bras., p. 106.

67 OC, IV, *Emílio*, Livro II, p. 333; ed. bras., p. 107.

68 Céline Spector argumenta que a exposição das obrigações sociais no Livro III são as condições de possibilidade para a introdução do ensino sobre as obrigações no Livro V (SPECTOR, Céline. *Rousseau et la critique de l'économie politique. Lecture du Livre III de l'*Émile in *L'Economie politique et la sphère publique dans le débat des Lumières,* editado por J. Astigarraga e J. Usoz. Madrid: Collection de la Casa de Velázquez (135), 2013, p. 125-140 p. 136).

69 OC, IV, *Emílio*, Livro III, p. 469; ed. bras., p. 261.

70 Veremos na nota a seguir que o rico, nascendo favorecido, deve mais aos seus semelhantes. Isso não isenta, entretanto, as outras categorias sociais de trabalhar em prol da sociedade, pois, como já citado anteriormente, "rico ou pobre, forte ou fraco, todo cidadão ocioso é um patife" (OC, IV, *Emílio*, Livro III, p. 270; ed. bras., p. 262).

cumprimento desta obrigação. Citemos longamente o importante parágrafo no qual Rousseau desenvolve seu argumento da dívida social:

> O homem e o cidadão, quem quer que ele seja, não tem outro bem para colocar na sociedade senão ele próprio, todos seus outros bens ali estão, malgrado sua vontade; e, quando um homem é rico, ou ele não goza de sua riqueza, ou o público também goza dela. No primeiro caso, ele rouba aos outros aquilo de que se priva; e, no segundo, nada lhes dá. Assim, enquanto pagá-la somente com seus bens, a dívida social permanece inteira para ele. 'Mas meu pai, ao ganhar seus bens, serviu a sociedade...'. Que seja: ele pagou sua dívida, mas não a vossa. Deveis mais aos outros do que se tivésseis nascido sem bens, pois nascestes favorecido. Não é nada justo que aquilo que um homem fez para a sociedade desobrigue um outro daquilo que deve fazer: pois cada um, devendo a si próprio inteiramente, só pode pagar por si mesmo, e nenhum pai pode transmitir ao seu filho o direito de ser inútil aos seus semelhantes; ora, é, entretanto, o que ele faz, segundo vós, ao lhe transmitir suas riquezas, que são a prova e o prêmio do trabalho.[71]

Se a riqueza e a propriedade dos bens, assim como sua possível acumulação, é permitida, esta apropriação somente pode se realizar graças ao arranjo social existente, isto é, é graças ao que Rousseau denomina de *público*. Por um lado, o rico que lucra sobre um trabalho que não realizou, isto é, aquele que, sendo proprietário, ganha com as produções nas quais não labutou, mas que foram realizadas em sua propriedade (ou seja, aquele que faz com que o trabalhador produza em benefício do proprietário)[72] comete um abuso social de sua propriedade, caracteriza-

---

71   OC, IV, *Emílio*, Livro III, p. 269-270; ed. bras., p. 261-262

72   Trata-se de situação análoga àquela descrita no *Discurso Sobre a Economia Política*, conforme expusemos no *Capítulo III*, item *Desvelando a desigualdade: o*

TRABALHO E ÓCIO

do por Rousseau como *roubo*; procede da mesma forma aquele que vive de rendas. Por outro lado, o acúmulo de bens também constitui em um abuso, pois priva o público de gozar de seus bens. A apropriação de bens, portanto, é uma apropriação relativa à sociedade e ao público, e a riqueza e a propriedade, cuja aquisição legítima se dá pelo *prêmio do trabalho*, devem ser balizadas pelo princípio da dívida social. O trabalho é a moeda pela qual se paga o débito social. Neste sentido, Emílio, ensinado a prover sua própria subsistência independente do meio no qual se encontre, aprende, também, a dimensão social de seu trabalho:

> Fora da sociedade, o homem isolado, não devendo nada a ninguém, tem o direito de viver como lhe apraz; mas, em sociedade, onde ele necessariamente vive à custa dos outros, ele deve em trabalho o preço de seu sustento; isto não comporta exceção. Trabalhar é, portanto, um dever indispensável ao homem social.[73]

O trabalho liga-se ao exercício de uma função social e econômica, da qual nenhum indivíduo pode escapar. Se Emílio é apresentado aos ofícios tendo em vista sua independência e liberdade, estes aspectos devem necessariamente observar uma obrigação social: "há muita diferença entre o homem natural que vive no estado de natureza e o homem natural que vive no estado de sociedade. Emílio não é um selvagem a ser relegado aos desertos: é um selvagem feito para morar nas cidades".[74] O regresso ao estado de natureza não é possível, e, a partir da instauração da divisão do trabalho, o homem em sociedade e seus semelhantes obrigam-se, reciprocamente, ao pagamento de uma dívida social através do trabalho:

> Sobre este princípio [da divisão do trabalho], um homem que quisesse considerar-se como um ser isolado, não dependendo

---

surgimento contemporâneo da ideia de propriedade e do trabalho dividido.

73 OC, IV, *Emílio*, Livro III, p. 470; ed. bras., p. 262.

74 OC, IV, *Emílio*, Livro III, p. 483-484; ed. bras., p. 278.

de absolutamente nada e bastando a si próprio, só poderia ser miserável. Ser-lhe-ia mesmo impossível subsistir; pois, encontrando a terra inteira coberta do seu e do meu, e não tendo nada de seu além de seu corpo, de onde tiraria o necessário? Ao sair do estado de natureza, forçamos nossos semelhantes a saírem também; ninguém pode nele permanecer malgrado os outros, e querer nele permanecer já seria realmente sair, na impossibilidade de nele viver.[75]

Finalmente, permanecendo ainda nas lições de economia política expostas no Livro III, o pupilo será instigado a desenvolver sua compreensão acerca das funções das trocas e da moeda, domínios essencialmente ligados ao pensamento econômico. Ao examinar a organização da sociedade civil sob o ponto de vista de um sistema de trocas, Emílio é conduzido a formar a ideia de um fundamento primeiro das sociedades, isto é, a desenvolver a noção de uma primeira igualdade convencional[76]:

Nenhuma sociedade pode existir sem troca, nenhuma troca sem medida comum, e nenhuma medida comum sem igualdade. Assim, toda sociedade tem por primeira lei alguma igualdade convencional, quer entre os homens, quer entre as coisas.[77]

Estabelecida em uma ordem jurídica consolidada e positivada por convenção, a igualdade convencional deve reger os princípios que formam as regras de comércio e ser assegurada pelo Estado, que regulará as condições das trocas: "a igualdade convencional entre os homens, bem diferente da igualdade natural, torna necessário o direito positivo, isto é, o governo

---

75 OC, IV, *Emílio*, Livro III, p. 467; ed. bras., p. 258.

76 SPECTOR, Céline. *Rousseau et la critique de l'économie politique. Lecture du Livre III de l'*Émile. in *L'Economie politique et la sphère publique dans le débat des Lumières,* editado por J. Astigarraga e J. Usoz. Madrid: Collection de la Casa de Velázquez (135), 2013, p. 125-140., p. 139.

77 OC, IV, *Emílio*, Livro III, p. 461.

e as leis".[78] Não sendo o comércio um dado naturalmente originário que integra as relações entre os homens, caberá à legislação e ao Estado criar e aplicar normas, respectivamente, que assegurem o cumprimento da primeira igualdade convencional estabelecida, não deixando as práticas de troca à ordem espontânea dos interesses individuais, nem a um *laissez faire* econômico. Abusos no sistema de trocas e comércio que transgridam a igualdade devem ser impedidos.[79] No Livro III, portanto, o exame sobre determinadas noções econômicas fornecerá a Emílio dados para a reflexão sobre aspectos que compõem o pensamento jurídico e político.[80]

* * *

Concluindo, propusemos nesta apresentação uma tripla função do trabalho na educação de Emílio: a primeira, do ponto de vista me-

---

78 OC, IV, *Emílio*, Livro III, p. 461.

79 Notadamente por certas espécies de imposto que poderão redistribuir a riqueza, como Rousseau argumenta no *Discurso Sobre a Economia Política*. Lemos no verbete que, ao realizar uma analogia da organização do corpo social com o funcionamento do corpo humano, Rousseau defende que os impostos e um Estado fiscal correspondem ao sangue, e que a economia é alçada à essencial função do coração, permitindo que a distribuição dos recursos atinja a totalidade dos membros. Eis a passagem no original: "o corpo político, considerado individualmente, pode ser considerado como um corpo organizado, vivo, e semelhante ao do homem (...) as finanças públicas são o sangue que uma sábia *economia*, ao fazer as funções do coração, reenvia para o corpo inteiro o alimento e a vida" (OC, III, *Discurso Sobre a Economia Política*, p. 244). A economia, portanto, é o centro distribuidor das finanças arrecadadas. Ao examinar aquilo que denomina de *teoria do imposto* em Rousseau, Céline Spector nota que "longe de ser subordinada às finanças públicas, a economia deve ter primazia sobre elas (...) em Rousseau, a inversão do primado entre finança e economia não tem o mesmo sentido [que em Montesquieu]: não se trata de favorecer o crescimento em geral, mas de assegurar a subsistência de todos (...) de favorecer a mediocridade igual de fortunas que permitirá a expressão adequada da vontade geral" (SPECTOR, Céline. *Théorie de l'impôt*. In: *Discours sur l'économie politique*. Edição, introdução e comentários sob direção de Bruno Bernardi. Paris: J. Vrin, 2002, p. 221).

80 BURGELIN, Pierre. *Notas sobre 'Émile'*. In: ROUSSEAU, Jean-Jacques. *Œuvres complètes de Jean-Jacques Rousseau. Bibliothèque de la Pléiade*, t. IV, p. 1435.

dicinal; a segunda, do ponto de vista do desenvolvimento intelectual; e a terceira, do ponto de vista dos ensinamentos políticos. Expusemos, finalmente, alguns elementos para pensarmos o domínio da economia política através do princípio da divisão social do trabalho e da ideia de propriedade. Ponto de inflexão no projeto pedagógico rousseauniano, não é sem propósito que, alçado a um estatuto de noção fundamental para a criação de Emílio, o trabalho seja ligado mesmo à condição vital relacionada à ordem biológica e política, e que, portanto, não devemos nos espantar quando ao final do Livro V Rousseau ressalta:

> A vida ativa, o trabalho dos braços, o exercício, o movimento, tornam-se de tal modo necessários para ele, que não poderia renunciar a eles sem sofrer. Reduzi-lo bruscamente a uma vida lânguida e sedentária seria o mesmo que aprisioná-lo, acorrentá-lo, mantê-lo em uma situação violenta e forçada; não duvido que seu humor e sua saúde igualmente se alterassem.[81]

---

81 OC, IV, *Emílio*, Livro V, p. 801; ed. bras., p. 637.

Considerações finais

Rousseau: um filósofo na encruzilhada

> Para recapitular a nossa discussão do valor da filosofia: a filosofia é de estudar não por causa de quaisquer respostas definitivas às suas questões, dado que nenhuma resposta definitiva pode, em regra, ser conhecida como verdadeira, mas antes por causa das próprias questões; porque estas questões alargam a nossa concepção do que é possível, enriquecem a nossa imaginação intelectual e diminuem a confiança dogmática que fecham a mente contra a especulação.
>
> Bertrand Russel, *Os Problemas da Filosofia, Cap. XV- O Valor da Filosofia.*

Ao longo de deste estudo, o desenvolvimento de nossas considerações se realizou por meio de uma leitura muito próxima ao texto de Rousseau, e buscamos trabalhar a elaboração dos conceitos tendo em vista a economia interna das obras rousseaunianas. Nesta última parte de nossa pesquisa, realizaremos, de início, um abrupto afastamento deste procedimento adotado, e nos permitiremos fazer um breve salto no tempo ao analisarmos alguns trechos nos quais fica evidente a recepção da filosofia de Rousseau por certos autores do século XIX. Este método de exposição, que poderia aparentar um corte repentino, pretende, na realidade, contribuir para algumas questões que serão elaboradas nestas derradeiras considerações. Ao final, retomaremos o fio de nosso pensamento.

* * *

A certa altura da obra *O Capital*, cujas primeiras publicações datam de 1867, Karl Marx, detendo-se na análise do movimento de expropriação e concentração dos meios de produção pelo capitalista industrial, utiliza o seguinte exemplo para ilustrar suas considerações: se antes os produtores independentes repartiam a matéria-prima de seu trabalho, como, por exemplo, o linho, e cada qual permanecia com as receitas adquiridas pelo trabalho extra realizado nesta mesma matéria, cuidando de seus meios de existência, quando a concentração deste material passa para as mãos do capitalista industrial, os lucros são revertidos para este agente, responsável pelo controle da produção; nas palavras de Marx, o trabalho de fiação "se realiza, agora, no lucro de poucos capitalistas".[1] Considerando o universo textual marxista, será precisamente neste importante contexto que uma das poucas referências diretas a Rousseau será realizada. Pode-se defender que se trata de uma citação elogiosa, desempenhando papel de apoio aos argumentos expostos nesta seção de *O Capital*, como podemos ler na seguinte passagem:

> Os fusos, teares e matéria-prima, que antes constituíam meios de existência independentes para fiandeiros e tecelões, de agora em diante se transformam em meios de comandá-los*.
>
> *Nota: 'Permitirei', diz o capitalista 'que tenhais a honra de me servir, com a condição de que darme-eis o pouco que vos resta, pela labuta que terei em vos comandar' (*ROUSSEAU, Discurso Sobre a Economia Política*).[2]

---

1 MARX, Karl. *O Capital*. Trad. Rubens Enderle. São Paulo: Boitempo, 2013. Livro I, Cap. 24, Seção VII, p. 817.

2 MARX, Karl. *O Capital*. Trad. Rubens Enderle. São Paulo: Boitempo, 2013. Livro I, Cap. 24, Seção VII, p. 817 e nota 232. A este respeito, conferir a nota em que se evoca o discurso do rico no *Discurso Sobre a Economia Política*, no *Capítulo*

Trabalho e ócio

Vejamos como outro célebre pensador alemão avalia o legado de Rousseau para a filosofia de Marx. Após dois anos debruçado na escrita do *Anti-Dühring*, em 1878 Friedrich Engels publica a obra na qual apresenta explicações acerca do pensamento de Marx, refutando as críticas que o professor da Universidade de Berlim, Karl Eugen Dühring, havia dirigido ao *O Capital*. No Capítulo XIII, Engels realiza uma surpreendente afirmação:

> Em Rousseau, já encontramos não somente uma linha de pensamento que corresponde exatamente àquela desenvolvida em *O Capital*, de Marx, mas também, em detalhes, toda uma série das mesmas expressões dialéticas que Marx utiliza: processos que em sua natureza são antagônicos, contêm uma contradição; transformação de um extremo em seu oposto; e, finalmente, o centro de toda a questão, a negação da negação.[3]

Se, por um lado, o comentário elogioso de Engels pareceu, segundo alguns marxistas,[4] um pouco exacerbado ao ampliar demasiadamente

---

III - A Perdição do Trabalho, item *Desvelando a desigualdade: o surgimento contemporâneo da ideia de propriedade e do trabalho dividido*. Podemos notar que Marx propositalmente atualiza a citação, realizando uma alteração, ao substituir "rico" por "capitalista", e transformando a frase em uma "formulação socialista" (DELLA VOLPE, Galvano. *Rousseau e Marx e altri saggi di critica materialistica*. Prefácio de Nicolao Merker. 5ª ed (1997). Roma: Riuniti, 1957, p. 117).

3   ENGELS, Friedrich. *Anti-Dühring* in *Karl Marx; Frederick Engels. Collected Works*. Vol. 25. New York: International Publishers, 1987. Parte I: Filosofia. Capítulo XVIII, Dialética - Negação da Negação, p. 130.

4   Jean-Louis Lecercle, retraçando as críticas marxistas a Rousseau, retoma brevemente a polêmica acerca dos louvores que Engels dirige a Rousseau (Cf. LECERCLE, Jean-Louis. *Rousseau et Marx* in *Rousseau after two hundred years*. Ed. por R. A. Leigh. Cambridge: Cambridge University Press, 1982). Dentre os autores que realizam a crítica a esta passagem do *Anti-Dühring*, Galvano Della Volpe expõe de maneira inequívoca sua crítica da interpretação engeliana: "donde se vê que, pela tendência de Engels em buscar em toda parte, indiscriminadamente, precedentes da dialética do materialismo histórico, por um lado concede-se *demasiado* a Rousseau ao colocá-lo ao lado de Marx pelo método histórico"

228 Thiago Vargas

a influência (ou precedência) de Rousseau sobre um essencial aspecto constituinte do pensamento marxista – o método da negação da negação –, Marx, segundo outros comentadores, não parece ter se incomodado em refutar esta afirmação contida no *Anti-Dühring*.[5] Podemos ainda adicionar que, continuando as linhas seguintes da mesma obra de Engels, o leitor novamente se depara com mais uma análise categórica:

> E embora em 1754 Rousseau ainda não fosse capaz de falar o jargão hegeliano, ele certamente foi, dezesseis anos antes de Hegel nascer, profundamente mordido pela pestilência hegeliana, pela dialética da contradição, pela teoria do Logos, pela teologia, dentre outros.[6]

(DELLA VOLPE, Galvano. *Rousseau e Marx e altri saggi di critica materialistica*. Prefácio de Nicolao Merker. 5ª ed (1997). Roma: Riuniti, 1957, p. 121).

5   Por óbvio, isto não significa que Marx tenha subscrito a análise realizada por Engels. Em debate sobre o artigo *Rousseau et Marx*, de Jean-Louis Lecercle, Robert Wokler tece a seguinte consideração: "Engels afirmou não apenas que havia paralelos estreitos entre o pensamento social de Rousseau e de Marx, mas, sobretudo, que toda a sequência dialética de ideias no *O Capital* era idêntica àquela do *Discurso Sobre a Desigualdade*, de modo que a correspondência entre os dois textos termina por apontar que ambos têm a mesma estrutura e forma. De alguma maneira, isso me parece uma afirmação mais forte sobre as afinidades conceituais entre Rousseau e Marx que você [Jean-Louis Lecercle] sugeriu, e penso que isso merece muito a nossa atenção, pois não há quase nenhuma menção de Rousseau no *O Capital* e absolutamente nenhuma menção sobre o *Discurso Sobre a Origem da Desigualdade*. Ademais, Marx tinha amplas oportunidades para elaborar ou refutar a tese de Engels sobre o pedigree de suas próprias ideias, mas aparentemente ele não o fez" (LECERCLE, Jean-Louis. *Rousseau et Marx* in *Rousseau after two hundred years*. Ed. por R. A. Leigh. Cambridge: Cambridge University Press, 1982, p. 80). Retorquindo esta objeção, Jean-Louis Lecercle argumenta sinteticamente que "o marxismo foi uma revolução na história do pensamento, e as bases filosóficas de Marx são radicalmente diferentes daquelas de Rousseau. Diria somente que os marxistas poderiam encontrar benefícios em certas análises do *Segundo Discurso*; não creio que possamos ir mais além" (Id., p. 83).

6   ENGELS, Friedrich. *Anti-Dühring* in *Karl Marx; Frederick Engels. Collected Works*. Vol. 25. New York: International Publishers, 1987. Parte I: Filosofia. Capítulo XVIII, Dialética - Negação da Negação, p. 130. Diante desta peremp-

TRABALHO E ÓCIO

Mas as citações elogiosas que recolhemos de *O Capital* ou do *Anti-Dühring* não encontram, entretanto, ecos semelhantes em outros escritos de Marx e Engels, e o pensamento do século XVIII é, de forma geral, objeto de crítica, especialmente em relação aos estudos relacionados ao domínio da economia política. Neste espírito, em 1875 Karl Marx escreve suas considerações ao programa de unificação dos partidos operários alemães, comentários reunidos na obra *Crítica ao Programa de Gotha*, e que tinha como alvo criticar as influências de Ferdinand Lassalle no texto proposto pelos partidos. Logo na leitura das primeiras páginas, lê-se a seguinte asserção:

> Poder-se-ia ter dito, do mesmo modo, que apenas na sociedade o trabalho inútil e mesmo prejudicial à comunidade pode se tornar um ramo da indústria, que apenas na sociedade se pode viver do ócio, etc – em suma, poder-se-ia ter copiado a obra inteira de Rousseau.[7]

É notório que Marx, assim como Engels, não eram somente assíduos leitores do *Contrato Social*, mas também frequentavam outras obras de Rousseau. Mas os trechos esparsamente colhidos de *O Capital*, do *Anti-Dühring* e da *Crítica ao Programa de Gotha* parecem, segundo comentadores como Galvano Della Volpe, encerrar visões aparentemente conflitantes[8] sobre a recepção das ideias rousseaunianas no pensamento

---

tória asserção, inscrita em um capítulo essencial do *Anti-Dühring*, poderíamos dirigir a Engels a seguinte questão: seria Rousseau o filósofo que prenuncia certo hegelianismo (sendo, como quer Engels, hegeliano antes de Hegel), ou é Hegel quem assimila (e critica) certa filosofia rousseauniana?

7 MARX, Karl. *Glosas Marginais ao Programa do Partido Operário Alemão* in *Crítica do Programa de Gotha*. Trad. de Rubens Enderle. São Paulo: Boitempo, 2012, p. 24.

8 Não argumentamos aqui por um *conflito real*: seria necessário contextualizar os termos e realizar uma extensa análise, o que não constitui objeto e nem escopo de nosso estudo. Trata-se, entretanto, do argumento de Galvano Della Volpe em estudo comparativo entre Rousseau e Marx, ao afirmar que o confronto destas passagens da obra marxista faz aparecer "uma contradição profunda e, ao mes-

dos filósofos alemães e, certamente, embaraços como este se apresentam no caminho de estudos daqueles que buscam retraçar paralelos e distâncias entre Rousseau e Marx.[9]

Retornemos à citação da *Crítica ao Programa de Gotha*, que enseja mais uma questão. Poderíamos nos indagar: é possível, afinal, em algumas poucas linhas resumirmos de maneira segura a obra de Rousseau? Se, por um lado, Marx, tomado pela polêmica política, mobiliza seu entendimento acerca do pensamento rousseauniano a fim de criticar as ideias lassalianas presentes no projeto de unificação dos partidos, por outro lado, sua leitura da obra rousseauniana como um todo, conforme exposta no *Programa de Gotha*, parece-nos, entretanto, muito sumária. Seria Rousseau somente aquele crítico de uma organização social que permite e garante a exploração realizada pelo proprietário contra o trabalhador (este que, por sua vez, muitas vezes aceita sua condição, na esperança de um dia também tornar-se proprietário), conforme exposto no *Emílio* e no *Discurso Sobre a Origem da Desigualdade*, ou somente um crítico na querela luxo, conforme seus argumentos expostos no *Discurso Sobre as Ciências e as Artes*[10] e

---

mo tempo, inconsciente" de Marx (DELLA VOLPE, Galvano. *Rousseau e Marx e altri saggi di critica materialistica*. Prefácio de Nicolao Merker. 5ª ed (1997). Roma: Riuniti, 1957, p. 118).

9 Este embaraço não impediu que algumas análises e paralelos neste sentido fossem estabelecidos ao longo dos anos. Dentre os estudos sobre a relação entre Rousseau e Marx, podemos destacar a obra de Galvano Della Volpe (*Rousseau e Marx*) e o volume organizado por Luc Vincenti (VINCENTI, Luc (org.). *Rousseau et le Marxisme*. Paris: Publications de la Sorbonne, 2011), que conta com artigos de comentadores como Fredric Jameson e Bruno Bernardi. Também poderíamos apontar uma grande linha de leitura marxista de Rousseau, realizada por Louis Althusser.

10 A própria crítica ao luxo implica uma rica diversidade de dimensões do pensamento de Rousseau: políticas, morais, econômicas, sociais. Além disso, ressaltemos algo evidente: o escrito que alçou Rousseau à fama não se restringe somente à querela do luxo, tratando-se apenas um dos elementos de crítica utilizados no *Primeiro Discurso*. A título de ilustração, e para vislumbrarmos a importância deste texto, podemos citar Michel Launay, ao afirmar que o *Discurso Sobre as Ciências e as Artes* possui um lugar especial na evolução do pensamento político rousseauniano, pois "é o primeiro texto onde Rousseau dá uma definição pessoal da políti-

no *Discurso Sobre a Economia Política*? Como pudemos brevemente expor na *Introdução*, mesmo um estudo que pretenda dar conta de analisar somente *um* conceito de Rousseau – como, por exemplo, o *trabalho* – deverá atentar-se para o contexto no qual as ideias aparecem e, simultaneamente, tratar as noções tendo em vista o *todo da obra*, localizando o ambiente no qual os argumentos se colocam, para que o pensamento não se apresente como uma aparente contradição.

***

Nas páginas finais do *Segundo Discurso*, Rousseau, tendo trilhado o caminho que examina a origem da desigualdade e seus desdobramentos, e ao imaginar como um caraíba avaliaria a vida e os trabalhos de um europeu, escreve: "que espetáculo para um Caraíba os penosos e invejados trabalhos de um Ministro Europeu! Quantas mortes cruéis não preferiria este indolente selvagem ao horror de uma semelhante vida".[11] Percorrendo as obras de Rousseau, pode-se identificar a recorrência do tema do *trabalho*, especialmente em textos como o *Discurso Sobre a Origem da Desigualdade* ou o *Ensaio Sobre a Origem das Línguas*, escritos nos quais uma história do labor humano e suas transformações são examinadas. À medida que as páginas sucedem, o leitor paulatinamente observa o cuidadoso esforço de reflexão realizado sobre cada um dos elementos que compõem a descrição de cada quadro do estado de natureza, bem como pode notar uma elaboração conceitual que se consolida sempre tendo em vista a realidade histórica que define e compreende cada um desses períodos sucessivos; finalmente, o leitor pressente, ao final do

---

ca" (LAUNAY, Michel. *Jean-Jacques Rousseau, écrivain politique*. Genève: Slatkine, 1989, p. 128). Para uma importante análise pormenorizada e muito reveladora da envergadura das reflexões filosóficas apresentadas no *Primeiro Discurso*, remetemos o leitor à seguinte referência: BORGES JÚNIOR, Ciro Lourenço. *Verdade e virtude: os fundamentos da moral no* Discurso sobre as ciências e as artes *de J.-J. Rousseau*. 2015. Dissertação (Mestrado em Filosofia). Faculdade de Filosofia, Letras e Ciências Humanas (FFLCH), Universidade de São Paulo (USP), 2015.

11 OC, III, *Segundo Discurso*, p. 193.

Segundo Discurso, as mazelas de uma sociedade na qual a divisão do trabalho cria categorias sociais que engendram a desigualdade.

Ao longo de nosso texto, buscamos empreender uma leitura da filosofia de Rousseau à luz da noção de trabalho, ou, mais especificamente, procuramos demonstrar de que forma este conceito opera como ponto de inflexão fundamental em sua antropologia. Apesar do recorte, buscou-se utilizar a produção textual de Rousseau como um suporte para os argumentos expostos e, desta forma, estão presentes no texto referências aos *Fragmentos Políticos, Emílio, Carta a D'Alembert, Considerações Sobre o Governo da Polônia*, dentre tantos outros escritos.

Inicialmente, procurou-se situar o leitor no campo léxico e na atribuição moral e política conferida ao trabalho e ao ócio no século XVIII, mais especificamente entre os *philosophes*, utilizando verbetes da *Encyclopédie*. Em seguida, foi necessário demonstrar que os sentidos fornecidos à noção de trabalho e ócio parecem variar em Rousseau e que, portanto, para formar um conceito geral seria necessário realizar um trabalho de fôlego e de entrelinhas, que contemplasse uma comparação minuciosa de todos os escritos.

Empenhamo-nos também em demonstrar como é possível retraçarmos, na economia interna da produção textual rousseauniana, uma gênese da história e da sociedade, bem como acompanhar o desenvolvimento da razão e o despertar da humanidade, a partir da história do trabalho, da elaboração de seu conceito e de seus respectivos desdobramentos, analisando suas mais variadas transformações. Suplantando a ociosidade paradisíaca do puro estado de natureza, caracterizada, dentre outros elementos, pela indolência natural (paixão que mantinha o homem apegado a seu estado original), o trabalho, que encontra sua origem no advento dos obstáculos naturais, afasta a preguiça originária para se situar no coração da atualização da liberdade e da perfectibilidade, isto é, a labuta humana se encontra no centro da *gênese da humanidade*. A partir de então, os sucessivos estados de natureza, cada qual composto por dados heterogêneos que explicam uma determinada dinâmica,

Trabalho e ócio

apresentarão diferentes formas de labuta. Paulatinamente, o conceito de trabalho vai se revestindo de sentido. Ao fazer um breve inventário de ideias sobre a *idade de ouro*, citada por Rousseau diversas vezes, sem a pretensão de detalhar o tema (o que certamente daria ensejo a um estudo em separado), também buscamos ilustrar como Rousseau, longe de ser um primitivista ou de utilizar-se de um vocabulário religioso, utiliza certos esquemas para concretizar e fortalecer seu discurso filosófico, e sua originalidade, por assim dizer, em localizar esse *período de ouro* não no ócio pleno, mas num estágio posterior, momento no qual certas categorias de labor e técnica não somente existem, mas são dados essenciais para a estrutura deste quadro histórico. Em suma, a história do homem pode ser lida em paralelo à história das formas de trabalho e do desenvolvimento técnico.

Finalmente, analisando o movimento de um trabalho autônomo e autossuficiente, realizado dentro de uma economia de subsistência, para um trabalho dividido e especializado, excessivo e alienante, e que requer tanto uma grande previdência (a agricultura exige uma consciência de tempo e uma noção temporal avançada) quanto a dependência mútua e um gradual aumento da mediação do homem com a natureza (são os instrumentos e máquinas, como, por exemplo, os autômatos), detemo-nos nas implicações políticas e econômicas deste novo estado de coisas.

Poder-se-ia afirmar que este estudo não apresenta exatamente um elogio ao trabalho, mas uma tentativa de ler esta noção como um importante e positivo conceito que perpassa toda a filosofia de Rousseau, mais especificamente sob o prisma da antropologia. Por fim, depurando as possíveis mudanças de tratamento dispensadas à ideia de trabalho, buscamos dissipar aparentes paradoxos ou incoerências que uma leitura apressada poderia aventar.

Realizada esta análise panorâmica e muito geral das ideias que guiaram o horizonte de nossa pesquisa, parece-nos supérfluo, doravante, fazer uma apresentação essencial e pormenorizada do que foi anteriormente exposto ou esforçar-nos por fazer um retraçado elementar do caminho percorrido por este estudo, oferecendo uma síntese ou um resultado final obtido; parece-nos desnecessário, ainda, fazermos com que esta derradeira seção de nossa pesquisa seja destinada a fornecer um desfecho conciso daquilo que foi anteriormente escrito. Como argumentamos acima, sintetizar as ideias de Rousseau em algumas linhas é sempre um empreendimento arriscado e incerto. Não faremos, assim, propriamente uma conclusão: este exercício somente poderia ser realizado por cada leitor ao longo da experiência da leitura deste livro, de maneira que caberia, portanto, cada qual conceber suas próprias *considerações*, em uma ação continuada que se concretiza à medida que a leitura do texto se desenvolve.

As próximas linhas, portanto, não serão dedicadas a realizar propriamente uma reflexão sintética do que foi examinado no decorrer do texto. Cumpre deixarmos a cada leitor a tarefa de criar suas reflexões e críticas acerca do que foi escrito. Qual o intuito, portanto, de nos servirmos deste espaço? Trata-se de apontarmos os caminhos possíveis pelos quais nossos estudos não enveredaram, mas que suscitaram questões inquietantes e que permanecem abertas.

Ainda que possamos considerar o *Iluminismo* um movimento cultural composto por uma multiplicidade de ideias heterogêneas, mas no qual determinados traços comuns são compartilhados, certamente Rousseau seria o personagem cuja definição apresentaria maiores embaraços e dificuldades.[12] Esta posição especial fez com que nossa pesquisa privilegiasse um enfoque no autor estudado: este livro analisou os conceitos de trabalho e ócio nas obras rousseaunianas e, apesar de termos estabelecido alguns diálogos e pontos de contato com outros filósofos, especialmente com os colaboradores da *Encyclopédie*, um exame aprofundado sobre a reflexão destas noções nos autores das Luzes está ausente de nossos escritos. O que, afinal, os *philosophes* pensavam sobre o trabalho, o ócio, as técnicas, a preguiça? Se Rousseau desenvolve com grande en-

---

12 A este respeito, Cf. SALINAS FORTES, Luiz Roberto. *O Iluminismo e os Reis Filósofos*. 3ª edição, Col. "Tudo é História", nº 22. São Paulo: Brasiliense, 1985.

TRABALHO E ÓCIO 235

vergadura a noção de trabalho, mobilizando este conceito a serviço de sua teoria antropológica e política, poderíamos nos arriscar a dizer que sua concepção moral acerca do labor, assim como do ócio, parece aproximar-se das posições pensadas pelos *philosophes*. Os desenvolvimentos sobre estas questões permanecem abertos.

Tendo realizado um estudo da noção de trabalho sob o ponto de vista da gênese antropológica e social, uma outra análise interpretativa acompanhou de maneira subjacente o horizonte de nosso estudo, aos poucos emergindo como questão a ser examinada: uma vez definido o estatuto antropológico do trabalho, de que forma este conceito opera no campo dos estudos da política, e, mais especificamente, qual seu papel na teoria da economia política rousseauniana? Como o último capítulo deixa entrever, as considerações que apresentamos sobre a obra *Emílio* parecem franquear um interessante e fecundo caminho a ser trilhado. Os desenvolvimentos das reflexões apresentadas fornecem indícios de rumos possíveis para a construção de argumentos que permitam uma releitura das reflexões sobre a economia política de Rousseau, reconsiderando os aspectos que possam caracterizá-la como uma *robinsonada*.

Uma análise sobre os desdobramentos da economia no desenvolvimento interno da obra de Rousseau demandaria um estudo aprofundado (segundo Bruno Bernardi, há, na fortuna crítica rousseauísta, uma lacuna nos estudos sobre o lugar das reflexões econômicas de Rousseau).[13] Poderíamos destacar, entretanto, autores que dedicaram alguns escritos ao tema da economia política em Rousseau, e, mais especificamente, apontando aquilo que, na reflexão econômica rousseauniana, permitiria uma releitura de sua posição como teórico de uma "robinsonada". Esta análise é elaborada em artigos recentes publicados por Blaise Bachofen e Céline Spector. Em relação à noção de "robinsonada", evidentemente nos referimos à crítica realizada por Marx aos autores de economia política sobre o século XVIII

---

13 A este respeito, Cf. BERNARDI, Bruno. *Introduction*. In: ROUSSEAU, Jean-Jacques. *Discours sur l'économie politique*. Edição, introdução e comentários sob a direção de Bruno Bernardi. Paris: J. Vrin, 2002.

(ou, ainda, sobre a apropriação feita destes autores por pensadores do século XIX), incluindo Rousseau. Segundo Marx, autores como Smith, Ricardo e Rousseau, produziram as denominadas *robinsonadas*, isto é, partindo do homem natural, que agiria de acordo com seus fins particulares e produziria de maneira independente e isolada, estes pensadores do século XVIII identificam este indivíduo "não como resultado histórico, mas como um ponto de partida da história".[14] Apesar da crítica, é necessário ressaltarmos, entretanto, que mais adiante Marx acrescenta a seguinte ressalva: "nem sequer seria necessário tocar nesse ponto, se essa insipidez, que teve um sentido e uma razão nos homens do século XVIII, não fosse seriamente reintroduzida em plena Economia Política por Bastiat, Carey, Proudhon, etc".[15] Sobre as recentes releituras da economia política proposta por Rousseau, poderíamos sucintamente evocar um trecho de um artigo de Blaise Bachofen, que escreve a seguinte passagem:

> Na realidade, a escolha do ofício por Emílio não tem por objeto participar da famosa fábula [da robinsonada] legitimando a acumulação primitiva do capital; ela serve, ao contrário, para fazer da igualdade econômica um ideal regulador, à medida que este ofício, como demonstrou Victor Goldschmidt, visa essencialmente assegurar a maior independência possível a Emílio em um ordem complexa – e potencialmente alienante – das trocas econômicas.[16]

Também junto ao caminho dos estudos sobre economia política, um exame paralelo se faz necessário: após apontarmos o lugar do pensamento sobre a economia no interior da filosofia rousseauniana, caberia

---

14 MARX, Karl. *Contribuição à Crítica da Economia Política*. Tradução e introdução por Florestan Fernandes. São Paulo: Expressão Popular, 2008, p. 238.

15 MARX, Karl. *Contribuição à Crítica da Economia Política*. Tradução e introdução por Florestan Fernandes. São Paulo: Expressão Popular, 2008. p. 239.

16 BACHOFEN, Blaise. *Une "robbinsonnade" paradoxale: les leçons d'économie de l'Émile*. *Archives de Philosophie*, 2009/1, p. 75-99, Tome 72. p. 90.

TRABALHO E ÓCIO

analisarmos uma possível dimensão crítica às correntes de economia política que se esboçavam a partir da segunda metade do século XVIII. Não se trata de fazer de Rousseau um economista, mas de contextualizá-lo no debate de ideias econômicas que então florescia. A *Carta a Mirabeau*, de 1767, por exemplo, fornece indícios da posição crítica de Rousseau em relação à nascente corrente fisiocrática, e alguns estudos foram consagrados ao tema.[17]

Finalmente, as considerações sobre as reflexões econômicas de Rousseau nos remeteria à crítica da economia política realizada por filósofos posteriores. Neste campo, o estudo sobre a concepção de trabalho e a crítica de Rousseau ao princípio da divisão social do trabalho são particularmente interessantes. Assim, dentre outras veredas a serem exploradas, permanece aberta a senda para a pesquisa da recepção e crítica da filosofia de Rousseau por certos pensadores do século XIX, notadamente Marx e Hegel. Mais especificamente, as reflexões abertas no campo da economia política nos conduzem a pensar, então, nas análises realizadas por Marx, tanto em sua leitura crítica da economia política do século XVIII, como também os possíveis pontos de contato com a filosofia de Rousseau.

Neste sentido, Louis Althusser finaliza sua aula sobre a política do século XVIII com uma afirmação a ser desenvolvida: a constatação de que Rousseau situa-se como ponto de gravidade fundamental entre a filosofia hegeliana e a filosofia marxista:

---

17 Em 1982, Rolf Kuntz defendeu sua tese de doutorado pelo departamento da FFLCH-USP, fruto de sua pesquisa acerca dos fisiocratas, publicada no mesmo ano, em livro intitulado *Capitalismo e Natureza: ensaio sobre os fundadores da economia política*. São Paulo: Brasiliense, 1982. Dentre as pesquisas mais recentes sobre o tema da economia política em Rousseau, podemos destacar o trabalho realizado Céline Spector, que consagra alguns artigos referentes ao assunto (como, por exemplo, SPECTOR, Céline. *Rousseau et la critique de l'économie politique* in *Rousseau et les sciences*. Org. por Bernadette Bensaude-Vincent e Bruno Bernardi. Paris: L'Harmattan, 2003, p. 237-256).

> Pode-se interpretar Rousseau de dois modos: 1) história como alienação (Hegel); 2) concepção materialista e dialética de história (Marx).
>
> Rousseau, portanto, está na encruzilhada.[18]

As afirmações que brevemente colhemos de Engels e do próprio Marx, indicam que não se trata de questão ociosa examinar com atenção as possíveis influências (e as críticas e limitações destas mesmas influências) do pensamento de Rousseau no século XIX, sempre tendo em vista que os fundamentos filosóficos destes autores se forjam em circunstâncias radicalmente distintas; realizado com a devida atenção, este caminho ainda nos parece constituir um fértil campo de estudos. Evocando a afirmação de Althusser, permanece a possibilidade de explorarmos a recepção e os limites das ideias rousseaunianas no século XIX, isto é, realizar uma topografia que busque bem situar em que ponto da encruzilhada Rousseau se encontra.

---

18 ALTHUSSER, Louis. *Política e História. De Maquiavel a Marx*. Trad. Ivone Benedetti. São Paulo: Martins Fontes, 2007, p. 123.

Referências bibliográficas

Obras de Rousseau

Todos os textos de Rousseau citados no livro foram consultados nas *Œuvres complètes de Jean-Jacques Rousseau*, da coleção *Bibliothèque de la Pléiade*, publicada sob a direção de Bernard Gagnebin e Marcel Raymond e organizada nos cinco seguintes tomos:

Tomo I: *Les Confessions. Autres textes autobiographiques.* 1959.

Tomo II: *La Nouvelle Héloïse. Théâtre. Poésies. Essais littéraires.* 1964.

Tomo III: *Du Contrat Social. Écrits politiques.* 1964.

Tomo IV: *Émile. Éducation – Morale – Botanique.* 1969.

Tomo V: *Écrits sur la musique, la langue et le théâtre.* 1995.

Também foram consultadas e utilizadas as seguintes edições em francês:

ROUSSEAU, Jean-Jacques. *Discours sur l'économie politique.* Edição, introdução e comentários sob a direção de Bruno Bernardi. Paris: J. Vrin, 2002.

_____. *Discours sur l'origine et les fondements de l'inégalité parmi les hommes.* Apresentação e notas por Blaise Bachofen e Bruno Bernardi. Paris: Flammarion, 2008.

_____. *Du contrat social*. Apresentação, notas, bibliografia e cronologia por Bruno Bernardi. Paris: Flammarion, 2001.

_____. *Lettres Philosophiques*. Apresentação de Henri Gouhier. Paris: J. Vrin, 1974.

As seguintes edições brasileiras foram consultadas e indicadas ao leitor ao final da citação das Œuvres complètes de Jean-Jacques Rousseau:

ROUSSEAU, Jean-Jacques. *Carta a D'Alembert*. Trad. Roberto Leal Ferreira. Apres. e Introd. Luiz Fernando Franklin de Matos. Campinas: Unicamp, 1993.

_____. *Emílio*. Trad. Roberto Leal Ferreira. São Paulo: Martins Fontes, 2004.

_____. *Verbetes Políticos da Enciclopédia*. Verbete *Economia Política*. Trad. Maria das Graças de Souza. São Paulo: Discurso Editorial e Editora Unesp, 2006.

Bibliografia crítica e outras fontes

ALTHUSSER, Louis. *Cours sur Rousseau (1972)*. Organização e prefácio por Yves Vargas. Paris: Le Temps des Cerises, 2012.

_____. *Rousseau e seus predecessores. Filosofia Política nos séculos XVII e XVIII* in *Política e História. De Maquiavel a Marx*. Trad. Ivone Benedetti. São Paulo: Martins Fontes, 2007.

ARCO JÚNIOR, Mauro Dela Bandera Arco. *A palavra cantada ou a concepção de linguagem de Jean-Jacques Rousseau*. 2012. Dissertação (Mestrado em Filosofia). Faculdade de Filosofia, Letras e Ciências Humanas (FFLCH), Universidade de São Paulo (USP), 2012.

ARISTÓTELES. *Ethica Nicomachea*, Livro X, Cap. 7, 1177b (5-10) in *The Basic Works of Aristotle*, editado por Richard McKeon. New York: The Modern Library, 2001.

TRABALHO E ÓCIO 241

_____. *La Politique*. Tome I. Traduction par J. Tricot. Paris: J. Vrin, 1962.

BACHOFEN, Blaise. *Une "robbinsonnade" paradoxale: les leçons d'économie de l'*Émile. *Archives de Philosophie*, 2009/1, p. 75-99, Tome 72.

BERNARDI, Bruno. BACHOFEN, Blaise. *Notas no 'Discours sur l'origine et les fondements de l'inégalité parmi les hommes'.* In: ROUSSEAU, Jean-Jacques. *Discours sur l'origine et les fondements de l'inégalité parmi les hommes.* Paris: Flammarion, 2008.

BERNARDI, Bruno. *La Fabrique des Concepts: recherches sur l'invention conceptuelle chez Rousseau.* Paris: Honoré Champion, 2006.

BÍBLIA. Tradução Ecumênica. 5ª edição. São Paulo: Loyola, 1997.

BORGES JÚNIOR, Ciro Lourenço. *Verdade e virtude: os fundamentos da moral no* Discurso sobre as ciências e as artes *de J.-J. Rousseau.* 2015. Dissertação (Mestrado em Filosofia). Faculdade de Filosofia, Letras e Ciências Humanas (FFLCH), Universidade de São Paulo (USP), 2015.

BRISSON, Jean-Paul. *Rome et l'âge d'or. De Catulle à Ovide, vie et mort d'un mythe.* Paris: La Découverte, 1992.

BURGELIN, Pierre. *Notas sobre 'Émile'.* In: ROUSSEAU, Jean-Jacques. *Œuvres complètes de Jean-Jacques Rousseau. Bibliothèque de la Pléiade,* t. IV.

BURTON, Robert. *L'Anatomie de la Mélancholie.* Paris: Gallimard, 2005.

CARDOSO, Sérgio. *Do desejo à vontade: a constituição da sociedade política em Rousseau* in *Discurso*, São Paulo, n. 6, p. 35-60, 1975.

CASSIRER, Ernst. *A Questão Jean-Jacques Rousseau.* Trad. Erlon José Paschoal. São Paulo: Unesp, 1999.

_____. *L'unité dans l'oeuvre de Jean-Jacques Rousseau* in *Pensée de Rousseau.* Paris: Seuil, 1984.

CASTORIADIS, Cornelius. *Sur Le Politique de Platon.* Paris: Seuil, 1999.

CLADIS, Mark Sydney. *Rousseau and the Redemptive Mountain Village: The Way of Family, Work, Community, and Love* in *Interpretation: a journal of political philosophy*. New York, Vol. 29, n.º 1., p. 35-54, 2001.

CONDILLAC, Étienne Bonnot de. *Dictionnaire des Synonymes* in *Œuvres Philosophiques*. Volume 3. Prefácio por Mario Roques. Paris: PUF, 1951.

COURTIN, Antoine de. *Traité de la Paresse ou l'art de bien employer le temps en forme d'entretiens.* 1677.

DEFOE, Daniel. *Robinson Crusoé.* Trad. de Sérgio Flaksman. São Paulo: Penguin Classics Companhia das Letras, 2011.

DELLA VOLPE, Galvano. *Rousseau e Marx e altri saggi di critica materialistica.* Prefácio de Nicolao Merker. 5ª ed (1997). Roma: Riuniti, 1957.

DENIS, Henri. *Histoire de la pensée économique.* Paris: PUF, 2012. Col. Quadrige.

DERATHÉ, Robert. *Jean-Jacques Rousseau et la Science Politique de son Temps.* Paris: J. Vrin, 2009.

_____. *L'homme selon Rousseau* in *Pensée de Rousseau.* Org. Gérard Genette e Tzvetan Todorov. Paris: Seuil, 1984.

_____. *Le Rationalisme de Jean-Jacques Rousseau.* Paris: PUF, 1948.

_____. *Rousseau e a Ciência Política de seu Tempo.* Trad. Natalia Maruyama. São Paulo: Barcarolla, Discurso Editorial, 2009.

DERRIDA, Jacques. *De la Grammatologie.* Paris: Minuit, 1967.

_____. *Gramatologia.* Tradução: Miriam Chnaiderman e Renato Janine Ribeiro. São Paulo: Perspectiva, 2008.

Dictionnaire de l'Académie française, 4ª edição, 1762. Disponível na *Gallica - Bibliothèque nationale de France.*

TRABALHO E ÓCIO

Dictionnaire Étymologique de la Langue Latine. Histoire des Mots. Ed. A. Renout e A. Meillet. 4ª ed. Paris: Klincksieck, 1959.

DIDEROT, Denis; D'ALEMBERT, Jean Le Rond. *Encyclopédie, ou Dictionnaire Raisonné des Sciences, des Arts et des Métiers. 1751-1765.* Disponível na *Gallica - Bibliothèque nationale de France* ou no site do ARTFL Encyclopédie Project <http://encyclopedie.uchicago.edu/>.

DUCHET, Michèle. *Anthropologie et histoire au siècle des lumières.* Paris: François Maspero, 1971.

EHRARD, Jean. *L'idée de nature en France dans la première moitié du XVIII e siècle.* Paris: Albin Michel, 1994.

EIGELDINGER, Marc. *Jean-Jacques Rousseau, univers mythique et cohérence.* Neuchâtel: La Baconnière, 1978.

ENGELS, Friedrich. *Anti-Dühring* in *Karl Marx; Frederick Engels. Collected Works.* Vol. 25. New York: International Publishers, 1987.

FABIEN, Marc. *Rousseau et le mal social. Réfutation d'une lecture manichéenne du Discours sur l'origine de l'inégalité* in *Annales de la Société Jean-Jacques Rousseau,* volume XLIII, p. 59-106. Genève: Droz, 2001.

FAÏCK, Denis. *Le Travail. Anthropologie et Politique. Essai sur Rousseau.* Genève: Droz, 2009.

FEBVRE, Lucien. *La Terre et l'évolution humaine.* Paris: Albin Michel, 1949.

FRANCO JR, Hilário. *Cocanha, várias faces de uma utopia.* Cotia: Ateliê, 1998.

_____. *Cocanha. A história de um país imaginário.* São Paulo: Cia das Letras, 1998.

GINZBURG, Carlo. *High and Low: The Theme of Forbidden Knowledge in the Sixteenth and Seventeenth Centuries* in *Past and Present,* nº 73, Nov. 1976. p. 28-41. Oxford: Oxford University Press.

GOLDSCHMIDT, Victor. *Anthropologie et Politique. Les principes du système de Rousseau.* Paris: J. Vrin, 1983.

GUICHET, Jean-Luc. *Rousseau, l'animal et l'homme - L'animalité dans l'horizon anthropologique des Lumières.* Col. « La nuit surveillée ». Paris: Cerf, 2006.

GUINSBURG, J. *Denis Diderot: o espírito das "Luzes".* São Paulo: Ateliê, 2001.

HADOT, Pierre. *O Véu de Ísis: ensaio sobre a história da ideia de natureza.* Tradução de Mariana Sérvulo. São Paulo: Loyola, 2006.

HESÍODO. *Os Trabalhos e os Dias.* Trad. Mary de Camargo Neves Lafer. São Paulo: Iluminuras, 1991.

KUNTZ, Rolf. *Capitalismo e Natureza: ensaio sobre os fundadores da economia política.* São Paulo: Brasiliense, 1982.

_____. *Fundamentos da Teoria Política de Rousseau.* São Paulo: Barcarolla, 2012.

LAUNAY, Michel. *Jean-Jacques Rousseau, écrivain politique.* Genève: Slatkine, 1989.

LECERCLE, Jean-Louis. *Rousseau et Marx* in *Rousseau after two hundred years.* Ed. por R. A. Leigh. Cambridge: Cambridge University Press, 1982.

LESTRINGANT, Frank. *O Brasil de Montaigne* in *Revista de Antropologia,* São Paulo, v. 49, n. 2, Dec. 2006.

LOCKE, John. *Second Treatise* in *Two Treatises of Government.* Edição, introdução e notas de Peter Laslett. Student Edition. 14ª reimpressão. Cambridge: Cambridge University Press, 1988.

_____. *Segundo Tratado Sobre o Governo* in *Dois Tratados Sobre o Governo.* Trad. por Julio Fischer. São Paulo: Martins Fontes, 2005.

Trabalho e ócio

MARTIN-HAAG, Éliane. *Rousseau ou la conscience sociale des lumières.* Paris: Honoré Champion, 2009.

MARUYAMA, Natalia. *A Contradição entre o Homem e o Cidadão – Consciência e Política Segundo JJ Rousseau.* São Paulo: Humanitas: FAPESP, 2001.

MARX, Karl. *Contribuição à Crítica da Economia Política.* Tradução e introdução por Florestan Fernandes. São Paulo: Expressão Popular, 2008.

_____. *Glosas Marginais ao Programa do Partido Operário Alemão* in *Crítica do Programa de Gotha.* Trad. de Rubens Enderle. São Paulo: Boitempo, 2012.

_____. *O Capital.* Livro I. Trad. Rubens Enderle. São Paulo: Boitempo, 2013.

MASSON, Pierre-Maurice. *Questions de chronologie rousseauiste* in *Annales J.-J. Rousseau.* Tome IX, 1913.

MASTERS, Roger D. *La Philosophie Politique de Rousseau.* Trad. do inglês por Gérard Colonna d'Istria e Jean-Pierre Guillot. Lyon: ENS Éditions, 2002.

MATOS, Olgária. *Rousseau – uma Arqueologia da Desigualdade.* São Paulo: MG, 1978.

MONTAIGNE, Michel de. *Ensaios.* 3 Volumes. Trad. Rosemary Costhek Abílio. São Paulo: Martins Fontes, 2002.

MONTESQUIEU, Charles-Louis de la Secondat, Baron de. *O Espírito das Leis.* Trad. Cristina Murachco. São Paulo: Martins Fontes, 2005.

MORTIER, Roland. *Paresse et travail dans l'introspection de Rousseau* in *Rousseau and the eighteenth century: Essays in Memory of R. A. Leigh.* Ed. Marian Hobson, J. T. A. Leigh e Robert Wokler. Oxford: Voltaire Foundation, 1992. p. 125-134.

OVÍDIO. *Metamorfoses*. Livro I, 99-100. Trad. de Raimundo Nonato Barbosa de Carvalho (trabalho de conclusão de pós-doutoramento em Letras Clássicas, do Departamento de Letras Clássicas e Vernáculas, pela FFLCH-USP).

PIGNOL, Claire. *Rousseau et l'argent: autarcie et division du travail dans La Nouvelle Héloïse* in *Art et argent en France au temps des premiers Modernes (XVIIe et XVIIIe siècles)*. Éd. par Martial Poirson. Oxford: Voltaire Foundation, 2004.

PLATÃO. *A República*. Trad. Anna Lia Amaral de Almeida Prado. Introd. e rev. téc. por Roberto Bolzani Filho. São Paulo: Martins Fontes, 2006.

_____. *Politique* in *Œuvres Complètes*, Tome Cinquième. Paris: Garnier, 1950.

POLIN, Raymond. *La Politique Morale de John Locke*. PUF: Paris, 1960.

PRADO JR., Bento. *A Retórica de Rousseau e outros Ensaios*. Organização e apresentação Luiz Fernando Franklin de Matos. Tradução: Cristina Prado. Revisão técnica: Thomaz Kawauche. São Paulo: Cosac Naify, 2008.

PROUST, Jacques. *Diderot et l'Encyclopédie*. Genève: Slatkine, 1982.

PUFENDORF, Samuel. *Le Droit de la Nature et des gens*. Tradução de Jean Barbeyrac. Tomo I. Paris, 1706. Obra consultada e disponível na Gallica - Bibliothèque nationale de France.

RADICA, Gabrielle. *L'histoire de la raison. Anthropologie, politique et moral chez Rousseau*. Paris: Honoré Champion, 2008.

ROUANET, Sergio Paulo. *Ociosidade e Ócio no Pensamento da Ilustração* in *Mutações: Elogio à Preguiça*. Org. Adauto Novaes. São Paulo: Edições SESC, 2012.

TRABALHO E ÓCIO

SAINT-AMAND, Pierre. *Les Corps oisifs: paresse des Lumières* in *The Flesh in the Text.* Org. Thomas Baldwin et al. Bern, Suíça: Peter Lang, 2007.

SALINAS FORTES, Luiz Roberto. *O Bom selvagem.* São Paulo: Humanitas, Discurso Editorial, 2007.

_____. *O Iluminismo e os Reis Filósofos. 3ª edição. São Paulo: Brasiliense, 1985. Col. "Tudo é História", nº 22.*

_____. *Paradoxo do Espetáculo. Política e Poética em Rousseau.* São Paulo: Discurso, 1997.

_____. *Rousseau: da teoria à pratica.* São Paulo: Ática, 1976.

SÊNECA, *Epistles 66-92.* Trad. para o inglês por Richard M. Gummere. Londres: Harvard University Press, 1996.

SOUZA, Maria das Graças de. *Ilustração e História. O Pensamento sobre a história no Iluminismo Francês.* São Paulo: Discurso Editorial, 2001.

SPECTOR, Céline. *Rousseau et la critique de l'économie politique* in *Rousseau et les sciences.* Org. por Bernadette Bensaude-Vincent e Bruno Bernardi. Paris: L'Harmattan, 2003. p. 237-256.

_____. *Rousseau et la critique de l'économie politique. Lecture du Livre III de l'*Émile in *L'Economie politique et la sphère publique dans le débat des Lumières,* editado por J. Astigarraga e J. Usoz. Madrid: Collection de la Casa de Velázquez (135), 2013. p. 125-140.

_____. *Théorie de l'impôt* in *Discours sur l'économie politique.* Edição, introdução e comentários sob direção de Bruno Bernardi. Paris: J. Vrin, 2002.

STAROBINSKI, Jean. *Jean-Jacques Rousseau: a Transparência e o Obstáculo.* Trad. Maria Lúcia Machado. São Paulo: Cia das Letras, 2011.

_____. *L'encre de la mélancolie.* Paris: Seuil, 2013.

_____. *Jean-Jacques Rousseau: la transparance et l'obstacle*. Paris: Gallimard, 1971.

_____. OC, III, *Introductions. Discours sur « L'Origine de l'Inégalité »*. Paris: Gallimard, 1964.

_____. OC, V, *Introductions. Essai sur l'origine des langues*. Paris: Gallimard, 1995.

STRAUSS, Leo. *Natural Right and History*. 5ª reimpressão, 1965. Chicago: University of Chicago Press, 1953.

TODOROV, Tzevtan. *O Jardim Imperfeito: o pensamento humanista na França*. Trad. Mary Amazonas Leite de Barros. São Paulo: EDUSP, 2005.

VARGAS, Yves. *Les Promenades matérialistes de Jean-Jacques Rousseau*. Pantin: Les Temps des Cerises, 2005.

VERNANT, Jean-Pierre. *Mito e Sociedade na Grécia Antiga*. Trad. Myriam Campello. Rio de Janeiro: José Olympio, 1999.

VINCENTI, Luc. *Jean-Jacques Rousseau. L'individu et la République*. Paris: Kimé, 2001.

_____ (org.). *Rousseau et le Marxisme*. Paris: Publications de la Sorbonne, 2011.

VOLTAIRE, François Marie Arouet. *Candide ou l'optimisme*. Ed. crítica por Christopher Thacker. Genève: Droz, 1968.

_____. *Lettres choisies de Voltaire. Précédées d'une notice et accompagnées de notes explicatives sur les faits et les personnages du temps*, par Louis Moland. Paris: Garnier, 1872.

XIFARAS, Mikhaïl. *La Destination Politique de la propriété chez Jean-Jacques Rousseau* in *Les Études Philosophiques*. N.º 66. Paris: PUF, 2003/3-1. p. 331-370.

Agradecimentos

O livro que o leitor tem em mãos é fruto de uma pesquisa de mestrado defendida em 2014 na Universidade de São Paulo, na área de Ética e Filosofia Política do Departamento de Filosofia da FFLCH. O livro apresentado, portanto, é o resultado de mais de três anos de pesquisa dedicada em tempo integral aos estudos sobre o pensamento de Rousseau. Optei por não adicionar nenhum capítulo novo, tampouco reescrever trechos; limitei-me apenas a realizar algumas pequenas revisões gramaticais e a adicionar uma ou outra nota no decorrer do texto. Tendo em conta o percurso de tempo transcorrido para a realização da pesquisa, desde já expresso minha gratidão a todos e todas que, de alguma forma, me acompanharam durante todos estes anos.

Inicio estes agradecimentos manifestando minha imensa gratidão por toda formação, carinho e suporte que sempre recebi de minha mãe, Tania, e de meu pai, Renato.

Ser orientado pela professora Maria das Graças de Souza foi um grande privilégio. Gentil e receptiva desde os primeiros contatos, a professora sempre foi muito atenciosa, e, além da cuidadosa orientação, foi muito generosa, dedicando grande apoio pessoal durante estes anos. Professora Maria das Graças, muito obrigado.

Agradeço também ao professor José Carlos Estêvão. Suas aulas no início da minha graduação em filosofia ainda me deixam grande impressão. Durante todo meu percurso acadêmico, sempre foi muito atencioso e disposto a ouvir minhas inquietações e dúvidas sobre projetos futuros.

Aos professores Luiz Fernando Franklin de Matos, Alberto Ribeiro Gonçalves de Barros e Milton Meira Nascimento, agradeço pelas aulas ministradas durante a graduação e a pós-graduação: cada curso teve sua dose de contribuição para a realização final deste livro. Também sou grato às conversas e diálogos ao longo da minha trajetória de estudos.

Ao professor Thomaz Kawauche, caro amigo, pela amizade e pelas importantes colaborações em meus estudos. Sempre muito atencioso e gentil, sou grato por todas as conversas e pela atenta e paciente leitura de meus textos, desde os embriões da dissertação até as cuidadosas observações no exame de qualificação e na defesa.

Ao professor Pedro Paulo Pimenta, agradeço pelas conversas que tivemos sobre este texto, e, sobretudo, pelos diálogos sobre a economia política no século XVIII.

Agradeço a Bárbara Villaça por todo carinho, companheirismo e incentivo durante todos esses anos. Bá, seu apoio, afeto e companhia foram essenciais para que este trabalho se tornasse possível: obrigado por tudo!

Agradeço ao meu tio Antonius Iraeo Vargas Escobar, querido tio Ira, por ter sempre se disposto a me ensinar e a pensar a história da filosofia; por todas as indicações bibliográficas e por todos os livros emprestados; pela atenção com a qual sempre leu meus escritos, desde o primeiro ano de faculdade; pelo inspirador incentivo à leitura de Marx; mas, principalmente, por todas as conversas antes, durante e após a elaboração da dissertação. Agradeço também ao meu tio Antonius Jack Escobar, o tio Jack, pelas conversas, por nossos diálogos sobre filosofia, pelas indicações bibliográficas e agradeço especialmente por ter dedicado seu tempo para examinar meus textos de maneira minuciosa e com muita argúcia.

Agradeço também a todos da minha família que me apoiaram durante este período, em especial as seguintes pessoas: à minha irmã Tatiana, ao meu cunhado Sandro, aos primos Pedro e Carol, às minhas tias Lena, Ede, Mônica, Bô, Gel, Gleisse, à minha avó Nenê e à minha irmã Tássia.

Um agradecimento especial ao meu sobrinho, Noah, pela felicidade trazida. Manifesto também meu grande carinho à parte mineira da família.

Registro também minha profunda gratidão ao *Grupo Rousseau* e a todos e todas colegas participantes. Muito além do grande acolhimento e recepção que encontrei no grupo, sou grato pelas amizades cultivadas. Deixo aqui um agradecimento especial aos amigos e interlocutores Ciro Lourenço Borges Júnior e Mauro Dela Bandera Arco Júnior, cujos debates e ideias ajudaram a forjar momentos cruciais deste livro.

Aos colegas e editores do *Cadernos de Ética e Filosofia Política*, agradeço pela oportunidade de participar dos trabalhos da revista e pela receptividade com que me receberam.

Agradeço a Julia Burin por todas as conversas e apoio durante os anos que precederam, transcorreram e sucederam a realização do texto.

Também agradeço às funcionárias da secretaria do Departamento de Filosofia da FFLCH, por toda atenção e suporte.

Agradeço aos amigos, crendo não ser necessário nomeá-los: porque são eles, porque sou eu.

Agradeço imensamente a acolhida da Alameda Editorial, sobretudo pela recepção de Joana Monteleone. Não poderia deixar de agradecer aos funcionários e funcionárias da editora que trabalharam para que este livro se tornasse realidade.

Apesar de obrigatório, o próximo agradecimento não é feito somente de ofício: agradeço a CAPES pela bolsa concedida durante o mestrado. O apoio financeiro permitiu que pudesse me dedicar exclusivamente aos estudos e teve, portanto, papel fundamental para que esta dissertação pudesse ser concluída. Registro, assim, meu agradecimento sincero.

Neste mesmo sentido, agradeço também a FAPESP pelo financiamento e auxílio concedido a esta publicação.

ALAMEDA NAS REDES SOCIAIS:
Site: www.alamedaeditorial.com.br
Facebook.com/alamedaeditorial/
Twitter.com/editoraalameda
Instagram.com/editora_alameda/

Esta obra foi impressa em São Paulo no outono de 2018. No texto foi utilizada a fonte Minion Pro em corpo 10,25 e entrelinha de 15 pontos.